1929

Frauen im Jahr Babylon

Unda Hörner

1929
Frauen im Jahr Babylon

ebersbach & simon

Inhalt

Januar

*Erika Mann ist Gründgens los und schreibt mit Bruder Klaus ein Reisebuch *** Clärenore Stinnes braust im Auto um die Welt *** Handkuss für Marlene Dietrich *** Edith Jacobsohn liest »Im Westen nichts Neues« und sucht einen zweiten Remarque*

Ein Feuerwerk schreibt die neue Zahl in den Himmel: 1929. Das letzte Jahr eines bewegten Jahrzehnts bricht an, einer elektrisierten, atemlosen Epoche. Was alles neu ist in dieser Weimarer Republik! Man ist weit gekommen. Vor allem die Frauen werden nie wieder in die zweite Reihe zurücktreten, jetzt, wo Wahlrecht und Berufstätigkeit für sie selbstverständlich geworden sind. Niemand würde die Uhr zurückdrehen wollen, wenn er an die neuen schnellen Autos denkt, an die in jedes Wohnzimmer dringenden Radiowellen, an die knisternde Verführung des Tonfilms, die schlichte Eleganz des Bauhaus-Stils. Und wer erinnert sich in diesen Stunden nicht an das fulminante Silvester vor zehn Jahren, die erste ausgelassene Feier nach dem Krieg, man trank auf den Frieden und hoffte, er möge ewig währen. Zwar verhieß es nichts Gutes, dass damals im Januar schon wieder Schüsse fielen, der heimtückische Mord an Karl Liebknecht und Rosa Luxemburg war ein schlechtes Omen für die Zukunft der jungen Weimarer

Republik. Auch die Versailler Friedensverträge mit horrenden Reparationsforderungen und die Inflation bedeuteten eine Herausforderung für das Land. Doch der Frieden hält, und das junge Pflänzchen Demokratie wird sich nicht von Nazistiefeln und Bolschewistenhorden niedertrampeln lassen. Die Kultur der Weimarer Republik erlebt eine üppige Blüte.

Im Haus der Familie Mann wird auch rund um den Jahreswechsel unermüdlich geschrieben. Thomas Mann feilt an einer Rede zum zweihundertsten Geburtstag von Gotthold Ephraim Lessing, der 1929 gefeiert wird. Noch im Januar wird er sie in Berlin vor der ehrwürdigen Akademie der Künste halten, auch eine Radioansprache soll es geben. Lessing, der große Rationalist und Aufklärer, ist für Thomas Mann der Gewährsmann gegen reaktionäre, faschistische Ideologie, die in Gestalt fanatischer Braunhemden durch die Straßen marschieren. Anspielend auf Goethes *Faust* und mit kritischem Blick auf den Hang zum Irrationalen fragt Thomas Mann: »Was hat er uns heutigen zu sagen, denen der Weg zu den Müttern ein alltäglicher Spaziergang geworden ist?«

In einem anderen Zimmer der geräumigen Münchner Villa sitzen Thomas Manns Älteste, Erika und Klaus, auch sie schreiben, sind in Gedanken weit fort im Land der unbegrenzten Möglichkeiten, in Amerika.

»Unsere Weltreise wird zu Literatur«, schwärmt Erika Mann und steckt sich eine Zigarette an. »Also, Klaus, fangen wir an!«

Die Geschwister waren am 7. Oktober 1927 in Cuxhaven an Bord eines Ozeandampfers gegangen, Kurs auf Nordamerika. Von der Ostküste aus ging's ›coast to coast‹

nach Kalifornien und zurück nach New York. Vorträge finanzierten die Reise, etappenweise von der Hand in den Mund. Erika lud zu Rezitationsabenden, brachte kulturbeflissenen Amerikanern Verse von Brecht, Benn und Ringelnatz zu Gehör. So tingelten sie ein halbes Jahr durch die USA, es folgten Honolulu, Korea, Japan. In Tokio, von der Deutsch-Asiatischen Gesellschaft zu einem Vortrag eingeladen, trieb die Geschwister ein besonderer Ehrgeiz: »Vor allem reizte es uns, Nachfolger von Clärenore Stinnes zu sein, die acht Tage vorher, tüchtiges blondes Mädchen, eine bescheidene, etwas grobe, aber anschauliche Darstellung ihrer tapferen Autopartie durch Innerasien gegeben hatte.«

Der Bummel durch drei Kontinente führte Klaus und Erika schließlich in die Sowjetunion und nach Polen, wo sie das Warschauer Hôtel d'Europe nach der ernüchternden kommunistischen Realität wie ein bürgerliches Luxusparadies aufnahm. Im Juli 1928 waren sie wieder zurück in Deutschland und schlüpften im nicht weniger komfortablen Münchner Elternhaus in der Poschinger Straße unter. Eine Flut hochinteressanter Eindrücke haben die Geschwister mitgebracht, doch in der Kasse der beiden herrscht Anfang 1929 weiterhin Ebbe. Immer in den besten Hotels sind sie abgestiegen, meistens auf Pump. Nun soll das Reisebuch dafür sorgen, die Schulden zu begleichen, die bei der Tour aufgelaufen sind. Der Verlag S. Fischer, wo auch der berühmte Vater veröffentlicht, hat ihnen sogar schon einen Vorschuss ausbezahlt, freilich ist der längst aufgebraucht. Nun muss der Bericht schnell fertig werden und unters Volk, Kindern des renommierten Großschriftstellers ist Aufmerksamkeit sicher. *Rundherum. Ein heiteres Reisebuch*, so wird das Gemeinschaftswerk heißen.

Am 9. Januar 1929 bekommt Erika Mann Post vom Gericht, zum Glück keinen Zahlungsbefehl, sondern das lange erwartete Scheidungsurteil. Ihre Ehe mit Gustaf Gründgens ist Geschichte.

Klaus Mann fällt ein Stein vom Herzen: »Darf ich dich daran erinnern, dass unsere verworrenen Liebesverhältnisse der Grund gewesen sind, das Weite zu suchen?«

Aus Protest gegen bürgerliche Gepflogenheiten hatte der noch minderjährige Klaus sich 1924 mit der ebenfalls minderjährigen Pamela Wedekind, einer Tochter des Dramatikers Frank Wedekind, verlobt. Erika hatte daraufhin im Juni 1926 Gustaf Gründgens geheiratet. Die Grenzen zwischen Leben und Bühne waren fließend, Klaus schrieb für das Quartett ein Theaterstück, *Anja und Esther*. Altklug diskutierten die vier Freunde darin über Liebe, Laster und moderne Kameradschaftsehe. Als Pamela auf die Avancen des viel älteren Dramatikers Carl Sternheim einging und Erikas Spaß an der Ehe-Inszenierung mit Gründgens verpufft war, besannen sich die Geschwister wieder ganz aufeinander und zogen als selbst ernannte ›Mann-Twins‹ durch die Welt.

»Wir haben unsere eigenen Gesetze und Tabus, unseren Jargon, unsere Lieder, unsere willkürlichen, aber intensiven Vorlieben und Aversionen«, sagt Klaus. »Wir genügen uns, wir sind autark.«

Erika legt das Gerichtsschreiben zu den Akten. »Weiter im Text! Lies mal vor, was du über das Land der unbegrenzten Möglichkeiten zu Papier gebracht hast. Und behalt' im Kopf, dass wir anders schreiben wollen als der Brecht aus Augsburg. Seine Darstellungen in der *Dreigroschenoper* sind ja so falsch, dass es eine Blamage und eine Lächerlichkeit ist. Dem Brecht ist zu wünschen, dass er mal eine Woche in den USA leben muss, da wird ihm vor Widerwillen die Luft zum Atmen ausgehen. Er bleibe lieber in Augsburg oder Berlin, dortselbst das Land der unbegrenzten Chancen zu besingen!«

Klaus blättert fahrig im Stoß betippter Seiten, der vor ihm auf dem Tisch im Salon der Poschinger Straße liegt. »New York, die Kapitale unserer Epoche«, hebt er an. »Sicher ist New York nicht sehr typisch amerikanisch, in gewissem Sinn ist Berlin ›amerikanischer‹. Ein alter Schwindel ist auch, dass es ein so besonders rasendes Tempo habe; dergleichen ist nur so oft behauptet worden, bis man es glaubte.«

»Keine Zeit! Keine Zeit! Keine Zeit! Das ist Berliner Tempo«, wirft Erika ein, »ja, Eissi, da sind wir besser! Aber ansonsten bleibt Berlin immer Berlin, glamourös wie New York wird es wohl nie.«

Klaus hört nur mit einem Ohr zu, durchblättert sein Manuskript nach einem anderen Kapitel. »Natürlich muss Silvester 1927 auch ins Buch«, sagt er, »mit wem wir da alles gefeiert haben! Eine Prise *gossip* macht sich immer gut.« Die Leser sollen wissen, dass die Mann-Twins wie Leute von Welt im Plaza-Hotel in Hollywood logiert, die Jahreswende in Los Angeles im vornehmen Anwesen von Gussy Holl und Emil Jannings gefeiert haben, zusammen mit Conrad Veidt, F. W. Murnau und anderen Filmgrößen. »Sie haben uns den roten Teppich ausgerollt«, sagt Klaus.

»Vergiss die göttliche Greta Garbo nicht«, erinnert Erika an die weltberühmte Diva. »Die elegante Dame mit tiefer Stimme und diesen unwahrscheinlichen Augen, die wie aus dem Nichts in Jannings' Haus erschienen ist. Und Pola Negri müssen wir auch bringen! Wie wir Champagner mit ihr getrunken haben!«

»Es war nur Sekt«, korrigiert Klaus, »aber immerhin bereits um vier Uhr nachmittags.«

»Storys aus Hollywood, dass Gussy Holl einen Gemüsegarten hinterm Haus hat und du unter Jannings' Augen mit ihr geflirtet hast, ja, das wollen die Leute lesen, aber wir wollen doch auch als seriöse Reiseschriftsteller ernst genommen werden«, erinnert Erika den Bruder, »als kritische Zeitzeugen. Wir müssen auch ein wenig in die Tiefe gehen und unsere Beobachtungen analysieren, schon um es dem Brecht zu zeigen.«

Klaus blättert wieder durch sein Manuskript, sucht die Passage, in der er mit dem Rassismus in den USA abrechnet: »Der Rassenhass in Amerika hat wirklich abscheuliche Dimensionen. Die Schwarzen sollen kulturell auf einer tieferen Stufe als wir stehen und werden deshalb nicht besser behandelt als ein Hund.«

»Du sprichst von dem sympathischen jungen Mann, der uns im Zugabteil der Santa-Fe-Bahn bedient hat, oder?«

Klaus nickt und liest vor: »Warum wäre es eine Schande, am selben Tisch mit ihm zu sitzen? Nach und nach wird es ein bisschen komisch, wenn wir uns auf unsere ›Kultur‹ so besonders viel einbilden, nach allem, was schließlich vorgefallen ist.«

Erika nickt, pflichtet Klaus bei, wagt eine optimistische Prognose: »Die Menschheit der nächsten Jahrhunderte wird lachen, wenn sie denkt, dass einmal weiße Männer schwarze unter sich stellten. Achten wir doch die Zeichen! Die Zeit bereitet sich vor, da Rassenunterschiede ebenso wenig gültig sind wie Klassenunterschiede sein werden.«

»Aber nun höre, was ich über das Reisen im Allgemeinen geschrieben habe«, sagt Klaus: »Die Zeiten, da der Begriff ›Entfernung‹ aufgehoben sein wird, sind nah. Man wird das Raketenflugzeug haben und nicht mehr fassen können, dass Strecken wie Hamburg–New York, New York–Kalifornien im Jahre 1928 überhaupt noch in Frage kamen. Dieses Geschlecht, das vermutlich in Paris zu Mittag essen und in Tokio, ein paar Stunden später, Tee trinken wird, wird um ein wahrhaft wundervolles und mysteriöses Abenteuer ärmer sein. Beinahe empfänden wir, heute schon, mit ihm Mitleid. Nur fragt sich, welcher neuen, unvorstellbaren Abenteuer diese Generationen einer nahen Zukunft teilhaftig sein werden.«

»Eine kühne Zukunftsprognose«, findet Erika.

Ganz abwegig sind solche Visionen nicht. Die Welt ist elektrisiert von utopisch anmutenden Flugschiffen wie dem Zeppelin, der vergangenes Jahr eine Nordamerikafahrt glücklich absolviert hat. »Der technische Fortschritt ist unaufhaltsam«, sagt Klaus, »und du, Eri, machst demnächst noch den Pilotenschein, weil dir das Auto nicht schnell genug ist.«

***

Das Idol jeder autobegeisterten Frau, Clärenore Stinnes, der die Mann-Twins in Nordamerika auf den Fersen waren, ist noch nicht von ihrer Weltreise zurück. Den Jahreswechsel erlebt sie in Argentinien: »1929! Der 1. Januar! Viele Freunde gaben uns das Geleit aus den Grenzen der Stadt, mit feuchten Augen winkten wir beim Abschied zurück. Dann gaben wir Gas, und in voller Fahrt ging es vorwärts; eine Kurve, und alles war verschwunden. Vor uns flatterten die Wimpel im Abendsonnenschein.« Am ersten Tag des neuen Jahres, dem letzten eines Jahrzehnts voller Veränderungen, das vor allem unter dem Vorzeichen des demokratischen Fortschritts der jungen, noch instabilen Weimarer Republik stand, sind Clärenore Stinnes und ihr Begleiter Carl-Axel Söderström weit fort von Deutschland. Sie nehmen an diesem Tag Abschied von Buenos Aires.

Aufgebrochen waren Stinnes, Söderström und ihre beiden Mechaniker am 25. Mai 1927 in zwei fabrikneuen Adler Standard 6 in Frankfurt am Main. Das Team war bestens ausgerüstet, denn die Fahrerin brachte ideale Voraussetzungen mit an den Start. Als Tochter des Industriemagnaten und politisch einflussreichen Hugo Stinnes hatte sie vor Reiseantritt 100.000 Reichsmark einwerben können, Sponsorengelder von Großkonzernen wie Bosch und Aral. Vom Reichsminister des Auswärtigen, Gustav Stresemann höchstpersönlich, hatten die Abenteurer Passierscheine erhalten, Clärenore Stinnes reiste gar mit einem eigens für sie ausgestellten Diplomatenpass. Vor Antritt der Expedition in ferne Länder hatte man auch für Benzin- und Öldepots an der Strecke gesorgt und sich für den Ernstfall bewaffnet, man konnte ja nicht wissen, welch kriegerischen Ureinwohnern man unterwegs in die Hände fallen würde. Die ganze Welt verfolgt den Verlauf der Reise, vor allem die deutsche Autoindustrie. Die hat ein Rieseninteresse am Gelingen der Tour, denn nach Krieg und Inflation steckt sie in einer Krise und kann spektakuläre Publicity gut gebrauchen. Rund eine Million Kraftfahrzeuge gibt es 1929 in Deutschland, optimistische Hochrechnungen ergeben, dass sich die Anzahl durch den erhofften Aufschwung der Autobranche bis ins Jahr 1932 verdoppelt, auf zwei Millionen.

Team Stinnes arbeitet daran. Carl-Axel Söderström ist nicht nur in seiner Eigenschaft als Fahrer mit von der Partie. Als anerkannter Fotograf und Kameramann soll der

Schwede für werbewirksame Bilder der Weltreise sorgen. Viele hat er schon im Kasten, von Arabern und Beduinen, von Suks und Basaren, vom zugefrorenen Baikalsee und einem Sandsturm in der Wüste Gobi. Mittlerweile sind die beiden Mechaniker, einer nach dem anderen, angeschlagen durch Wind und Wetter und ungewohnte Speisen, unterwegs auf der Strecke geblieben. Stinnes und Söderström aber trotzen allen Widrigkeiten und Gefahren, angetrieben vom grenzenlosen Ehrgeiz, das Auto-Abenteuer bis zum Ende durchzustehen.

Die ersten Stunden des neuen Jahres nehmen Fahrt auf, das wagemutige Paar lässt die letzten Häuser von Buenos Aires hinter sich und rollt durch die Weite der argentinischen Provinz, das Umland der Hauptstadt grün und »flach wie eine Tischplatte«. Ohne Motorprobleme geht es weiter durch die Pampas in Richtung Chile, sie besichtigen eine Farm und lassen sich von unerschrockenen Gauchos zeigen, wie wilde Pferde mit dem Lasso eingefangen und zugeritten werden, Söderström filmt das Rodeo, bevor es weitergeht nach Mendoza am Fuß der Kordilleren. Die Motoren heulen auf, die tapferen Adler-Wagen brausen der endlosen Bergkette entgegen, hinter der ihr Ziel, das lange Band, als das Chile sich zwischen Berge und Meer schmiegt, wie eine uneinnehmbare Festung liegt. Die grüne Landschaft weicht kahlen Felsen, jetzt gilt es, die braven Automobile die steilen Hänge auf den Berggrat hinauf zu führen, 12.600 Fuß über dem Meeresspiegel verläuft die Grenze zwischen Argentinien und Chile. Schon vor dem Ziel kocht der Motor in eisiger, dünner Luft, die Reifen drehen durch in tiefen Schneeverwehungen. Der schmale und kurvige Weg führt dicht an einem Abgrund entlang, die Sicht ist schlecht, Dunstschleier vernebeln den Fahrern den Blick, aber wer wird denn vor so ein paar Wetterphänomenen kapitulieren? Immerhin droht kein Gegenverkehr, sie sind einsam auf weiter Flur. Erst, als sie nach halsbrecherischer Fahrt immer dicht am Berg den Gipfelgrat erreichen, werden sie weihevoll begrüßt: Der Christus der Kordilleren, einst von den zwei benachbarten Ländern als Denkmal ewigen Friedens errichtet, erhebt stumm segnend seine rechte Hand. Nur der kalte Wind pfeift den Abenteurern um die Ohren, als sie von ganz oben hinüberschauen nach Chile; unten im Tal, dort, wo der Weg vor ihnen liegt, entdecken sie winzig klein wie ein Bauklötzchen aus dem Ankerbaukasten ein Zollhäuschen. Sie wissen, mit Einsamkeit und Stille ist es vorbei, sobald sie sich Santiago de Chile nähern, denn auch da wartet eine große Schar Journalisten, die sich neugierig auf diese beiden verrückten Europäer stürzen werden, auf diese motorisierten Sendboten des unaufhaltsamen technischen Fortschritts, der bald in jeden Winkel der Erde vordringen wird.

Sechshundert Haarnadelkurven zählen Stinnes und Söderström auf ihrem Weg ins Tal, ganz schwindlig ist ihnen, als sie in der Ebene ankommen. Journalisten stürmen ihnen bereits auf dem Weg am Zollhäuschen entgegen, aufgeregte Chilenen, von denen sie wie erwartet mit Fragen gelöchert werden. »Wie gefällt Ihnen unser schönes Land?« – »Wann werden Sie Chile mit Automobilen versorgen?« – »Warum sind die beiden Mechaniker nicht mehr dabei?« – »Gibt es in Berlin denn genauso viele Autos wie in Amerika?« – »Welche Exkursion haben Sie als Nächstes vor?«

Valparaiso ist Stinnes' und Söderströms nächstes Ziel, die malerische chilenische Hafenstadt mit farbenfrohen Häusern am Hang über der Pazifikküste, wo sie sich samt

Autos auf einem Frachter einschiffen. Nach den pausenlosen Interviews ist die Passage entlang der Westküste Südamerikas, hinauf nach Panama, eine verdiente Verschnaufpause. An Bord wird Clärenore Stinnes vom Smutje ausgesprochen verwöhnt: »Der Ruf, in dem die Deutschen stehen, war mir vorausgeeilt, und als besondere Aufmerksamkeit gab es am Kapitänstisch mittags und abends Sauerkraut und westfälisches Schwarzbrot. Ich fand das so nett, dass ich aus Begeisterung in den zehn Tagen der Fahrt sicherlich mehr Sauerkraut gegessen habe, als sonst in drei Jahren zusammengenommen.«

***

In der Neujahrsnummer der *Vossischen Zeitung* wird namhaften Cineasten die Frage gestellt: »Hat der deutsche Film 1929 künstlerische Chancen?« Produzent Erich Pommer fordert für den Unterhaltungsfilm eine deutliche Anhebung des künstlerischen Niveaus. Regisseur Joe May regt daher an, Dichter und Literaten sollten vermehrt Drehbücher schreiben. Vor allem gute, anspruchsvolle Dialoge werden demnächst dringend gebraucht, denn die brandneue Tontechnik revolutioniert die gesamte Branche. Mays rumänischer Kollege Lupu Pick ist allerdings felsenfest überzeugt: »Der stumme Film wird bleiben!« Eine gewagte These, denn 1927 hatte in New York die Premiere von *The Jazz Singer* mit Al Jolson stattgefunden, und man konnte bereits zu diesem Zeitpunkt wissen, dass für das Kino eine vollkommen neue Ära anbrach. Der Autor mit dem Kürzel ›Pin‹ sieht derzeit ein ganz anderes Problem; er beklagt den Ausverkauf des Begriffs ›Star‹ und die alarmierende Anspruchslosigkeit des vergnügungssüchtigen Publikums, das nur ins Kino strömt, um schnelle Ablenkung vom grauen Alltag zu finden: »Ein Großteil der uns als ›Stars‹ angekündigten Darsteller und Darstellerinnen beherrscht nicht einmal die einfachsten Regeln der Schauspielkunst, Dilettanten mit guter Figur, annehmbarem Gesicht und verbindlichem Lächeln, und das – genügt. Wem eigentlich?«

Nur wenig Anlass zur Hoffnung, dass eine Darstellerin noch mehr zu bieten haben könnte als bloß ihre hübsche Erscheinung, gibt für viele Kritiker ein neuer Film, der am 17. Januar 1929 erstmals im Tauentzienpalast zu sehen ist: *Ich küsse Ihre Hand, Madame*. Der gleichnamige Titelsong, vorgetragen von Publikumsliebling Harry Liedtke, ist ein Ohrwurm im Tangorhythmus, den sogleich ganz Berlin singt und summt. Eine aparte Blondine mit leicht schläfrigem Augenaufschlag spielt an der Seite von Liedtke »charmant und gut angezogen die Madame der vielbesungenen Hand«, so der *Film-Kurier* am Tag nach der Premiere. Die Rede ist von der jungen Berlinerin Marlene Dietrich. »Für solche Rollen, die von der Darstellerin eine gute Erscheinung und elegantes Auftreten verlangen, ohne schwere schauspielerische Aufgaben zu enthalten, dürfte sie nach diesem Film sehr gesucht sein.« Nun ja. Immerhin macht die Dietrich mit den schönen, langen Beinen auch in der Werbung für die beliebten Bemberg-Strümpfe eine gute Figur.

Doch nicht alle Kritiker sprechen der aparten Hauptdarstellerin im Handumdrehen mimisches Talent ab. Hans Sahl schreibt nach der Filmpremiere in *Der Montag Morgen*: »Bemerkenswert allein Marlene Dietrich, deren kühle, damenhafte Erscheinung den Beweis einer ungewöhnlichen Filmbegabung liefert.« Und der *Hamburger Anzeiger* findet sogar, der Film präsentiere »einen neuen Frauentyp, eine Mittelblondine mit etwas müdem Augenlid und schönem Frauenmund: Marlene Dietrich.«

Im vergangenen Dezember ist Marlene Dietrich siebenundzwanzig geworden, sie ist mit dem Aufnahmeleiter der Ariel-Filmgesellschaft Rudolf Sieber verheiratet, in der Kaiser-Wilhelm-Gedächtniskirche hatten sie sich 1923 das Jawort gegeben, Töchterchen Maria zählt jetzt schon vier Jahre. Marlenes Karriere als Schauspielerin entwickelt sich trotz ihrer mütterlichen Sorge für die Kleinfamilie ganz ordentlich, der erhoffte große Durchbruch lässt jedoch immer noch auf sich warten. Ursprünglich hatte die Tochter aus gutbürgerlichem Hause eine Ausbildung zur Violinistin begonnen, doch das stete Üben, die einseitigen Bewegungen mit dem Geigenbogen, bereiteten ihr Schmerzen, und so wechselte sie ins darstellende Fach. Wie so viele hoffnungsfrohe Mädchen schwang auch sie ihre langen Beine auf der Varietébühne, aber das oberflächliche Herumgehopse zu leichter Muse konnte der belesenen jungen Frau auf Dauer nicht genügen. Eines wusste Marlene Dietrich schon beizeiten: »Das Theater war der einzige Ort, wo man schöne Texte und schöne Verse vortragen konnte wie die von Rilke, die mir das Herz brachen und doch zugleich auch wieder Mut machten.«

Zusammen mit ihrer Freundin Grete Mosheim nahm Marlene Dietrich privaten Schauspielunterricht. In der Hoffnung, eines Tages als seriöse Darstellerin entdeckt zu werden, ließ sie sich auf langweilige Statistenrollen ein. 1922 endlich das ersehnte erste ernsthafte Bühnenengagement! Sie trat mit der ebenfalls emporstrebenden Elisabeth Bergner in Shakespeares *Der Widerspenstigen Zähmung* am Großen Schauspielhaus in Berlin auf, eine Inszenierung von Max Reinhardt. Dietrich spielte zwar nur eine Nebenrolle als Witwe, doch der Name Reinhardt klang gut in der Vita. Am 7. September 1922 stand sie mit Grete Mosheim in einem Wedekind-Stück auf der Bühne, *Die Büchse der Pandora*; als Ludmilla Steinherz hatte sie ganze drei Sätze zu sprechen. Auch vor der Kamera agierte sie zumeist nur in kleinen Nebenrollen, blieb aber fleißig und beharrlich bei der Sache. Auf der Revuebühne fiel sie Kritikern und Zuschauern während der Saison 1926/27 besonders in Eric Charells *Von Mund zu Mund* auf und begeisterte noch mehr, als am 15. Mai 1928 Mischa Spolianskys und Marcellus Schiffers erfolgreiche Revue *Es liegt in der Luft* in der Komödie am Kurfürstendamm Premiere feierte. Unumstrittener musikalischer Höhepunkt dieser in einem großen Warenhaus angesiedelten Bühnenshow war das Duett von Marlene Dietrich und Margo Lion, Letztere übrigens verheiratet mit dem Theatermann Marcellus Schiffer. Wange an Wange und händchenhaltend, angetan mit breitkrempigen schwarzen Hüten, stimmten die zwei Frauen den Refrain *Wenn die beste Freundin mit der besten Freundin* an. Das Publikum war hingerissen, hörte zwischen den Zeilen echte lesbische Liebe knistern. Doch nicht die Revuebühne, das Filmstudio wird in dieser Zeit Marlene Dietrichs wichtigster Wirkungsort. Seit ihrer Rolle als Zofe in *So sind die Männer* aus dem Jahr 1923 kann sie auf rund fünfzehn Produktionen zurückblicken. Dass sie sich in diesem Film als ›Kartoffel mit Haaren‹ wiedererkannte, barg durchaus Steigerungsmöglichkeiten.

Ich küsse Ihre Hand, Madame, Marlene Dietrichs letzte Produktion, wird vom Verleih nun als filmische Sensation beworben, als erster deutscher Tonfilm: »Harry Liedtke singt!« Zum einen ist das eine glatte Übertreibung, denn das Lied ist ganze drei Minuten kurz, und die übrigen Szenen sind weiterhin stumm und mit Untertiteln versehen wie üblich. Zum anderen singt Harry Liedtke nicht wirklich, sondern bewegt lediglich die Lippen zur Stimme von Startenor Richard Tauber – dieser »Knödel in der Konservenbüchse« wirke fast wie eine Parodie des Tonfilms, findet Hans Sahl im *Montag Morgen*. Vor allem das zentrale Motiv des Films, der Handkuss, erregt einen Autor der SPD-nahen Würzburger Tageszeitung *Fränkischer Volksfreund*, dem die Verlogenheit der antiquierten Geste aufstößt: »Eine Million Schreibmaschinenmädel singen es, summen es, pfeifen, tanzen es, täglich, allabendlich: *Ich küsse Ihre Hand, Madame*. Der Handkuss – proletarisiert wie der Gummiüberschuh und der Seidenstrumpf! Vom Versailler Hof über den Habsburger Hof und die altösterreichische Bürgerlichkeit hat er sich herüberkonserviert in die republikanische kleinbürgerlich-proletarische Gegenwart unserer Nachmittage. […] Die gnädige Frau, die Direktrice und die Sekretärin, die Stenotypistin, die Friseuse, die Handelsschülerin und die Verkäuferin empfangen ihn gleichberechtigt und gleich würdig, einzig unterschiedlich nur die Stunde und der Ort, wo er gespendet wird – immer dankbarst als fast einziger Schnörkel einer nüchternen Sachlichkeit. […] Es ist keine Gefahr, dass die Menschheit wieder galant würde. Dazu sind wir vorläufig zu arm. Wir müssen fünfzig Jahre schuften und Kriegsschulden abzahlen. Jede Stenotypistin muss mitzahlen.«

Marlene Dietrich pfeift auf herablassende Kritikerstimmen. Sie blickt nach vorne, nicht zurück, denkt schon wieder an den nächsten Dreh. Für Februar 1929 ist in den

Neubabelsberger Studios die Verfilmung eines Romans von Max Brod angesetzt, *Die Frau, nach der man sich sehnt*. Marlene spielt darin eine Femme fatale, eine Hauptrolle, das ist endlich mal was! Ihr Partner soll diesmal der beliebte Fritz Kortner sein, der Schauspieler, der neulich mit der berühmten Amerikanerin Louise Brooks vor der Kamera gestanden hat. Kortner soll ziemliche Starallüren haben, aber mit dem Mann wird sie doch spielend fertig werden! Und ist nicht schon der Titel des nächsten Films Programm?

***

Auch zehn Jahre nach Ende des Weltkriegs dröhnt den Menschen noch immer der Kanonendonner in den Ohren. Am 15. Januar sind die Kommunisten wie jedes Jahr seit 1919 in der Trauer um ihre ermordeten Anführer Karl Liebknecht und Rosa Luxemburg vereint. Auch SPD-Mitglieder pilgern heute zum Grab ihrer Revolutionshelden auf dem Friedhof in Friedrichsfelde und legen rote Nelken ab. Die Sozialisten vereinnahmen das Polit-Paar ebenfalls als Märtyrer, obwohl es ein Reichswehrminster aus ihren eigenen Reihen war, Gustav Noske, der die Spartakisten damals zum Abschuss freigegeben hatte. 1929 finden in Berliner Ballhäusern weiterhin Witwenbälle statt, auf denen einsam zurückgebliebene Frauen neues Glück in der Liebe oder schlicht einen Versorger zu finden hoffen. Clärchens Ballhaus in der Auguststraße ist dafür die beste Adresse, denn zu ›Clärchens vornehmem Witwenball‹ haben nur solvente Herren der besseren Gesellschaft Zutritt. Selbst beim atemlosen Tanz auf dem Parkett spricht derzeit noch alles über einen neuen, am 29. Januar 1929 erschienen Roman, *Im Westen nichts Neues*. In betont nüchterner Sprache, fast im Ton eines Dienstprotokolls, erzählt er von den Ereignissen an der Front. Dieser entsetzliche Krieg geht immer noch alle was an, die Versehrten ohne Augenlicht oder im Rollstuhl, die jungen Menschen, denen die unbeschwerte Jugend genommen wurde, die Bräute, deren Hochzeits- zum Witwenschleier wurde, die verzweifelten Mütter, deren Söhne im Feld geblieben sind. Der Autor der Neuerscheinung, Erich Maria Remarque, distanziert sich zwar von der Behauptung, sein Buch sei politisch, doch die Leser verstehen die Botschaft seiner Zeilen sehr gut: *Im Westen nichts Neues* ist, ganz klar, ein Antikriegsroman. Die Leute reißen sich um das Buch, dabei hatte Remarque bereits mehrere Absagen verschiedener Verlage erhalten, als Ullstein-Cheflektor Max Krell sich entschloss, *Im Westen nichts Neues* in seinem Haus herauszubringen. Nun ist der Erfolg so durchschlagend, dass man sich bei Ullstein sogar darüber streitet, welcher der Mitarbeiter zuerst die Idee hatte, den Titel zu verlegen; jetzt will es plötzlich jeder gewesen sein.

Wie ärgerlich, dass nicht ich Remarques Roman verlegt habe, denkt Edith Jacobsohn und reibt ihr modisches Monokel zwischen den Fingern. Als sie das druckfrische Buch in den Händen hält und auf dem Sofa in ihrer Grunewaldvilla zu lesen beginnt, nehmen die Frontsoldaten im Laufe der Lektüre auf den Seiten lebendige Gestalt an, in der präzisen, schnörkellosen Sprache des Autors. Das ganze Grauen des Krieges kriecht in den vornehmen Salon hinein und man begreift, warum nie wieder solch sinnloses Morden unter den Völkern losbrechen darf. Vielleicht kann sie Remarque, der mit seiner pazifistischen

Haltung bestens zu ihrer Zeitschrift *Die Weltbühne* passen würde, ja als künftigen Mitarbeiter gewinnen, schließlich gehört Edith Jacobsohn das bekannte Blättchen mit dem ziegelroten Einband. Aber die Verlegerin ist realistisch, mit *Im Westen nichts Neues* hat Remarque jetzt vermutlich ausgesorgt; als Autor der Stunde braucht er keine weiteren Aufträge, der Mann kann sich vor Anfragen kaum retten, sämtliche Zeitungen sind voll mit lobenden Rezensionen seines Buches.

Edith Jacobsohn legt den Remarque-Roman beiseite und greift zur aktuellen Ausgabe ihrer *Weltbühne*, die ebenfalls an diesem 29. Januar 1929 erschienen ist. Hausautor Erich Kästner hat für die neue Nummer ein hübsches, recht melancholisches Gedicht verfasst, *Repetition des Gefühls*:

»Eines Tages war sie wieder da …
Und sie fände ihn bedeutend blässer.
Als er dann zu ihr hinübersah,
meinte sie, ihr gehe es nicht besser.

Morgen abend wolle sie schon weiter.
Nach dem Allgäu oder nach Tirol.
Anfangs war sie unaufhörlich heiter.
Später sagte sie, ihr sei nicht wohl.

Und er strich ihr müde durch die Haare.
Endlich fragte er dezent: »Du weinst?«
und sie dachten an vergangne Jahre.
Und so wurde es zum Schluss wie einst.

Als sie an dem nächsten Tag erwachten,
waren sie einander fremd wie nie.

Und so oft sie sprachen oder lachten,
logen sie.

Gegen Abend musste sie dann reisen.
Und sie winkten. Doch sie winkten nur.
Denn die Herzen lagen auf den Gleisen,
über die der Zug ins Allgäu fuhr.«

Edith Jacobsohn rückt ihr Monokel wieder vorm rechten Auge zurecht, kneift das linke zusammen und liest noch mal Zeile um Zeile der *Repetition des Gefühls*. Ja, der Erich Kästner, denkt sie, der Kästner kann's! Er ist beileibe kein Goethe, aber den sucht sie schließlich auch nicht. Immer die richtige Mischung aus Alltagssprache und Tiefsinn, das ist Kästners große Stärke, das mögen die Leute, damit können sie sich identifizieren. Bei nächster Gelegenheit wird sie mal ernsthaft mit dem Kästner sprechen; mit seinem Talent kann der auch einen Bestseller schreiben, nicht nur Gedichte, sondern einen Roman für Zeitgenossen, die sich lesend an den Ort des Geschehens versetzen können. Erich Kästner ist auch ehrgeizig genug, um sich auf einen solchen Vorschlag einzulassen, und einen Kassenschlager wünscht sich doch jeder junge Autor, der von der Hand in den Mund lebt und von höheren literarischen Weihen träumt. Beim nächsten *Weltbühne*-Autorentreffen in meinem Haus spreche ich den Kästner darauf an, denkt Edith Jacobsohn: Projekt Erfolgsroman!

Februar

*Else Oppler-Legband und Peter Behrens frieren auf dem Alexanderplatz *** Großer Bahnhof für Louise Brooks, die Lulu aus Amerika *** Vicki Baum macht Betten im Nobelhotel *** Marlene Poelzig plant ihr Traumhaus am Grunewald*

Froh ist jeder, der in diesen Wintertagen des jungen Jahres 1929 nicht raus vor die Tür muss. Glücklich, wer mit einem dicken Buch zuhause am warmen Kamin sitzen bleiben kann. Im bitterkalten Februar fällt das Thermometer auf –25 Grad, mancherorts werden die –30 unterschritten. Alle städtischen Bäder bleiben geschlossen, Schulen werden als Wärmehallen zweckentfremdet. Die Berliner Seen sind zugefroren, wer abgehärtet und wintersportbegeistert ist, pilgert mit Schlittschuhen zur Havel oder zur Krummen Lanke hinunter. Eine U-Bahn-Linie dorthin ist im Bau, hoffentlich wird sie zum Sommer fertig, wenn Wasserratten mit Picknickkörben herbeiströmen, um sich in modisch knappen Schwimmanzügen am Ufer zu tummeln. Derzeit ist ein solches Szenario schwer vorstellbar, der strenge Frost verwandelt die Stadt in einen großen Mummenschanz. Den sensationshungrigen Zeitungen kommt die Kältekatastrophe, zu der sie diese Wintertage hochschreiben, scheinbar gerade recht, und tatsächlich ist der Kohlenmangel vor allem für die armen Leute in den Proletariervierteln Wedding und Prenzlauer Berg bedrohlich. Die Wärmestuben sind überfüllt, im Schutz von Hauseingängen schlottern Bettler, bis eine bärbeißige Berliner Hauswartsfrau sie vertreibt. Die Kinder freuen sich: Mitte Februar sind die Schulen wegen Einsparung von Brennmaterial für acht Tage geschlossen.

Auch auf dem zugigen Alexanderplatz stehen, auf den ersten Blick tatenlos, fröstelnde Männer in Wintermänteln mit hochgeschlagenen Kragen herum. Ab und an fahren ihre Hände aus den Manteltaschen, sie weisen mit imperialer Geste über die städtische Weite und die unbebauten und teilweise schon aufgerissenen Flächen. Einige Männer tragen lange Papierrollen unterm Arm geklemmt, sie treten von einem Fuß auf den anderen, um nicht am Boden festzufrieren. Wann immer einer von ihnen den Mund öffnet, steigt eine kleine weiße Atemwolke in die eisige Luft, die erfüllt ist von Verkehrslärm, dem Gebimmel der Straßenbahnen, dem Hupen der Automobile und dem Aufheulen einer Lokomotive, die gerade stampfend auf der Hochtrasse den Bahnhof Alexanderplatz in Richtung Ostkreuz verlässt. Kein Zweifel, die Männer auf dem Platz sind Architekten, wer genau hinschaut, erkennt unter tief ins Gesicht gezogener Hutkrempe Stadtbaurat Martin Wagner und Baumeister Peter Behrens. Und, halt mal, da neben Behrens, die Gestalt im knöchellangen Pelz, das ist doch eine Frau!

Dass am Alexanderplatz in großem Stil herumgebastelt wird, ist nicht neu, seit Jahrzehnten versuchen Stadtplaner, ihn baulich in den Griff zu kriegen. Der zukünftige Weltstadtplatz, Drehscheibe des modernen Berlin, eigentlich kein Platz, sondern eine zergliederte Fläche, wo mehrere Straßen zusammentreffen, sucht nach einer Struktur. Kaiser Wilhelm, hoch zu Ross, hatte dem Auto keine Zukunft vorausgesagt, aber das war schließlich nicht der einzige Irrtum des alten Monarchen gewesen. Der immer dichtere Verkehr muss kanalisiert werden, das Durcheinander von Pferdedroschken, Radfahrern, Fußgängern mit und ohne Handkarren, die immer zahlreicher umherflitzenden Automobile, die Bahnen über und unter der Erde. Inzwischen wurden jede Menge alter Häuser dem Erdboden gleichgemacht, um Raum für eine zeitgemäße Platzgestaltung zu schaffen. Wie schon einige Jahre zuvor im angrenzenden Scheunenviertel, das Architekt Hans Poelzig vollkommen umgekrempelt hat, wütete auch am Alexanderplatz bereits die Abrissbirne. Nun müssen die geschlagenen Lücken auch hier gefüllt werden.

Im Februar 1929 wird ein Wettbewerb ausgeschrieben, an dem sechs namhafte Architekturbüros teilnehmen, Paul Mebes, Emil Schaudt, Heinrich Müller-Erkelenz, Ludwig Mies van der Rohe, die Brüder Luckhardt und Peter Behrens. Der hat trotz der ungnädigen Temperaturen einen Lokaltermin einberufen und erläutert seinen Plan. Seine Bauten gruppieren sich um einen großen Kreisverkehr, der erahnen lässt, auf welch gewaltige Verkehrsströme die Stadtplaner für die Zukunft vorbereitet sein wollen. Behrens schweben imposante Wolkenkratzer nach amerikanischem Vorbild vor. Für die Fassadenverkleidung der Häuser bevorzugt er Sandstein aus Sachsen-Anhalt. Behrens sitzt an der Quelle, denn die eigens für den Wettbewerb gegründeten Vereinigten Unstruter Kalkstein-Werke gehören mehrheitlich seiner Lebensgefährtin.

Else Oppler-Legband hat in Sachen Gestaltung ein wesentliches Wörtchen mitzureden. Beeindruckend, in wie vielen Bereichen sie ihre Professionalität bereits unter Beweis gestellt hat. Die Voraussetzungen für eine berufliche Karriere hatten sich von vornherein günstig gestaltet: Um den Töchtern eine gute Schulbildung bieten zu können, zog Else Opplers Vater mit der Familie vom Land zurück in die Stadt, nach Nürnberg, wo Else 1875 geboren wurde. Ein Kunststudium führte sie unter die Fittiche so namhafter Lehrer wie dem Maler und Grafiker Maximilian Dasio in München, Henry van de Velde in Berlin und Peter Behrens, der 1901 Meisterkurse in der Bayerischen Kunstgewerbeschule in Nürnberg leitete und den Schülern seinen Jugendstil in Form von Möbeln und Schmuck nahebrachte. Das großbürgerlich-aufgeklärte Elternhaus, ja, die musische Dynastie der Opplers, war das beste Sprungbrett für eine junge Frau. Onkel Edwin Oppler, Architekt zahlreicher Synagogen, wie auch dessen Söhne, die als Mitglieder der Berliner Secession einen Namen hatten, waren sicherlich hilfreiche Wegbereiter für Else. 1904 wurde sie künstlerische Leiterin der kunstgewerblichen Abteilung des Kaufhauses von Abraham Wertheim in Berlin. Sie leitete die 1910 gegründete Höhere Fachschule für Dekorationskunst, die 1912 an die renommierte Reimann-Schule angeschlossen wurde. Ebenfalls 1912 gründete Else Oppler die Kaufmännische Vereinigung für weibliche Angestellte, gestaltete Schaufenster und schrieb über *Das Kind als Mittelpunkt der Wohnungseinrichtung*. Eine Zeit lang arbeitete sie wie Peter Behrens und eine Reihe anderer namhafter Architekten als Designerin für den Klavierbauer Ibach. Als Mitglied des Deutschen Werkbunds entwarf sie Serviceteile im Jugendstil und leitete das ›Haus der Frau‹ auf der Werkbund-Ausstellung 1914 in Köln.

Kennengelernt hatte Else Oppler Peter Behrens schon 1901 als Meisterschülerin in Nürnberg, wo sie damals den von Minna Cauer gegründeten ›Verein Frauenwohl‹ in künstlerischen Fragen betreute. 1904 heiratete sie, jedoch nicht Behrens, sondern den Regisseur und Bühnenbildner Paul Legband. Durch ihn kam sie zum Kulissenbau, wirkte an Stummfilmproduktionen wie *König Nicolo* oder *Die Kronjuwelen des Herzogs von Rochester* mit. 1922 arbeitete sie als Kostümbildnerin für den Film *Marie-Antoinette, das Leben einer Königin.* In Berlin entwarf Oppler-Legband Dekorationen und Kostüme, etwa für das Lessingtheater und das Theater am Zoo, war für die aufkommende Filmindustrie tätig und gestaltete Messestände für größere Firmen.

Erst nach langer Bekanntschaft, während der 1920er Jahre und nach der Scheidung von Paul Legband im Oktober 1924, begann eine Liebesbeziehung zwischen Else Oppler-Legband und dem sieben Jahre älteren Peter Behrens. Als 1927 die Stuttgarter Weißenhofsiedlung als Werkbund-Ausstellung ›Die Wohnung‹ gebaut wurde, sollte sie die Möbel für seinen Terrassenbau entwerfen, doch es kam zu Verzögerungen, am Ende zerschlug sich das Projekt. Behrens bedauerte, »dass es durch die große Entfernung von der Baustelle und durch die Schwierigkeit, zur Ausführung bereite Werkleute zu finden, nicht möglich war, zwei Wohnungen mit Möbeln auszustatten, die ich zur Einrichtung durch Frau Else Oppler-Legband und mich vorgesehen hatte.« Schon merkwürdig, fand diese damals, sie wurde den Verdacht einfach nicht los, dass die meisten Männer auf dem Bau selbst eine gestandene

Frau wie sie als Chefin kaum ernst nahmen. »Es ist umso mehr bedauerlich«, so Behrens, »dass gerade die Wohnung von Frau Else Oppler-Legband nicht eingerichtet werden konnte, als diese ganz aus dem Geiste der modernen Hausfrau entworfen wurde.«

Aber jetzt, 1929 beim Projekt Alexanderplatz, kann die vielseitige Gestalterin endlich darauf hoffen, mit dem Architekten zusammen tätig zu werden.

»Ein Weltstadtplatz aus einem Guss soll entstehen«, sagt Behrens. »Vergleichbar mit der Place de la Concorde in Paris oder dem Trafalgar Square in London. Oder sogar mit dem Times Square in New York.« Behrens plädiert für konsequente Bebauung ins Vertikale, Berlin soll sich mit den Metropolen der Welt messen können.

»Wir müssen die elektrische Beleuchtung einbeziehen« sagt Wagner und lässt das wärmende Stichwort ›Lichtarchitektur‹ fallen. »Der neue Alexanderplatz soll eine Sehenswürdigkeit für Besucher werden, ein Anziehungspunkt bei Tage und in der Nacht.«

»Wir müssen den östlichen Teil der Stadt besser an die Mitte anbinden«, sagt einer der Stadtplaner und weist in die Richtung, in die der Zug gefahren ist, aus der erneut eine Bahn kommt. »Die Frankfurter Allee wird als Ausfallstraße wahrgenommen, aber nicht als Achse, die den Alexanderplatz mit den östlichen Stadtteilen verbindet.«

»Vielleicht können Sie uns bei einem schönen heißen Getränk oder einer Suppe auch etwas über die Kostenkalkulierung für den edlen Sandstein erzählen. Gehen wir doch zu Aschinger da drüben«, schlägt der fröstelnde Stadtbaurat Wagner vor und schiebt seine Hände noch tiefer in die Manteltaschen.

»Für den Sandstein bin ich nicht zuständig«, sagt Behrens

und schaut seiner weißen Atemwolke hinterher, die in der kalten Luft verweht. »Fragen Sie meine Frau!«

***

»Da kommt meine Lulu!« Regisseur Georg Wilhelm Pabst steht mit einem Strauß roter Rosen vorm Anhalter Bahnhof, sein ernstes, erwartungsvolles Gesicht erhellt sich, als ein Pulk aus dem Portal tritt, in dessen Mitte er die Ersehnte entdeckt, eine junge Frau mit schwarzem Bubikopf. Die zweiundzwanzigjährige Amerikanerin Louise Brooks ist ein Star des Stummfilms, ideale Verkörperung jenes neuen Frauentyps, den man salopp ›Flapper‹ nennt. Mit tiefer Verneigung überreicht Pabst ihr die Blumen, bugsiert sie durch ein dichtes Spalier von Journalisten in die bereitstehende Limousine, man fährt geradewegs ins Hotel Eden am Zoo. Morgen, am 9. Februar 1929, findet die Premiere der Verfilmung von Frank Wedekinds Stück *Die Büchse der Pandora* im Gloria-Palast statt. Louise Brooks spielt Lulu, das lesbische Luder, das in einem Schiffsbordell arbeitet und alle Männer in den Ruin treibt – sogar der eigene Ehemann alias Fritz Kortner muss in der Hochzeitsnacht sein Leben lassen. Kann das gutgehen? Nein. Am Ende wird Lulu von Jack the Ripper, dem berüchtigten Frauenmörder, umgebracht. Man darf gespannt sein auf diese neue Version des Skandalstücks. Eine lesbische Beziehung auf der Leinwand, ein neues, ganz unerhörtes Wagnis! Ob Louise Brooks als Lulu noch aufsehenerregender ist als Erna Morena, die 1917 an der Seite des großen Emil Jannings in der Rolle zu sehen war? Besser noch als die unvergleichliche Asta Nielsen, die 1923 mit Albert Bassermann als Filmpartner die Lulu spielte?

Noch weitaus brennendere Fragen aus der Gerüchteküche bewegen das Premierenpublikum: Hatte Louise Brooks tatsächlich eine Affäre mit der göttlichen Greta Garbo? Und warum hat Pabst ausgerechnet die Amerikanerin für seinen Film engagiert? Gibt es denn gar keine geeignete deutsche Schauspielerin? Auch Marlene Dietrich hatte sich für die Rolle der Lulu interessiert; Pabst, von Journalisten nach der Wahl seiner Besetzung gefragt, gibt unumwunden zur Auskunft: »Die Dietrich ist mir für den Film zu offensichtlich. Ein sexy Blick von ihr, und der Film verkommt zur Burleske. Aber ich gab ihr noch eine Frist, und der Vertrag sollte gerade unterschrieben werden, als die Paramount telegrafierte, dass ich Louise Brooks haben konnte.«

Pabst hatte Louise Brooks 1928 auf dem Höhepunkt ihrer bisherigen Karriere in Howard Hawks' Film *A Girl in every Port – In jedem Hafen eine Braut* gesehen, und sofort war ihm klar: Das ist meine Lulu!

Im dunklen Kinosaal flimmert *Die Büchse der Pandora* über die große Leinwand. Lulu mit kohlschwarzen Augen und bleichem Gesicht, strahlend schön im Hochzeitskleid, tanzt mit der lesbischen Gräfin Geschwitz. Louise Brooks denkt an die Dreharbeiten mit Pabst vergangenes Jahr. Nicht nur für die braven Gutachter und das Publikum, auch für manche Akteurin ist die filmische Darstellung einer lesbischen Frau eine Herausforderung. Die Belgierin Alice Roberts hatte sich äußerst schwer mit der Rolle der Gräfin getan. Welche Schande wäre es, wenn die Öffentlichkeit sie im wahren Leben nun auch für so eine hielte? Pabst besaß Antennen für die Befangenheit der Schauspielerin; als sie in einer Szene eng mit Louise Brooks tanzen sollte, warf er ihr über deren Schulter verliebte Blicke zu. Kleine List, große Wirkung: Auf der Leinwand ist eine völlig entspannte Alice Roberts als lesbische Gräfin zu sehen. Pabst versteht es, die Schauspieler vor der Kamera authentisch spielen zu lassen, weil er simple Tricks aus dem Hut zaubert. Auch Lulus Verzweiflung über ein ruiniertes Kleid wirkt überzeugend auf der Leinwand, denn Pabst hatte Brooks dazu gebracht, für die Szene ihr eigenes Lieblingskleid anzuziehen und kein x-beliebiges Kostüm aus dem Kleiderfundus. Für Louise Brooks war die Arbeit mit dem ausgebufften G. W. Pabst geradezu ein Erweckungserlebnis. »Aber mich erfüllte er auf magische Weise mit einem einzigen klaren Gefühl und schickte mich dann einfach in die Arena.« So einen Regisseur hat sie in Hollywood noch nie erlebt. Pabst gelang eine wortlose Kommunikation mit Louise Brooks, anders als mit anderen Schauspielerinnen, mit denen er ständig reden musste.

Nach über zwei Stunden gehen die Lichter im Saal wieder an, alles starrt auf die anwesende Schauspielerin, doch niemand wagt, sie persönlich anzusprechen. Einige Leute klatschen, aus den Reihen werden Schmährufe laut. »Unerhört!« – »Dass diese Schlampe sich nicht schämt!« – »In Amerika hätte man diese Schweinerei nicht zeigen dürfen! Aber mit uns kann man das ja machen.« – »Kein Wunder, dass keine unserer deutschen Schauspielerinnen sich für diese Sittenlosigkeit hergeben wollte!«

Pabst, kräftig, kompakt und etwas gedungen von Statur, stellt sich schützend wie ein Bodyguard hinter Louise Brooks, er schirmt sie mit seinen Armen ab und schiebt sie durch die Menge feindseliger Kinobesucher. Zum Glück, er atmet auf, versteht sie deren Schmähreden nicht. Die beiden gelangen unbehelligt zum Wagen, Brooks boxt mit den Fäusten auf Pabsts Knie und bedrängt ihn: »Was haben sie gesagt? Was haben die Leute gewollt? Warum waren sie so aufgeregt? Hat es ihnen etwa nicht gefallen?«

Pabst grummelt, bloß nicht die Beleidigungen wiederholen, und wie übersetzt man überhaupt das Wort ›Schlampe‹? Schließlich speist er Louise Brooks mit dürren Worten ab: »Das ist die Amerikanerin, die unsere deutsche Lulu spielt. Mehr haben sie nicht gesagt.« Doch Pabst weiß genau, dass seine kluge Schauspielerin sich auf Dauer nicht mit dieser Antwort zufriedengeben wird.

Tags darauf liest Pabst die Pressekommentare. »Louise Brooks gibt die Lulu. Sie wirkt durch ihr Kindergesicht, das angesichts der Schreckensereignisse rein heraustritt, und mitten im Blutwirbel umso schrecklicher ist. Es fehlt ihr an der Gewalt des Trieblichen, und für die Dirne reicht sie nicht aus. Zwischen ihr und Lulu steht das Girl«, so Siegfried Kracauer in der *Frankfurter Zeitung*. Viele Kritiker des Films vermissen an Pabsts Lulu die Leidensmiene und scheinen sich an der Unterkühltheit des Charakters zu stoßen, dem offenbar jegliches Gefühl für die Sünde fehlt. »Sie steht da, lächelnd, in kindlicher Freude am Sinnengenuss«, schreibt der *Film-Kurier*.

Wahrscheinlich ist es nur eine Frage der Zeit, bis die Zensur diese Lulu verbietet. Gerade erst, am 14. Februar, ist Josephine Bakers Münchner Auftritt wegen ›Verletzung des öffentlichen Anstands‹ abgeblasen worden.

»Für den Film stellt sich in diesen Umbruchszeiten ein grundsätzliches Problem«, mutmaßt Louise Brooks. »Er soll auf ein modernes Frauenbild reagieren und die neuen Freiheiten in Liebesdingen abbilden, aber wie gestaltet man ein Happy End, ohne dass Mann und Frau glücklich den Hafen der Ehe erreichen, so wie es immer war? Um jetzt den schönen Schatz an der Kinokasse zu kassieren, wo der Produzenten Herz schlägt, müssen sie den Film eines weiblichen Stars immer noch mit dem Anhängsel Ehe versehen.«

»Es gibt einen einzigen Star, den sie akzeptieren, so wie er ist«, sagt Pabst, »Greta Garbo. Sie ist ein Sex-Symbol und gleichzeitig von so reiner Schönheit, dass die Bezeichnung ›göttlich‹ jede Kritik im Keim erstickt.«

Die Kritik in der *Vossischen* gibt Pabst leider recht. Dort wünscht man sich anstelle des ›Sportgirls‹ Louise Brooks die Garbo für die Rolle der Lulu herbei.

Louise Brooks gibt sich gelassen: »Tja, erst mit der Garbo kann die Ehe, das Hindernis, das der Lust am Sex im Weg steht, abgeschafft werden! Und ausgerechnet mit ihr dichtet man mir eine Affäre an!«

Auch im wahren Leben hatte Louise Brooks stets mit Rollenerwartungen zu kämpfen. Sie war als Tänzerin bei den Ziegfeld Follies am New Yorker Broadway entdeckt worden, und seit ihrem ersten Filmauftritt 1925 galt sie als Idealbesetzung für den Film. Sie stammte aus gebildetem Elternhaus in der amerikanischen Provinz, aus Cherryvale in Kansas. Der Vater, ein Rechtsanwalt, verdiente nicht schlecht. »Meine Mutter gestaltete ihre Freiheit, indem sie Buchkritiken verfasste und sie in ihrem Frauenclub vortrug, Vorlesungen über Wagners *Ring* hielt und Klavier spielte, worin sie äußerst begabt war.« Die Mutter förderte auch von Anbeginn die Tanzkarriere der Tochter. »Ich tanzte vor Herrenclubs, Damenclubs, bei Jahrmarktsfestlichkeiten und verschiedenen anderen Veranstaltungen im südöstlichen Kansas. Ich neigte zu Wutanfällen, wenn sich ein

Kostüm als widerspenstig erwies oder das Tempo der Musik nicht stimmte; aber meine Mutter, die meine Kostüme schneiderte und mich am Klavier begleitete, trug das mit professioneller Gelassenheit. Mein Vater meinte, man habe mich verstümmelt, als Mutter, in der Absicht, meine Bühnenerscheinung zu vervollkommnen, mir beim Friseur meine langen, schwarzen Zöpfe abschneiden und das, was von meinem Haar übrig blieb, zu einem glatten Bubikopf mit Pony kämmen ließ.«

Doch Louise Brooks hatte sich von der Tanzausbildung mehr versprochen als das, was sie am Wichita College lernen konnte. In Amerika bedeutete Tanzunterricht vor allem, akrobatische Sprünge einzustudieren. Von den Künsten einer Mary Wigman, die das deutsche Publikum mit ihrem Ausdruckstanz begeisterte, war man noch weit entfernt, schon gar in der Provinz. Louise Brooks hielt es nicht lange in den lächerlichen Kursen aus. Ins Tagebuch schrieb sie 1921: »Ich muss lernen, und das heißt: hinaus zu weiteren Horizonten. Ich habe genug davon, meine Lehrerin zu lehren, was sie mich lehren soll.« Ihre Eltern hatten ihr früh vermittelt, sich um die eigenen Belange zu kümmern. Als die junge Louise ihrer Mutter einmal schuldbewusst ein Missgeschick beichten wollte, blickte die nur kurz von der Klaviatur auf und sagte: »Aber Liebling, du kannst mich doch nicht stören, wenn ich gerade Bach übe.« Sie wusste, was sie ihnen zu verdanken hatte: »Dass meine Eltern entschlossen ihre eigenen Interessen verfochten haben, ist auch der Grund für meine frühe Selbstständigkeit und meine spätere Unfähigkeit, mich der Sklaverei zu unterwerfen, als ich in die Filmfabriken Hollywoods zur Arbeit ging.«

Als Louise mit fünfzehn Jahren nach New York zog, um

eine richtige Tanzausbildung zu absolvieren, durchschaute sie rasch die wahren Beweggründe ihrer Mitstreiterinnen. Die rackerten sich zwar mit Sprüngen und Schritten ab, aber im Grunde gierten sie nur danach, so auszusehen wie die Titelmädchen auf *Harper's Bazaar* und *Vanity Fair* und am Ende einen gut situierten Mann zu finden. Sie verabscheute diese Verlogenheit und erfuhr bitter enttäuscht, dass eine belesene, kluge Frau bei Männern kaum Chancen hatte. »Kultur, so sollte ich erfahren, war keine Vorbedingung, um ein ›sophisticated‹ New Yorker zu werden. Es war vielmehr ein Handicap. Die reichen Männer, die mich schon bald in eleganten Restaurants, Theatern und Nachtclubs zur Schau stellten, schreckten vor dem Namen Shakespeare wie schwänzende Schulbuben zurück, und einen Abend in der Metropolitan Opera oder im Konzert in der Carnegie Hall sahen sie als eine unvorstellbare Qual an.« Weil Louise Brooks »das vulgäre Spiel mit schmutzigen Witzen und sexuellen Andeutungen« boykottierte, zog sie es vor zu schweigen und geriet in den Ruf, »hübsch« und »blöde« zu sein. Wie wurde man den bloß wieder los?

Am 30. Januar 1929 ergeht, womit zu rechnen war, für *Die Büchse der Pandora* ein Jugendverbot der Filmprüfstelle. Dennoch, Pabst, hochzufrieden mit der Zusammenarbeit mit Louise Brooks, denkt schon an den nächsten Film. Noch dieses Jahr will er *Tagebuch einer Verlorenen* drehen, mit ihr in der Hauptrolle.

***

Die Zimmermädchen im feinen Hotel Excelsior gegenüber vom Anhalter Bahnhof haben vor lauter Arbeit gar keine

Zeit, aus dem Fenster zu schauen, und bekommen deshalb nicht mit, dass die Ankunft des Hollywoodstars vorm Bahnhofsportal gegenüber auf der Königgrätzer Straße einen Menschenauflauf verursacht. Aber innerhalb der Mauern des riesigen Excelsior passiert ja auch eine Menge. Auf den Fluren stecken die Zimmermädchen die Köpfe zusammen und tuscheln. Sieht die neue Kollegin mit ihrem welligen mittelblonden Haar, den dunklen Augen und den weichen Gesichtszügen nicht aus wie die Schriftstellerin Vicki Baum? Ja, genau, die Vicki Baum, deren Roman über eine Chemiestudentin noch im Januar als Vorabdruck in der *Berliner Illustrirten Zeitung* zu lesen war?

Im Hotelfoyer dürfen sich die Zimmermädchen mit ihren Putzwagen voller Reinigungsmittel und Staubwedel nicht lange aufhalten, sie sollen unsichtbar bleiben, wie von Geisterhand muss das Zimmer eines Gastes wieder in Ordnung gebracht sein, wenn er vom Frühstück oder dem Vormittagstermin kommt. Alleine in einem Zimmer, beim Bettenmachen und Staubwischen, kann man sich so einige Gedanken über die Bewohner machen. Ist die lange Perlenkette auf der Spiegelkommode in Zimmer 145 ein Erbstück, sind die Perlen wirklich echt? Gehören sie einer strahlenden Diva oder einer lustigen Witwe? Woher hat der Besitzer des leicht fadenscheinigen Anzugs, der auf dem stummen Diener hängt, das Geld für die Luxussuite in der Belle Etage? Und enthält das Pillenröhrchen auf dem Nachttisch in der 231 nur harmlose Vitamintabletten oder vielleicht doch ein starkes Schlafmittel? Logiert hier jemand in selbstmörderischer Absicht, der sein Leben in den Seidenkissen des Excelsior aushauchen will? Versieht man den Dienst mit einer Romanidee im Kopf, birgt jedes einzelne Zimmer eine aufregende Geschichte. Wann immer Vicki Baum einen unbeobachteten Moment findet, zückt sie ein Notizbuch: »Es ist viel Schlaflosigkeit hinter verschlossenen Doppeltüren im schlafenden Hotel. [...] Es ist eine dumme Fabel, dass Hotelstubenmädchen durch die Schlüssellöcher schauen. Hotelstubenmädchen haben gar kein Interesse an Leuten, die hinter den Schlüssellöchern wohnen. Hotelstubenmädchen haben viel zu tun und sind angestrengt und müde und alle ein wenig resigniert, und sie sind vollauf beschäftigt mit ihren eigenen Angelegenheiten.«

Vicki Baum weiß, dass sie einen Schauplatz nur glaubwürdig schildern kann, wenn sie ihn auch aus eigener Anschauung kennt. Natürlich ist sie selbst schon zu Gast in vielen Hotels gewesen, doch sie will auch die andere Seite kennenlernen, die des Personals, und wie könnte sie sich besser Zutritt zu allen Räumen verschaffen, denn als Zimmermädchen? Bereits für ihren letzten Roman *stud. chem. Helene Willfüer* hat sie Vorlesungen in Chemie besucht, um eine Studentin lebensecht zu gestalten, insbesondere über Verjüngungsmittelchen hat sie sich schlau gemacht, an denen die Protagonistin Helene als Chemikerin forscht. Als sie Curt Elschner, den Besitzer des Hotel Excelsior an der Königgrätzer Straße, vor einiger Zeit gefragt hat, ob sie hier inkognito hospitieren dürfe, hat der tatsächlich eingewilligt – wie könnte man einer Autorin des großen Verlagshauses Ullstein einen solchen Wunsch abschlagen? Dass es um Inspiration geht und nicht um Indiskretion, versteht sich von selbst.

Das Excelsior ist mit seinen sechshundert Zimmern und über siebenhundert Angestellten das größte Hotel des Kontinents und eine wahre Sehenswürdigkeit, so heißt es unbescheiden in der Eigenwerbung. Durch einen elektrisch beleuchteten Tunnel, eine hochmoderne, unterirdische

Ladenpassage, ist das Haus seit letztem Jahr mit dem Anhalter Bahnhof verbunden, der Gast fällt sozusagen aus der Eisenbahn direkt ins bequeme Hotelbett. Stolz ist man auf die Prominenz, die hier schon abgestiegen ist. Thomas Mann, 1921 zu Gast, lobte die »Wohltat des laufenden heißen Wassers«, und Erich Kästner bewohnte 1926, vorübergehend in Berlin, Zimmer 555: »Großartig! Ich hab andauernd in der Wanne gesessen und geplantscht.«

Vicki Baum entdeckt am 17. Februar in der *Neuen Freien Presse* eine Besprechung ihrer *stud. chem. Helene Willfüer*, geschrieben vom österreichischen Schriftsteller Felix Salten, den sie einmal in Berlin getroffen hat. Da kann sie auch etwas über sich selbst erfahren: »Eine hübsche junge Frau. Blond, füllig, Zutrauen weckend. Große, kluge Augen, sanftes Lächeln, dem man's anmerkte, dass es Leiden, Kämpfen und Dulden zu verhüllen strebte. Diese Frau hatte sich ihren Platz vom Schicksal ertrotzt. Früh verheiratet, früh Mutter, spielte sie im Orchester, das ihr Mann dirigierte, die Harfe. Langsam befreit sie sich durch ihr literarisches Talent vom Orchesterdienst, erregt die Aufmerksamkeit der Kochstraße, sitzt jetzt selbst als Redaktrice im Ullsteinhaus, wohnt draußen im Grunewald, erzieht ihre Kinder und sich.«

Vicki Baum weiß nicht recht, ob ihr gefällt, was sie da über sich lesen muss. Sie ist wahrlich keine Gerte und etwas gedrungen, aber füllig? Durchtrainiert ist sie, dank der Sportstunden in Sabri Mahirs Studio am Kurfürstendamm, wo sie boxt und wo man gelegentlich auch die Schauspielerin Marlene Dietrich beim Training antreffen kann. Beim Blond, zugegeben, da hat sie etwas nachgeholfen – eine anstrengende Prozedur, die Geduld im Friseursessel verlangte: Leiden für die Schönheit und eine Ullstein-Werbekampagne, mit der das schlechte Image schreibender Frauen ein für allemal weggepustet werden sollte. Aber hilft es wirklich? Interessant auch, wie Salten ihr Lächeln deutet – aber tut das denn was zur Sache? Die Söhne sind inzwischen groß, da muss sie nicht mehr viel erziehen, Wolfgang ist bald zwölf, Peter neun Jahre alt. In der Tat war es manchmal schwer, sich zu behaupten; die Harfe hat Vicki Baum nicht sehr geliebt, dieses sperrige Instrument, immer brauchte sie einen Mann, der es zum Konzertsaal und zurück trug, wo sie doch am liebsten frei und unabhängig ist. Als Instrument ist ihr die Schreibmaschine viel lieber, und sie hat es eben, dieses Talent, in kürzester Zeit aus einer Idee einen Text zu formen. So kam sie zum Schreiben, ihr erster Mann Max Prels hatte einen Auftrag einer Literaturzeitschrift angenommen, für die er eine Erzählung schreiben sollte, und als der Abgabetermin nahte, hatte er kaum damit angefangen. Sie half ihm aus der Patsche, schrieb die Geschichte über Nacht unter seinem Namen, so fing alles an. Von Prels ist sie längst geschieden, doch für ihre Hilfe hat er sich revanchiert. Jetzt Ullstein-Redakteur, hat er sie als Autorin der ›Romane für eine Mark‹ vorgeschlagen, und 1920 erschien in der Reihe ihr erster Roman, *Eingang zur Bühne*. Seit 1926 ist sie selbst in der Redaktion in der Kreuzberger Kochstraße tätig, sitzt in einem kleinen, kargen Raum mit weißen Wänden, für den sie sich einen Türvorhang erbeten hat, da sie in den von Schreibmaschinengeklapper erfüllten Redaktionsräumen mit stets geöffneten Türen nicht arbeiten mag. Sie verfasst Artikel für die *Berliner Illustrirte*, *Die Dame* und den *Uhu*, am liebsten über Mode und andere Themen, die die Frau heute bewegen, Auto, Film, Tennis. Es macht

Spaß, eigenes Geld zu verdienen, auch wenn ihr Mann Hans Lert als Dirigent bei der Berliner Staatsoper ein gutes Auskommen hat.

Vicki Baums Roman über die Chemiestudentin Helene Willfüer, der in Saltens Rezension bestens wegkommt, hatte schon als Vorabdruck gute Verkaufszahlen fürs Buch versprochen, die Leute wollten keine einzige Fortsetzung in der *BIZ* verpassen. Die Geschichte der zielstrebigen jungen Frau, die ungewollt schwanger wird und so in arge Bedrängnis gerät, ist allerdings ein heißes Eisen, und das fertige Manuskript war mehrfach abgelehnt worden, es hieß, Baum schreibe zu pornografisch. Gerade das aber weckte die Neugier der Leserinnen. Vicki Baum hofft, dass nun auch die früheren, bereits erschienenen Werke nachziehen. Salten befindet in seinem Artikel, sie habe die Studienjahre der Chemikerin »zum Kunstwerk geformt« und sei »selbst in die Reife ihres Könnens gelangt.«

Na, bitte, aber vielleicht geht da noch mehr, sagt sich Vicki Baum, durch diese lobenden Worte über den Roman ein klein wenig versöhnt mit den Auslassungen des Kollegen zu ihrer Figur. Nach einem so anstrengenden wie interessanten Arbeitstag im Excelsior setzt sie sich noch an den Schreibtisch, spannt ein Blatt Papier in die Erika ein. Das neue Buch soll noch diesen Sommer herauskommen, also heißt es, kräftig in die Tasten hauen: *Menschen im Hotel. Ein Kolportageroman mit Hintergründen.*

***

Das viel beschäftigte Architektenehepaar Poelzig lebt in einer schönen Etagenwohnung im Berliner Westend, Hessenallee 11. Aber nun wird es allmählich Zeit für ein standesgemäßes eigenes Haus. Ein passendes Grundstück im Ostpreußenviertel gibt es schon, in der Tannenbergallee 28 zwischen Heerstraße und Havelchaussee. Nicht Hans Poelzig wird das Eigenheim bauen, sondern seine Frau, die gebürtige Hamburgerin Marlene Moeschke-Poelzig. Die Tochter eines Kaufmanns, der mit Lederwaren handelte, studierte während des Weltkriegs an der Hamburger Kunstgewerbeschule Bildhauerei, Keramik bei Richard Luksch, in seiner Klasse war sie die einzige Frau. Nach einer weiteren Station an der Münchner Kunstgewerbeschule ist sie 1917 mit einem Atelierstipendium nach Berlin an die Preußische Akademie der Künste gekommen. Bei einer Veranstaltung der Berliner Secession, damals in einem repräsentativen Ausstellungshaus am Kurfürstendamm präsent, kam sie ins Gespräch mit dem charismatischen Mann mit runder Brille und Ponyfransen in der Stirn. »Gestatten, Hans Poelzig!«

Es wollte scheinen, als habe Marlenes Einfluss Hans Poelzigs vielseitiges Können erst zum Schwingen gebracht, in der Zeit ihres Kennenlernens hatte er zu malen begonnen. Doch schöne Muse wollte Marlene Moeschke nicht bleiben, und als der Architekt 1919 das Große Schauspielhaus für Max Reinhardt baute, stand auch sie am Reißbrett. Schon ein Jahr später gründeten die beiden das Bauatelier Poelzig, das in die herrschaftlichen Communs-Gebäude des Potsdamer Schlosses im Park Sanssouci einzog.

Bald wurde aus Marlene und Hans auch privat ein Paar. Poelzig war zu diesem Zeitpunkt noch mit seiner Frau Maria verheiratet und bereits Vater zweier Kinder, und er hätte durchaus auch Marlene Moeschkes Vater sein können: Ganze fünfundzwanzig Jahre liegen zwischen ihnen, sie Jahrgang 1894, er 1869. Was für ein Skandal, als die junge Geliebte 1923 ein Kind von Poelzig erwartete, das unehelich zur Welt kam, die Tochter Marlene. Im folgenden Jahr willigte Maria Voss in die Scheidung ein, Hans Poelzig und Marlene Moeschke konnten heiraten. Inzwischen haben sie zwei weitere Kinder, den 1924 geborenen Ali und die 1927 geborene Angelika.

Die Poelzigs stehen auf ihrem neuen, von hohen Bäumen umgebenen Grundstück und entwerfen im Geiste das künftige Heim. In der grünen Gegend am Grunewald steht bereits das Haus des Kollegen Erich Mendelsohn, die große weiße Villa im Bauhaus-Stil thront bald bezugsfertig über der Havel und erinnert an die Meisterhäuser in Dessau. Die Poelzig-Villa soll in ebensolch weißem Glanze neuer Sachlichkeit erstrahlen.

»Ja, da is Musike drin.« Das sagt Hans Poelzig mit unüberhörbar Berliner Zungenschlag immer, wenn ihm etwas besonders gefällt. »Dem Mendelsohn ist da ein ganz starkes Stück Architektur gelungen.«

»Ich stelle mir unser Haus als zwei gegeneinander verschobene Kuben vor, mit einer den gesamten Baukörper umgebenden Terrasse«, sagt Marlene, »der Travertinboden verbindet außen und innen, weil er durchlaufend verlegt wird. Jeder Raum erhält sein eigenes Farbkonzept, für den Salon denke ich an Wandflächen aus elfenbeinfarbenem Schleiflack, die das Licht warm reflektieren. Alle Bereiche müssen voneinander abtrennbar sein, Arbeits-, Wirtschafts- und Wohnfläche.«

»Hauptsache, es wird nicht so verrückt wie das Haus vom Taut«, wirft Poelzig ein. Bruno Taut hat sich 1927 ein Wohnhaus in Dahlewitz südlich von Berlin gebaut. Es ist innen recht bunt, hat die Form eines Viertelkreises und erinnert an ein großes Tortenstück. »Was hab' ich zu ihm gesagt? Bruno, bauste noch dreie dazu, denn haste 'n Janzet!« Hans Poelzig gibt seinen Kommentar immer wieder gern zum Besten.

Marlene Poelzig geht darauf gar nicht ein. Taut ist ein genialer Architekt, ein großer Visionär mit sozialen Ideen, aber das Dahlewitzer Tortenstück ist auch ihr zu exzentrisch für den Alltag. Sie teilt das Credo ihres Mannes: ›Handwerk ist die Grundlage jeder Kunst.‹

»Natürlich muss besonders an die Kinder gedacht werden«, sagt sie, »an ausreichend große Zimmer für jedes von ihnen und an Turngeräte im Garten. Anstelle von Zierbeeten sollten ein Sandkasten und ein Planschbecken her.« Sie erläutert, dass die Kinderzimmer in einem extra Trakt untergebracht werden sollen, der möglichst weit entfernt von den Arbeitsräumen liegen soll, schließlich will sie auch zuhause ungestört am Schreibtisch sitzen können.

Poelzig ist äußerst sparsam mit Kommentaren, aber gerade sein Schweigen ist beredt, bedeutet oft Lob und Anerkennung. Nichts Gönnerhaftes ist in seiner Haltung, er ist ein Partner, auf den Verlass ist.

»Die Schlafzimmer«, fährt Marlene fort, »sind angelegt nach dem Prinzip, möglichst für jeden Hausbewohner ein Einzelzimmer zu schaffen, wenn es auch dadurch klein wird.«

Soeben ist übrigens im gar nicht so fernen England ein Text der britischen Schriftstellerin Virginia Woolf erschienen, er trägt den Titel *A room of one's own – Ein Zimmer für sich allein* und ist ein literarisches Pamphlet gegen die Abhängigkeit der Frauen von Geld und Gunst der Männer und für die dringend notwendige geistige Unabhängigkeit von Frauen.

März

*Erika Mann legt sich mit Franz Hessel an *** Edith Jacobsohn sucht einen Autor und findet Erich Kästner *** Vicki Baum beschwört »Menschen im Hotel« *** Brecht macht Theater mit Lotte Lenya und Marieluise Fleißer*

Erika und Klaus Mann haben erst kürzlich die letzten Sätze ihres Globetrotter-Buches *Rundherum* zu Papier gebracht: »In dem Augenblick, da wir die Kaiser-Wilhelm-Gedächtniskirche wiedersahen, war schon die ganze Weltreise zum Traum geworden.«

Nun ist *Rundherum. Ein heiteres Reisebuch* auch schon erschienen. Die ›Mann-Twins‹ schicken ein Exemplar ihres Reports an Hugo von Hofmannsthal. Die Antwort des hochverehrten Schriftstellers macht sie stolz wie ein Ritterschlag: »Es ist ein lustiges, angenehmes, eigentümliches Buch und hat mir über zwei etwas fiebrige Grippe-Nachmittage in der angenehmsten Weise weggeholfen. Neugierde in einer so reinen, starken Form, wie die, welche Sie beide rund um die Welt getrieben hat, ist eine besondere Gabe; so wie es eine besondere Gabe, und nur sehr wenigen verliehen ist, wirklich stark zu wünschen. An der Darstellung war mir zweierlei wirklich wohltuend: dass Sie beide sich vom Übertreiben ganz fern gehalten haben [...] und dass Sie in einer so anständigen Art immer dem Weitschweifigen und Beschreibenden ausgewichen sind.« Stefan Zweig findet allerdings ein Haar in der Suppe, *Rundherum* sei ja »ganz kess, aber eben doch ein bisschen auf Bestellung gemacht.« Und Kurt Tucholsky ätzt in der *Weltbühne*: »Erika Mann ist in Berlin zu ihrer Heirat, Scheidung, Wiederverheiratung und Beerdigung eingetroffen.«

Dem Publikumsinteresse tun solche bissigen Kommentare des wortmächtigen Peter Panter keinen Abbruch. Nach den skandalträchtigen Theaterauftritten der Dichterkinder verspricht das Reisebuch neuen Lesespaß, zudem hat das Genre Konjunktur. Am 25. März wird bald nach Erscheinen der ersten Auflage von *Rundherum* im *Börsenblatt des Deutschen Buchhandels* die Neuauflage des Titels angekündigt: »Das Weltreisebuch zweier im Schatten ihres väterlichen Ruhmes vagabundierender junger Menschen mit offenen Augen.«

Derzeit liefert sich Erika Mann einen kurzen Schlagabtausch mit dem Schriftsteller Franz Hessel, der Streit gilt der Berlinerin, jenem Typ ›Neue Frau‹ der Zwanzigerjahre, den auch sie mit Zigarette, Kurzhaarschnitt und Fuß auf dem Gaspedal verkörpert.

»War ja klar«, sagt Klaus, der sieht, wie seine Schwester auf die Schreibmaschine eindrischt, »auch du entkommst dem Familienfluch nicht. Wir sind alle zum Schreiben verdammt.«

»Seit ich Hessels Essay *An die Berlinerin* gelesen habe, brennt mir die Antwort auf den Nägeln«, ruft sie aus. Die Polemik Franz Hessels, der seine scharfsinnigen Beobachtungen auf den Straßen von Berlin und Paris macht, fordert Erika heraus.

»Hör nur, was er schreibt!«

Erika schlägt die *Vogue* auf und liest mit schnippischer Stimme: »Schöne Berlinerin, du hast bekanntlich alle Vorzüge. Du bist tags berufstätig und abends tanzbereit. Du hast einen sportgestählten Körper, und deine herrliche Haut kann die Schminke nur noch erleuchten. In den so genannten geistigen Dingen hast du – wie sagt man doch jetzt auf Neudeutsch? – ›letzten Endes‹ immer die richtige ›Einstellung‹. Mit der Geschwindigkeit, in der deine Stadt aus klobiger Kleinstadt sich ins Weltstädtische mausert, hast du Fleißige schöne Beine und die nötige Mischung von Zuverlässigkeit und Leichtsinn, von Verschwommenheit und Umriss, von Güte und Kühle erworben.« Erika lässt die Zeitung auf die behosten Knie sinken. »Ganz schön überheblich der Mann. Das kann ich nicht unbeantwortet lassen.«

Klaus macht eine amüsierte Bemerkung zu Erikas Beinen, die doch unbestritten schön zu nennen seien und in jedem Fall mit denen der Dietrich mithalten könnten.

»Ach, geh!« Erika liest weiter vor, jetzt im Ton einer strengen Lehrerin, die überlegt, was sie mit Rotstift an den Heftrand schreiben kann: »Und du erzählst, die Hände am Steuer, bei hundert Kilometer Geschwindigkeit auf der Avus ganz gern beiläufig von deinem letzten Liebesweh wie von Zahnschmerzen. […] Sei doch lieber manchmal bitte ein bisschen sentimental, schon der Landschaft und uns alten Zuschauern deiner Jugend zuliebe. Nimm dich nicht gar zu sehr zusammen. Lass dich ein wenig gehn.«

»Kennst du Tucholskys freches Gedicht über die Berlinerin nicht?«, fragt Klaus. »Es wird dich noch mehr provozieren als Hessel.«

In einem Buch findet er die Verse:

»Mädchen, kein Casanova
hätte dir je imponiert.
Glaubst du vielleicht, was ein doofer
Schwärmer von dir phantasiert?
Sänge mit wogenden Nüstern
Romeo, liebesbesiegt,
würdest du leise flüstern:
›Woll mit die Pauke jepiekt –?‹
Willst du romantische Feste,
gehst du beis Kino hin ...
Du bist doch Mutterns Beste,
du, die Berlinerin –!

Venus der Spree – wie so fleißig
liebst du, wie pünktlich dabei!
Zieren bis zwölf Uhr dreißig,
Küssen bis nachts um zwei.
Alles erledigst du fachlich,
bleibst noch im Liebesschwur
ordentlich, sauber und sachlich:
Lebende Registratur!
Wie dich sein Arm auch presste:
gibst dich nur her und nicht hin.
Bist ja doch Mutterns Beste,
du, die Berlinerin –!

Wochentags führst du ja gerne
Nadel und Lineal.
Sonntags leuchten die Sterne
preußisch-sentimental.
Denkst du der Maulwurfstola,
die dir dein Freund spendiert?

Leuchtendes Vorbild der Pola!
Wackle wie sie geziert.
Älter wirst du. Die Reste
gehn mit den Jahren dahin.
Laß die mondäne Geste!
Bist ja doch Mutterns Beste,
du süße Berlinerin –!«

Ja, die Berlinerin – was ist so besonders an ihr? Was unterscheidet sie von anderen Großstädterinnen, den Frauen in Wien, Paris oder London? Ist sie frecher, burschikoser, wagemutiger, freizügiger? Ist es ihre bodenständige Sorglosigkeit?

Keine zwei Wochen, da präsentiert Erika ihrem Bruder die neue Ausgabe der *Vogue*, die ihre Replik *An den Berliner* nur zu gern gedruckt hat: »Übrigens, Berliner in den Knickerbockers: wenn wir zusammen Auto fahren [...], so ergibt sich meist das Folgende: entweder Du kannst fahren, dann fährst Du, lässt uns höchst ungern ans Steuer. Kommt ein Lastwagen sehr sichtbar angeschlichen, so erklärst Du angstbebend, ein Lastwagen käme und mit Lastwagen sei nicht zu spaßen – ›langsam, langsam!‹, sagst Du voller Misstrauen und ›pass doch auf, ein Lastwagen‹. Kannst Du aber nicht fahren, dann verstehst Du von den Autos gleich gründlich nichts, stehst da, die Hände in den Knickerbocker-Taschen, während wir, von Öl und Müh' verdorben, unterm Wagen liegen müssen, die Panne zu reparieren.«

Klaus kennt seine Schwester fast so gut wie sich selbst. Ist die leidenschaftliche Autofahrerin mit ihrer Retourkutsche nicht übers Ziel hinausgeschossen? Hat sie in ihrem Furor Hessels Augenzwinkern nicht gesehen? »Du runzelst die Stirn?«, hört man auch Hessel fragen. »Lernst du schon wieder so schnell? Dann bitte vergiss alles, was ich da gesagt habe. Und sei, wie du bist!«

***

Die Weltbühne ist eine intellektuelle Institution der Weimarer Republik. Hier schreiben die brillantesten Federn aus Berlins Zeitungslandschaft: der Kunstkritiker Adolf Behne, die Schriftsteller Franz Blei, Max Brod, Alfred Döblin, Kurt Hiller, Erich Kästner oder Lion Feuchtwanger, der Philosoph Ernst Bloch, der jetzige Herausgeber Carl von Ossietzky und natürlich der emsige Kurt Tucholsky. Siegfried Jacobsohn hatte die auf Theaterkritiken spezialisierte Zeitschrift 1905 als *Die Schaubühne* gegründet, 1918, mit Beginn der Weimarer Republik, wurde das radikaldemokratisch-linksliberale Blatt in *Die Weltbühne* umbenannt. Inhaltlich hatte es sich schon zuvor längst von einer bloßen Theaterzeitschrift zum gewichtigen politisch-literarischen Blatt gewandelt, das mitten im Krieg entschlossen pazifistische Positionen vertrat. Gerade eben, am 12. März 1929, ist ein Artikel erschienen, in dem Walter Kreiser, Journalist und Flugzeugingenieur, die Wiederaufrüstung Deutschlands publik macht. *Windiges aus der deutschen Luftfahrt* erregt den Reichswehrminister Wilhelm Groener, der gegen den verantwortlichen Herausgeber Carl von Ossietzky einen Prozess wegen Geheimnisverrats anstrengt. Da droht Gefahr, auf sowas steht Zuchthaus, wenn nicht die Todesstrafe.

Doch Zeitschriften wie Jacobsohns *Weltbühne* und unerschrockene Publizisten wie Kreiser und von Ossietzky sind wichtiger denn je, um den pazifistisch-europäischen Geist weiter zu stärken, denn die Reaktion schläft nicht. Seit Anfang des Jahres sind aus dem Rascheln des Blätterwaldes an den Zeitschriftenkiosken dumpfe Töne zu vernehmen, sie stammen aus einem rechtsnationalen Organ, das gegen Linke und Juden hetzt und das seit Beginn des Jahres auch in Berlin vertrieben wird, es heißt *Der Völkische Beobachter*.

Als Siegfried Jacobsohn am 3. Dezember 1926 überraschend an einem Gehirnschlag starb, übernahmen zunächst Kurt Tucholsky und Jacobsohns Witwe, die siebenundzwanzigjährige Edith Jacobsohn, vorübergehend die Leitung der *Weltbühne*. Die beiden kennen sich schon länger und kommen gut miteinander aus; als Tucholsky zwischen 1918 und 1920 Chefredakteur der Satirezeitschrift *Ulk* war, schrieb Edith Jacobsohn für diese Seiten, so oft, dass Siegfried Jacobsohn seine Frau dem Kollegen Tucholsky gegenüber gar »Hauptmitarbeiterin Ihres bourgeoisen Witzblattes« nannte. Für die *Weltbühne* schreibt sie ebenfalls, verantwortungsvolle Erziehung und Kindeswohl gehören zu ihren Themen, und sie hat das wirtschaftliche Überleben der Zeitschrift schon mehrmals gerettet – mit dem Vermögen, auf das sie dank ihres Elternhauses zurückgreifen kann. Ihr Vater ist der erfolgreiche Bauunternehmer Max Schiffer, der vornehme Villen in Grunewald und Tiergarten errichtet hat. Ihre Cousins heißen Paul und Ernst Cassirer, zu denen sie auch Kontakt pflegt, die gesellschaftlichen Beziehungen und das Ansehen der intellektuellen Cassirer-Dynastie sind Gold wert. Ein weiterer Cousin ist der beliebte Revue-Autor Marcellus Schiffer. Als höhere Tochter hatte die junge

Edith Lotte Schiffer ein Internat in England besucht, und dieser Aufenthalt auf der Insel erwies sich als wegweisend für spätere Tätigkeiten. Mit einer Lehrerin, Edith Williams, tat sich die Schülerin zusammen, gemeinsam begannen sie zeitgenössische Kinderbücher aus dem Englischen zu übersetzen. Sie handelten von Abenteuern, die sich anders lasen als die betulichen und moralinsauren Geschichten aus der Heimat. Aus *Winnie-the-Pooh* wurde *Pu der Bär*, aus *The Story of Doctor Dolittle* wurde *Doktor Dolittle und seine Tiere*, 1927 war *Mein Freund Toto*, eine beliebte Schimpansengeschichte von Cherry Kearton erschienen, später dann flog *Mary Poppins*, ihren aufgespannten Regenschirm in der Hand, auch durch die Berliner Luft. Diese englischen Titel waren relativ neu, und ihre Protagonisten sprachen wie normale Menschen, denen man im Hier und Heute begegnen konnte. Auf Deutsch erschienen *Pu* und *Dolittle* 1924 im mit Edith und Annie Williams gegründeten Kinderbuchverlag Williams & Co, den Edith Jacobsohn aber schon nach einem Jahr alleine führte und der 1928 ins Berliner Handelsregister eingetragen wurde. Für 1928 und 1929 hat die Mutter eines zwölfjährigen Sohnes zusammen mit dem Psychologen und Filmkritiker der *Weltbühne* Rudolf Arnheim zwei Jahrbücher für Kinder und Jugendliche unter dem Titel *Jugend und Welt* herausgegeben, darin versammelt Texte von Bertolt Brecht, Kurt Tucholsky, Carl von Ossietzky, Else Lasker-Schüler oder des Dadaisten Richard Huelsenbeck.

Edith Jacobsohn kennt sie alle, die Edelfedern der Weimarer Republik. Wer von ihnen könnte ein flottes, intelligentes Kinderbuch für die heutige Zeit schreiben? *Peterchens Mondfahrt*, *Der kleine Hävelmann* von Theodor Storm, *Nesthäkchen* von Else Ury, Waldemar

Bonsels' Abenteuer der kleinen *Biene Maja* aus dem Jahre 1912 oder die 1924 erschienene *Häschenschule* von Albert Sixtus sind lieb und nett, aber so wenig aus dem modernen Leben gegriffen. Edith Jacobsohn kneift ihr Auge hinterm Monokel zusammen und überlegt. Tucholsky ist brillant, aber für Kinder eine Spur zu sarkastisch. Von Ossietzky ist von zu großem politischem Ernst, Alfred Döblin gerade mit einem umfangreichen Roman befasst, der am Alexanderplatz spielen soll, und Carl Zuckmayer schreibt derzeit an einem Drehbuch nach Heinrich Manns Roman *Professor Unrat*. Eine Frau vielleicht? Unter den Wortgewaltigen der *Weltbühne* ist auch Else Lasker-Schüler, die braucht immer Geld, aber für ein Kinderbuch, denkt Edith Jacobsohn, ist die expressionistische Sprache der egozentrischen Dichterin vielleicht zu abgehoben; wenn die Lasker-Schüler das macht, kommt ein orientalisches Märchen mit fliegenden Sternenteppichen und alttestamentarischen Prinzen heraus, genau das will sie nicht, nein, nicht die Lasker-Schüler.

Sitz der *Weltbühne*-Redaktion ist Berlin-Charlottenburg, Kantstraße 152, zwischen Bahnhof Zoo und Savignyplatz. Unweit der Grunewald, wo Edith Jacobsohn wohnt und von wo aus sie den Kinderbuchverlag leitet, Douglasstraße 30; zur illustren Nachbarschaft gehörte seinerzeit auch Hugo Stinnes. Hier finden regelmäßig *Weltbühne*-Tees statt, gesellige Treffen von Mitarbeitern und Freunden des Blättchens, wie alle liebevoll sagen. Erich Kästner sitzt plaudernd mit Hermann Kesten zusammen, der sich über den dünnen Tee beschwert, Kästner greift lieber gleich zum Cognac. Der gebürtige Dresdener erzählt Kesten gerade, dass er seine Entscheidung keineswegs bereut, 1926 nach

Berlin gegangen zu sein, für Literaten der Nabel der Welt, auch wenn er noch nicht der anerkannte Autor ist, der er so gern wäre. »Berlin ist das einzig Richtige. Jedenfalls der einzige Boden in Deutschland, wo was los ist«, das hat Kästner auch seiner Mutter geschrieben, die nach wie vor die wichtigste Frau in seinem Leben zu sein scheint, kaum etwas, das er ihr nicht mitteilt.

Edith Jacobsohn durchfährt es wie ein Blitz, als sie Kästner mit dem Cognacschwenker sieht. Das Echo seines Gedichts *Repetition des Gefühls* klingt in ihren Ohren, die einprägsame Sprache. »Natürlich, der Kästner, der kann Kinderbuch«, sagt sie zu sich und schlägt sich die Hand vor die Stirn, »warum bin ich darauf nicht gleich gekommen?«

Hermann Kesten erzählt Kästner von seinem Verdruss: »Die Seghers hat dann den Kleist-Preis bekommen letztes Jahr. Dabei stand eigentlich fest, dass ich ihn erhalten sollte.«

Edith Jacobsohn schneidet Hermann Kesten kurzerhand das Wort ab: »Kästner, kommen Sie mal mit!« Sie tritt auf den Balkon, Kästner wittert eine Überraschung, lässt den Kollegen sitzen und folgt ihr hinaus. Er steht, das Glas in der Hand, neben ihr, blickt ins Grüne, die Frau schaut ihn durch ihr Monokel prüfend an: »Sie wissen ja, dass ich einen Kinderbuchverlag leite.«

Kästner nickt.

»Dann schreiben Sie doch mal ein Kinderbuch!«

Kästner fragt, wie sie denn bloß auf diesen Gedanken komme.

»Die meisten Bücher für Kinder«, antwortet sie, ihrer Sache sicher, »sind meilenweit von der Realität entfernt. Man zeigt ihnen Ritter und Prinzessinnen, exotische Märchenwelten, die mit dem heutigen Kinderalltag nichts zu tun haben.«

»Dabei ist der doch aufregend genug«, pflichtet Kästner bei.

»Aber gute Kinderbuchautoren muss man mit der Lupe suchen«, sagt Edith Jacobsohn. »In Ihren Kurzgeschichten kommen doch häufig Kinder vor, davon verstehen Sie offenbar eine Menge. Schreiben Sie mal nicht über Kinder, sondern auch für Kinder! Wir brauchen dringend eine neue, eine moderne Literatur für Kinder und Jugendliche.«

Kästner winkt ab: »Kinderbücher liegen völlig außerhalb meiner literarischen Interessen.«

Doch das stimmt nicht, Kästner hat bereits Kolumnen für Kinder geschrieben, in der Zeitschrift *Beyers für alle* recht erfolgreich an den Kinderseiten mitgewirkt. Und gerade erst, 1927, hat er ein Bühnenstück für Kinder geschrieben, *Klaus im Schrank oder Das verkehrte Weihnachtsfest*. Leider hat er immer noch keinen Abnehmer dafür gefunden, vier Verlage haben schon abgelehnt. Vielleicht ist er aus Verdruss darüber so ablehnend gegenüber Edith Jacobsohns Vorschlag.

Die aber glaubt an ihren Autor und überhört geflissentlich dessen ablehnenden Ton: »Das Beste wird sein, Sie schreiben über Sachen, die Sie kennen. Weil man doch bloß Dinge schreiben kann, die man kennt und gesehen hat. Also, von der Untergrundbahn und Hotels und solchem Zeug. Und von Kindern, wie sie Ihnen täglich an der Nase vorbeilaufen und wie wir früher einmal selber welche waren. Und sagen Sie nicht selbst immer: ›Es gibt nichts Gutes, außer man tut es‹? Also, Kästner, schreiben Sie!«

»Ich werd's versuchen«, seufzt er, während Edith Jacobsohn ihm noch einen Cognac nachschenkt.

***

Nur wenige Gehminuten von der Douglasstraße entfernt, Koenigsallee 45, klappert die Schreibmaschine. Binnen kürzester Zeit hat Vicki Baum ihren *Menschen im Hotel* literarisches Leben eingehaucht. In den fadenscheinigen Anzug vom stummen Diener hat sie den todkranken Herrn Kringelein gesteckt, die Perlenkette hat sie der alternden Ballerina Grusinskaja um den Hals gehängt. An das Röhrchen mit dem gefährlich nach Veronal aussehenden Inhalt hat sie gedacht, als sie den kriegsversehrten Morphinisten Dr. Otternschlag erfunden hat. Und der ständig im Taxi davonbrausende Baron von Gaigern hat vor allem ein Ziel, ein Luxusappartement im Bayerischen Viertel, wo er im Hinterzimmer dem Glücksspiel frönt. Die Inflation hatte wie ihn viele Leute geradezu genötigt, sich Geld auf krummen Pfaden zu verschaffen. *Menschen im Hotel* soll ein gesellschaftliches Panorama entfalten, eine Geschichte, die im Zeitraum von nur vier Tagen spielt und dennoch die Atmosphäre des ganzen, sich neigenden Jahrzehnts einfängt. Der Mikrokosmos Hotel ist idealer Schauplatz für ein Aufeinandertreffen der Prototypen, die Vicki Baum schildern will. Es wird geboren und gestorben, betrogen und gelogen, geliebt und geweint, unablässig dreht sich das Rad des Lebens. »Sonderbar ist es mit den Gästen im großen Hotel. Keiner verlässt die Drehtür so, wie er hereinkam.«

Am Spieltisch hat die gewissenhafte Schreiberin zwar nicht recherchiert, aber allzu viel Imaginationsgabe braucht es im Berlin dieser Ära nicht, um sich soignierte Herren wie den Baron von Gaigern pokernd hinter zugezogenen Gardinen vorzustellen. Hasardeure und Glücksritter, die bare Münze an Spieltischen machen, kann man bestens auf Gemälden von Dix und Grosz studieren. Doch im Ballettmilieu ihrer Grusinskaja kennt Vicki Baum sich aus allererster Hand aus. Als sie eine Zeit lang in Hannover lebte, hatte sie dort Tanzkurse bei Mary Wigman besucht. »Was mir Gustav Mahler, Wagner, Ibsen […] in den Jahren des Erwachens bedeutet hatten, das bedeuteten mir jetzt Mary Wigman und ihr Kreis mit der neuen Tanzkunst.« Bereits 1921 hatte Vicki Baum unter diesem Eindruck einen Roman mit dem Titel *Die Tänze der Ina Raffay* geschrieben, in dem sie den neuartigen Ausdruckstanz feiert. »Mary Wigmans Gesicht war mir ein Erlebnis – die hohen Backenknochen, der große Mund, die hohe, klare Stirn, das Getriebene im Ausdruck, diese Trance, in der sie ihre Tanzideen empfing und gestaltete. […] Ich hing mit meinem ganzen Wesen an ihr. Das waren die Tänze, von denen ich einst geträumt hatte.« Jetzt, fast ein Jahrzehnt später, beschreibt Baum den modernen Tanz aus Sicht der alternden russischen Ballerina. Die Grusinskaja »dreht das Licht an, steht auf, geht zum Spiegel. Auch im Spiegel ist die Zeit, im Spiegel zuallererst. In den Kritiken ist sie, in den abscheulichen Unhöflichkeiten der Presse, im Erfolg der hässlichen verrenkten Tänzerinnen, die jetzt in Mode sind …« Die Wigman leitet am Kurfürstendamm ein Institut, wo sie Talentkurse anbietet, die Meisterin unterrichtet persönlich. Vielleicht muss ich da mal hin und meine Eindrücke auffrischen, denkt Vicki Baum, aber für solche Ausflüge weg vom Schreibtisch fehlt ihr im Moment die Muße.

Zum Glück kann Vicki Baum gut, vielleicht sogar am besten unter Zeitdruck schreiben. Das hat sich herumgesprochen bis zu den Werbestrategen. Mit einem Bild der Autorin wirbt ein Uhrenhersteller. »Immer Zeit zu haben hilft mir meine Alpina-Uhr«, sagt sie da, »sie hilft mir, trotz aller Arbeit, immer Herrin meiner Zeit zu bleiben.« Die *BIZ* wirbt schon jetzt im März mit dem neuesten Werk der Dichterin und plant in Kürze einen Vorabdruck zu bringen, sie muss also schleunigst fertig werden mit dem Hotelroman. Berliner Tempo, das gilt vor allem im Zeitungsviertel. Diesen großen Durchlauferhitzer weiß Vicki Baum selbst am besten zu beschreiben: »In den Zeitungen [...] ein Taifun, ein Erdbeben, ein mittelgroßer Krieg zwischen Schwarzen und Weißen. Brände, Morde, politische Kämpfe. Nichts. Zu wenig. Skandale, Panik an der Börse, Verluste von Riesenvermögen. [...] Ozeanflug, Schnelligkeitsrekorde, zollgroße Sensationstitel. Ein Blatt schrie lauter als das andere, und zuletzt hörte man kein einziges mehr, wurde blind und taub und fühllos durch den lauten Betrieb des Jahrhunderts. Bilder von nackten Frauen, Schenkel, Brüste, Hände, Zähne, sie boten sich an in hellen Haufen.«

Heimlicher Hauptakteur ihres neuen Romans ist die Stadt Berlin. »Vor ein Uhr nachts stehen nur wenige Schuhe vor den Zimmertüren des Grand Hôtel. Alle Welt ist unterwegs, um den kochenden, tobenden, elektrisch glänzenden Großstadtabend einzuschlucken.« Baum nimmt die Leser mit auf die Avus und den Flughafen Tempelhof: »Auch hier sind die starken Farben wie draußen beim Funkturm und an der Avus, strenges Gelb und Blau und Rot und Grün. Rätselhafte Türme strecken sich hinauf, alles ist mager und sparsam, staubiger Wind weht silbern über die Asphaltfläche ...« Auch die neue Architektur bekommt ihr Fett weg: »Sie kamen in die Nähe des Funkturms. [...] Die merkwürdigen glatten, neuen und halb fertigen Hallen hier draußen waren ihm in den Traum nachgelaufen, und nun lag Wirkliches und Geträumtes in zwei Schichten übereinander, halb bedrohlich und halb unbegreiflich. ›Wird das noch fertiggebaut?‹, schrie Kringelein und zeigte auf die Ausstellungshallen. ›Das ist schon fertig‹, wurde geantwortet.«

Schrill verkündet der Klingelton das Ende einer Schreibmaschinenzeile, mit routinierter Handbewegung betätigt Vicki Baum den Hebel, der Wagen gleitet zurück, nächste Zeile, noch ein Satz. Die Tür zum Arbeitszimmer fliegt auf, einer von Vicki Baums Söhnen hält eine *B.Z.* in der Hand: »Mutter, schau mal! Die machen hier mit deinem letzten Buch Reklame!«

Die Autorin muss schmunzeln. Da wirbt auch noch die Zigarettenfirma Greiling-Kolibri mit ihrer Protagonistin Helene Willfüer. Das Foto hier suggeriert, die Chemiestudentin sei eine reale Person im weißen Laborkittel, in der Hand ein großer Flakon mit Karlsbader Salz, Kommentar: »stud. chem. Helene Willfüer hat für die nikotinarme Fabrik ›Hektor‹ eine neue Schlankheitszigarette ›Ford‹ erfunden, die garantiert über 1 Proz. Karlsbadersalz und echtes Marienbader Klima enthält. Unter Aufsicht der vereinigten Chemiker Dr. A und B. Piep ist die beabsichtigte Wirkung innerhalb 24 Stunden zweimal eingetreten.« Ein gelungener Scherz als ernst gemeinte Werbestrategie in Zeiten, da sich Gegenwartsroman und Leinwandillusion einen Wettstreit mit der Wirklichkeit liefern.

***

Seit ihrer Uraufführung am 31. August 1928 im Theater am Schiffbauerdamm spricht alles begeistert von Brechts *Dreigroschenoper*, jenem Sensationserfolg, für den Brechts Geliebte und enge Mitarbeiterin Elisabeth Hauptmann einen weitgehend vergessenen englischen Text, die *Beggar's Opera*, ins Deutsche übetragen hat, und dem Kurt Weills

Musik zu neuem Schwung verhilft. Die schräge Mischung aus Bänkelsang, Musical und Operette, diese verwunschene Truppe aus Zuhältern, Halbweltdamen und Verbrecherkönigen in einem dem Berliner Milieu anverwandelten Theater-London rühren an den Nerv der Zeit. Ganz Berlin kennt Mackie Messer, dem man nichts beweisen kann, ebenso wenig wie den Brüdern Sass, die am 27. Januar 1929 in die Diskontobank am Wittenbergplatz eingebrochen waren und den Tresor um zweieinhalb Millionen Reichsmark erleichtert hatten. Seit der *Dreigroschenoper*-Premiere sind die Songs von Brecht und Weill der Sound von Berlin, ein Gassenhauer ist der schmissige *Kanonensong* »Soldaten wohnen auf den Kanonen ...«

Die *Dreigroschenoper* war mit lauter bekannten Darstellern besetzt. Rosa Valetti spielte die Miss Peachum, Roma Bahn verkörperte die Polly Peachum und Lotte Lenya die Seeräuber-Jenny, diese Schauspielerin stand zu Kurt Weills großem Ärger aber gar nicht auf dem Theaterzettel, nicht mal unter ferner liefen bei den Hafenhuren. Dennoch war gerade Lotte Lenya sogar dem Kritikerpapst Alfred Kerr positiv aufgefallen: »Die war sehr, aber sehr gut. Im Stimmklang erinnert sie an Carola Neher. Ja, die war im Artikulieren besonders gut. Mit ehernem Griffel hier verzeichnet.« Und auch Kerrs Kritikerkollege Herbert Ihering zeigte sich begeistert: »Lotte Lenya als Verräterjenny ausgezeichnet und, vor allem, im Stil am klarsten.«

Scheinbar ist Lotte Lenyas Karriere seit ihrem Auftritt als Seeräuber-Jenny nicht mehr aufzuhalten. Jeder will jetzt ihren lasziven Augenaufschlag, ihr kantiges Gesicht sehen, ihren eigenwillig-metallischen Gesang hören. Nach so viel Anerkennung und Applaus hatte es noch ein Jahr zuvor kaum ausgesehen.

Karoline Wilhelmine Charlotte Blamauer, geboren am 18. Oktober 1898 im Wiener Arbeiterviertel Penzing, war nicht auf Rosen gebettet. Von Armut und Grobheiten konnte sie ein Lied singen, weiß Gott! Ihre Mutter eine Wäscherin, der Vater ein Fiakerkutscher, der nur wenig Geld nach Hause brachte; weil er häufig zu tief ins Glas geschaut hatte, musste man Angst haben, dass er vom Kutschbock fiel oder Prügel austeilte. Die Schauspielerei, auf die das junge Mädchen sich als bessere Alternative zum Straßenstrich einließ, brachte ihr zunächst nur mäßigen Erfolg. Sie ging nach Zürich, stand dort neben Elisabeth Bergner auf der Bühne, einer anderen noch unbekannten Künstlerin, die nach oben strebte. 1920 ging Karoline nach Berlin, spielte in kleinen Theatern und nahm alsbald ihren neuen Namen an: Lotte wie Charlotte und Lenya auf Anregung des Regisseurs Richard Révy, das hatte einen guten Klang. Dann kam das Jahr 1924, glücklicher Wendepunkt für die Hoffnungen der Schauspielerin. Als der Dramatiker Georg Kaiser, mit dem sie befreundet war, Lotte Lenya in sein Haus in Grünheide bei Berlin einlud, kam ein weiterer Gast, der noch wenig bekannte Komponist Kurt Weill aus Dessau. Der Glatzkopf mit Brille und die Wienerin mit den einprägsamen Gesichtszügen schauten sich an – Liebe auf den ersten Blick. Vor allem war es Lottes Stimme, die »eine Oktave unter einer Kehlkopfentzündung« zwischen zart und gebieterisch changierte, in die sich der Komponist gleich bei den ersten Worten, die sie an ihn gerichtet hatte, verliebte. Bald nach dieser ersten Begegnung zogen Lenya und Weill als Paar in eine Wohnung am Schloss Charlottenburg, 1926 heirateten sie, vor allem, um das leidige Gerede der Leute zu beenden. Fortan verkehrte Lotte Lenya in einem für ihre Karriere äußerst günstigen

Milieu. Kurt Weill arbeitete regelmäßig mit Bertolt Brecht zusammen, und 1927 spielte Lotte Lenya in seinem Gesangsstück *Mahagonny* mit. Im Mai 1928 waren Lenya und Weill mit Brecht und Helene Weigel an die französische Riviera gereist, wo sie gemeinsam an der *Dreigroschenoper* gearbeitet hatten, und eine der legendären Kompositionen, die damals im Süden entstand, war das *Lied der Seeräuber-Jenny*.

Am 30. März 1929 steht Lotte Lenya abermals bei einer Premiere auf der Bühne am Schiffbauerdamm. Unter Brechts Regie wird das Stück einer jungen Frau uraufgeführt, *Pioniere in Ingolstadt*. Marieluise Fleißer stammt aus eben jener oberbayerischen Stadt an der Donau. In ihrem Drama über zwei Dienstmädchen, Berta und Alma, die in den Armen von Soldaten vergeblich nach echter Liebe suchen, prangert sie die zunehmende Verrohung der Moral scharf an. Brecht, der gern selbstherrlich mit fremden Texten jongliert und sich seiner »grundsätzlichen Laxheit in Fragen geistigen Eigentums« auch noch rühmt, hat sich erlaubt, Fleißers Dialoge zu straffen und die Charaktere holzschnittartig zurechtzustutzen, kurzum, das Stück für sein episches Theater passend zu machen. Lotte Lenya ist in der Rolle der Alma zu sehen, mit ihr spielen unter anderem Peter Lorre und die junge Wienerin Hilde Koerber. Das Stück entfacht einen Skandal, eine Szene mit Lotte Lenya ist daran nicht ganz unschuldig. Auf der Bühne wackelt rhythmisch ein Sarg, in dem, da braucht das Publikum nicht allzu viel Vorstellungskraft, zwei Liebende lustvolle Vereinigung finden. Das liberale Berlin ist Theaterskandale gewöhnt, von Buhrufen aus dem Publikum lässt sich das Ensemble nicht ins Bockshorn jagen. Marieluise Fleißer,

»eine der stärksten Begabungen des jüngeren Geschlechts malt hier, unerschrocken, Heimatzustände. Sicher im Sprachlichen.« Eine schöne Auszeichnung aus dem Munde des strengen Alfred Kerr, auch Kurt Pinthus lobt die einfache Sprache der Autorin, in der sich komplizierteste Gefühle ausdrücken.

Der nationalkonservative, unter dem Dach des Hugenberg-Konzerns verlegte *Berliner Lokal-Anzeiger* macht sich, was ist von einem solchen Blatt anderes zu erwarten, über Marieluise Fleißer her: »Das hat uns gerade noch gefehlt! Wo war bisher die deutsche Frau radikaler Observanz, die sexuelle Aufklärung mit Verhöhnung nationaler Eigenarten zu einem lieblich duftenden Bukett zusammenband?« Ein Geiferer findet die hemmungslose Dramatikerin noch verwerflicher als die nackte Josephine Baker. Doch vor allem in der konservativen Provinz echauffiert man sich über die *Pioniere*. Besonders erzürnt sind die braven Ingolstädter, als sie erfahren müssen, dass ein ruchloses Lustspiel in Kulissen aufgeführt wird, die Ansichten ihrer schönen Stadt zeigen. Umgehend wehrt sich die Gescholtene im *Berliner Tageblatt* vom 17. April mit einem offenen Brief an den Ingolstädter Bürgermeister, der gerichtlich Klage gegen sie und ihr Stück erhoben hat. »Aus Ingolstadt schrieb man mir sogar, dass man mich dort totschlagen würde. Seid doch nicht so derb, liebe Leute«, so Fleißer, »es ist nicht fein, wenn man ein Mädchen totschlägt. Es ist auch dann noch nicht fein, wenn dies Mädchen zufällig in Berlin aufgeführt wird. Die Mädchen genießen heute größere Freiheit. Wir leben nicht mehr im Zeitalter der Hexenprozesse.«

Erich Kästner springt der Autorin im *Montag Morgen* in bewährter Gedichtform bei:

»Das arme Frolln Fleißer!
Was macht sie jetzt?
Wenn sie nicht schleunigst was andres dichtet:
Vom Pionier, der zehn Jahre wirbt
und kurz vor Annas Erlaubnis stirbt –
wird sie in Ingolstadt hingerichtet.
In ringel-ringel Ingolstadt,
wo man von nichts 'ne Ahnung hat,
erröten vor dir die Radieschen.
Pfui, pfui, Marieluischen!«

Um der allgegenwärtigen Polizeizensur zu entgehen und zu verhindern, dass das Stück ganz verboten wird, beschließt man, die ursprüngliche Fassung nicht weiter aufzuführen; auf die Bühne gebracht wird eine entschärfte Version mit weniger Kritik am Militär, aus der auch die skandalöse Wackelszene gestrichen wird. Bis zum 8. Mai werden noch über vierzig Vorstellungen angesetzt, die vielen Pressestimmen lassen auf ausverkauftes Haus hoffen. Doch das Tischtuch zwischen Marieluise Fleißer und Bertolt Brecht ist zerschnitten; sie, die in ihrer Heimatstadt als Nestbeschmutzerin beschimpft wird, wirft ihm entrüstet und gekränkt vor, ihr nicht den Rücken zu stärken, sie nicht öffentlich zu verteidigen. Hinter vorgehaltener Hand wird allerdings gemunkelt, dass ›die Fleißerin‹, wie Brecht sie nennt, eine Liebesbeziehung mit ihm hatte und nun schon deswegen auf Abstand geht, weil sie die vielen Frauen in seiner Nähe nicht ertragen kann. Den Prozess gegen den Ingolstädter Bürgermeister wegen Verleumdung und übler Nachrede gewinnt sie, immerhin.

Lotte Lenyas Ruhm tut der Skandal um die *Pioniere* keinen Abbruch, im Gegenteil, das Unmoralische steht der Seeräuber-Jenny und schärft ihr Profil. Ihr werden etliche Bühnenrollen angeboten, sie singt als verführerische Charmian Peruchacha Weills *Lied von den braunen Inseln* in Feuchtwangers Drama *Die Petroleuminseln*, spielt die Lucile in *Dantons Tod* von Georg Büchner, die Tanja in Valentin Katajews *Quadratur des Kreises* und die Ismene in Sophokles' *Ödipus* in Leopold Jessners spektakulärer Inszenierung am Staatstheater, Bühnenbild Hans Poelzig. Lenya arbeitet auch weiter mit Brecht in verschiedenen Versionen von *Mahagonny*. Nach einer abermaligen Aufführung der *Dreigroschenoper* kommt es zu einer Begegnung mit der Vergangenheit. Als Lotte Lenya im Bühnenkostüm, mit Netzstrümpfen und rot geschminktem Schmollmund, hinter die Kulissen tritt, steht Elisabeth Bergner vor ihr. Die gleichaltrige Kollegin aus weniger erfolgreichen Zürcher Tagen ist längst ein Publikumsliebling, bereits 1923 war ihr der Durchbruch am Berliner Lessingtheater mit einem Shakespeare-Stück gelungen. Unlängst, am 8. März 1929, ist die Filmpremiere von Schnitzlers *Fräulein Else* mit ihr in der Hauptrolle im Berliner Capitol gezeigt worden.

Aus dem Bühnenraum dringt immer noch tosender Applaus, die Leute jubeln, verlangen eine Zugabe. »Jenny! Jenny!« Sie können sich nicht sattsehen, satthören an der charismatischen Gestalt, bitte, noch einmal soll sie sich zeigen!

»Gratuliere«, sagt die Bergner neidlos und kommt mit offenen Armen auf sie zu, »du hast es geschafft.«

Lotte Lenya kann es nicht leugnen, sie genießt diesen heiß ersehnten Moment des Erfolgs, an den sie lange Zeit nicht glauben konnte.

Elisabeth Bergner erzählt, dass nicht nur die Filmpremiere, sondern ein anderes Großereignis sie nach Berlin geführt hat, eine Hommage. Am 28. März 1929 findet im Staatstheater am Gendarmenmarkt ein Gedächtnisabend für den im Februar verstorbenen Schauspieler Albert Steinrück statt. »Die Rede wird Heinrich Mann halten, und die Weintraubs Syncopators machen Musik.« Steinrücks Schauspielerkollegen geben dem Toten zu Ehren Frank Wedekinds *Marquis von Keith*. »Heinrich George spielt die Hauptrolle. Fritz Kortner, Hans Albers, Trude Hesterberg sind natürlich auch dabei, Fritzi Massary, Tilla Durieux, Werner Krauss, Asta Nielsen, Henny Porten, Kurt Gerron, Carola Neher, Rosa Valetti und Marlene Dietrich.« Kurzum, das ganze Aufgebot, das die Film- und Theaterwelt zu bieten hat, die Bergner lässt sich jeden einzelnen Namen auf der Zunge zergehen. »Und ich werde die Sascha spielen«, lässt sie zum Schluss wissen.

Lotte Lenya wundert sich: »So viele Rollen gibt das Stück doch gar nicht her.«

»Ja, aber Dabeisein ist alles, und deswegen haben etliche Kollegen auch Statistenrollen übernommen. Die meisten von ihnen sind so berühmt, die brauchen sowieso nur einmal stumm über die Bühne zu gehen, und das Publikum tobt. So wie du die Leute jetzt als Seeräuber-Jenny begeisterst.«

Langsam ist der Applaus aus dem Zuschauerraum verebbt, doch Lotte Lenya weiß spätestens heute, sie hat es geschafft. Bald wird auch sie nur huldvoll über eine Bühne zu schreiten brauchen, und die Leute jubeln ihr zu. Sie ist auf dem besten Wege, genauso groß zu werden wie die Bergner, nur anders.

April

*Ein Kinderbuch für Edith Jacobsohn *** »Die Frau, nach der man sich sehnt« heißt Marlene Dietrich *** Lotte Jacobi holt sich Verstärkung für ihr Fotostudio *** Helene Weigel heiratet Brecht und zerrt Lotte Lenya über den Alexanderplatz*

Das Café Josty ist eine Berliner Institution. Das Stammhaus am Potsdamer Platz ist beliebt wie das Romanische Café im neuen Westen, die Schriftstellerdichte an den Tischen ebenso hoch. Erich Kästner ist eigentlich ein Habitué des Café Carlton in der Leipziger Straße, nah am Zeitungsviertel. Dort ist seine Gedichtsammlung *Herz auf Taille* entstanden, das 1928 veröffentlichte Buch, illustriert von seinem Freund Erich Ohser, hat ihn weiteren Kreisen bekannt gemacht.

Im Frühling 1929 können Passanten, unterwegs auf der Kaiserallee, einen Mann emsig schreiben sehen. Erich Kästner sitzt, umgeben von Zeitungslesern, die kopfschüttelnd erfahren müssen, dass die polizeibekannten Brüder Sass am 6. April aus Mangel an Beweisen wieder auf freien Fuß gesetzt wurden, an einem Tisch auf der Terrasse des Café Josty, das hier eine Filiale hat. Diese ist nur einen kurzen Spazierweg von Kästners Bleibe entfernt, er wohnt als möblierter Herr in der nahen Prager

Straße 17. Also, wozu in die Ferne schweifen, warum nicht eine Szene hier in der vertrauten Gegend spielen lassen – in medias res! Er lässt seinen jugendlichen Helden Emil am Bahnhof Zoo ankommen, mitten im Berliner Westen. Kästners Feder gleitet übers Papier: »In der Trautenaustraße, Ecke Kaiserallee, verließ der Mann im steifen Hut die Straßenbahn. Emil sah's, nahm Koffer und Blumenstrauß, sagte zu dem Herrn, der die Zeitung las: ›Haben Sie nochmals vielen Dank, mein Herr!‹, und kletterte vom Wagen. Der Dieb ging am Vorderwagen vorbei, über die Gleise nach der anderen Seite der Straße. Dann fuhr die Bahn weiter, und Emil bemerkte, dass der Mann erst stehen blieb und dann die Stufen zu einer Café-Terrasse hinaufschritt.«

Natürlich, er hat das Josty an der Kaiserallee vor Augen. Kästner hält inne, um ihn herum lauter zufriedene, rauchende Männer. Also lässt er auch seinen Dieb zufrieden aussehen und rauchen. Der hat Emil gerade in der Eisenbahn dreist beklaut, ihn um ein kleines Vermögen erleichtert, ganze 140 Mark! Vielleicht hat Kästner ja eine Werbeanzeige aus einer der Zeitungen am Garderobenständer inspiriert, die er vorhin noch in der Hand hatte. Darin wird für das Belebungsmittel ›Kola Dallmann‹ geworben, mit der Zeichnung eines Eisenbahncoupés, in dem ein schlafender Herr auf dem Fensterplatz von einem Langfinger mit Schiebermütze um seine Aktenmappe gebracht wird, dazu der Text: »Gefahr durch Schlaf. Wenn Sie sich vor Diebstahl und Überfall schützen wollen, so halten Sie sich wach durch Kola Dallmann – 2–3 Tabletten lassen Sie jegliche Müdigkeit überwinden. Berufsreisenden, Vielbeschäftigten, namentlich aber alleinreisenden Damen ist Kola Dallmann ein Anregungs- und Belebungsmittel von absolut sicherer

Wirkung. Auch das stärkste Schlafgefühl wird vertrieben.« Kästner erinnert sich ungern daran, selbst schon mal Opfer eines Diebstahls geworden zu sein. In der Straßenbahn wurde ihm seine Aktentasche mit Gedichten geklaut. Zum Glück bekam er die Tasche samt Inhalt zurück, der Dieb hatte wohl keinen Sinn für Poesie.

Kästner füllt Seite um Seite mit seiner zierlichen Tintenschrift. Emil erzählt Gustav, einem anderen Jungen, dem er auf seiner Verfolgungsjagd zufällig begegnet, was ihm in der Eisenbahn widerfahren ist. Auch Gustav wird vom Detektivfieber gepackt, die Jungs wollen den Dieb mit vereinten Kräften stellen. Der Mann mit steifem Hut sitzt genau wie sein Autor immer noch an einem Tisch im Josty und löffelt seelenruhig Bouillon mit Ei – die ist vorzüglich hier. Kästner schreibt wie ein Besessener.

Als er nach langen Stunden im Kaffeehaus zuhause eintrifft und das Telefon schrillt, ist Edith Jacobsohn dran: »Kästner, haben Sie schon angefangen?«

Der räuspert sich. »Ich schreibe bereits am neunten Kapitel«, sagt er wahrheitsgetreu.

Am anderen Ende der Leitung ein klirrendes Geräusch; es klingt, als sei der Verlegerin vor Überraschung das Monokel aus dem Auge gesprungen.

Seit vergangenen Oktober kann Kästner sich eine Privatsekretärin leisten, immerhin. Elfriede Mechnig tippt seine Manuskripte aus dem Kaffeehaus ab. Die ausgebildete Stenotypistin, der Kästner zufällig im Café – wo sonst? – begegnet ist, kennt wie keine Zweite die Handschrift ihres Chefs, der von einer großen Karriere als Schriftsteller träumt. »Wollen Sie mir dabei helfen, berühmt zu werden?«, mit dieser Frage hatte er sie vergangenes Jahr engagiert. Seit Januar 1929 ist eine neue Frau im Spiel und nun auch im Roman: Pony Hütchen. Sie steht »wie eine Schönheitskönigin« vor den staunenden Jungs, Emil und Gustav. Die Figur ist wie alles bei Kästner aus dem prallen Leben gegriffen. Am Café Josty radelt immer wieder eine junge Frau vorbei, sie kommt aus Schöneberg von der Reimann Schule, wo sie Werbefachkunde studiert. Kästners Zaubertinte verwandelt Margot Schönlank in Emils Cousine. Die macht denn auch gleich tatkräftig mit bei der Jagd auf den Mann mit dem steifen Hut, versorgt die Jungs mit Kaffee und Brötchen, übermittelt Botschaften. Detektivin sein, das ist ganz was Neues für Pony Hütchen, die sich sonst oft die Schürze ihrer Mutter umbinden muss und den Jungen zuruft: »Vorsicht! Ich habe nasse Hände. Ich wasche nämlich Geschirr ab. Wir armen Frauen!«

Nicht lange, bis Erich Kästner und Margot Schönlank einander näherkommen. Postwendend plaudert der treuherzige Sohn seine Liebesbeziehung in einem Brief an die Mutter aus: »Die neue kleine Freundin, Margot Schönlank, ist ein furchtbar lieber Kerl. Bloß schon wieder zu sehr verliebt. Hat ja alles keinen Sinn auf die Dauer. Es ist wirklich so, als ob die Ilse-Affäre mir alle Fähigkeit, ein Mädchen richtig liebzuhaben, vollständig ruiniert hätte.« Die Beziehung, die Kästner zwischen 1919 und 1926 mit Ilse Julius aus Dresden führte, ist längst Vergangenheit – doch Kästner scheint sich immer noch vor einer neuen Bindung zu fürchten. Er lässt seine Frustration gern an der neuen starken Frau im Allgemeinen aus, beklagt das zeitgenössische Fehlen leidenschaftlicher Mädchen: »Sie haben sich alle schon so zugrunde onaniert, dass sie Männer einfach nicht mehr brauchen können.« Übrigens hat Ilse, die Verflossene, 1929 gerade ihr Chemiestudium mit Promotion abgeschlossen – eine echte Willfüer! Wenn das nicht auch zum Fürchten ist!

Welche Frau hat eine Chance gegen Kästners Mutter? Natürlich findet auch sie Eingang in seinen Detektivroman, als Emils Mutter, die Friseurin Frau Tischbein. Und warum der Name Emil? Kästner heißt mit erstem Vornamen Emil, so wie sein Vater. Oder ist es eine Hommage an den berühmten Emil Jannings? Vielleicht hat Kästner ja auch Cläre Waldoff im *Kabarett der Komiker* gehört. Mit frecher Stimme singt die Wahlberlinerin aus Gelsenkirchen ein neues Lied über modische Schönheitsoperationen zum Gefallen eines Liebhabers – *Wegen Emil seine unanständige Lust.*

* * *

In der April-Ausgabe des *Auto-Magazins* posieren zwei Schauspieler vor einer schicken Limousine: »Nach einer anstrengenden Atelier-Aufnahme erholen sich Marlene Dietrich und Fritz Kortner bei einer Spazierfahrt im ›Adler Standard 8‹.« In Wirklichkeit haben diese beiden gar keine Zeit für lange Ausfahrten durch die schöne Havellandschaft hinter den Neubabelsberger Studios. *Die Frau, nach der man sich sehnt* wird noch diesen Monat zügig abgedreht, am 29. April 1929 findet die Uraufführung des Films im festlichen Rahmen des Berliner Mozartsaals am Nollendorfplatz statt. Marlene Dietrich schwebt als Femme fatale, als rätselhafte Dame Stascha über die Leinwand, Fritz Kortner ist ein gewisser Dr. Karoff, der ein dunkles Geheimnis mit ihr teilt. Sie will vor ihm fliehen, was misslingt – es gibt kein Happy End, peng, und Stascha wird von Karoff erschossen.

Die Frau, nach der man sich sehnt wird kein cineastischer Volltreffer. Die Kritik im *Berliner Herold* ist vernichtend: »Leider ist dieser letzte Film der Morawsky-Produktion der Terra ein richtiger Fehlschlag. Da spielt die kaum entdeckte Marlene Dietrich langweilig und leeräugig; da führt der bestrenommierteste, junge Kurt Bernhardt völlig durchschnittliche Regie, und alles wird übertroffen von dem Sujet Max Brods. Diese Menschen sind Papierfiguren, am Schreibtisch aus den behandschuhten Fingern gesogen [...].« Immer wieder ist von einer schlechten Kopie der ja ohnehin konkurrenzlosen Garbo die Rede, »auf sinnverwirrende Magie frisiert«, schreibt Ernst Blaß im *Berliner Tageblatt*. Zum Glück für die aufstrebende Schauspielerin hört man auch freundliche Stimmen: »In den Momenten des Ergriffen- und Hingegebenseins fasziniert die Dietrich die Zuschauer«, findet der *Vorwärts*. Und der *Film-Kurier* urteilt: »Man sah Fritz Kortner nie zuvor im Film gebändigter, wesentlicher, erschütternd in jeder Passage.« Marlene Dietrich liest vor allem das mit Zufriedenheit, denn es wird gemunkelt, dass Louise Brooks als Lulu am Set große Probleme mit ihm gehabt haben soll. Aber sie, sie wird mit jedem fertig!

Bei Filmpremieren zeigt sich Marlene stets an der Seite ihres Mannes Rudolf Sieber. Er ist der ruhende Pol in ihrem Leben, ihr ständiger Berater, der ihr den Rücken freihält und zuverlässig Verträge aushandelt. Die Femme fatale von der Leinwand ist zuhause eine treusorgende Ehefrau, so hat alles seine Ordnung. Sie ist die Mami, die daheim am Herd ihre berühmte Hühnersuppe kocht und ihren Ehemann Papi nennt. Doch auch wenn Mami und Papi harmonisch unter einem Dach leben, ein Paar sind sie schon länger nicht mehr. Marlene hat Affären, sie ist auch attraktiven Frauen nicht abgeneigt – nicht lange, und auch ihr wird eine Affäre mit der Garbo nachgesagt werden. Für die kleine Maria ist ein nettes Kindermädchen engagiert worden, Tamara Matul. Die junge Frau mit russischen Wurzeln tanzt unter ferner liefen in der Revue *Es liegt in der Luft* und verdient sich bei den Siebers' etwas dazu. Maria liebt Tamara innig, Gott sei Dank, und auch Marlene versteht sich gut mit ihr, am besten aber kommt das Kindermädchen mit Rudolf Sieber aus. Tamara Matul weiß, dass sie die offiziellen Hierarchien respektieren muss; sie unterwirft sich dem ungeschriebenen Gesetz von Mami und Papi, nach dem der Schein des harmonischen Glamour-Ehepaars gewahrt bleiben muss, um Marlenes makelloses öffentliches Image nicht zu beflecken. Die Ménage à trois unter einem Dach darf nicht an die Öffentlichkeit gelangen, so ist es abgesprochen. Marlene Dietrich soll als Star aufgebaut werden, die der göttlichen Garbo das Wasser reichen kann, mindestens. Die Frau, nach der man sich sehnt, darf keine Unwürdige sein, und schließlich lässt die große Rolle, an der keiner mehr vorbeisehen kann, noch immer auf sich warten.

Das Maiheft der äußerst beliebten, auflagenstarken Zeitschrift *Das Magazin* ist bereits im Druck. Fürs Cover lächelt Marlene Dietrich freundlich-melancholisch in schulterfreiem Kleid, jedoch in aller Unschuld. In ihren vor der Brust gefalteten Händen hält sie eine kleine Figur. Diese verdeckt Marlenes halbes Gesicht, den Mund, der ein Geheimnis verraten könnte. Die Figur ist Maskottchen und Wiedererkennungszeichen des Blattes, ein niedlicher rotgelockter Engel mit weißen Flügeln, und er trägt ein blaues Gewand.

***

Lotte Jacobi steht in ihrem Studio vor der alten Plattenkamera und blickt ernst hinein in diesen wuchtigen Apparat, mit dem schon Vater und Großvater fotografiert haben. Neulich erst hat sie ihren alten Vater Sigismund fotografiert, lesend, Pfeife rauchend. Schon Lottes Urgroßvater soll bei Daguerre höchstpersönlich seine Kamera erworben haben, Lotte Jacobi ist Fotografin in der vierten Generation. Darauf ist sie stolz.

Für Johanna Alexandra, genannt Lotte, und ihre beiden Geschwister Ruth und Alexander war das Kommen und Gehen der Kunden im elterlichen Fotoatelier Jacobi in Posen tägliche Attraktion. Leute kamen aus der ganzen Gegend angereist, um Lichtbilder machen zu lassen, Jungen im Abiturientenanzug, Mädchen mit großen weißen Schleifen im Haar, Brautpaare beim Standesamt und Täuflinge im Steckkissen. Die schönen Garderoben der Porträtierten und die aufwendigen Szenenarrangements für ein Porträt weckten in Lotte die Lust aufs Theater, und nach Abschluss der Höheren Mädchenschule überraschte die Siebzehnjährige ihre Eltern mit dem Berufswunsch, Schauspielerin werden zu wollen. Die hatten gehofft, dass sie die Familientradition fortsetzen würde, denn Lotte hatte bereits als Kind vielversprechend mit einer eigenen Kamera fotografiert. Nun gut, die Eltern engagierten eine Schauspielerin für Privatunterricht, ein erster Schritt in Richtung Bühne, bei dem es bleiben sollte. 1916 heiratete Lotte Jacobi den Holzhändler Fritz Honig, im Jahr darauf kam Sohn Jochen zur Welt. Mittlerweile reifte in Lotte doch der Gedanke, Fotografin zu werden; sie wollte bei einem Onkel lernen, der sich als Fotograf in London niedergelassen hatte. Mit dem Krieg zerschlug sich der Plan. Erst 1920 änderten sich die Vorzeichen. Posen hieß nun Poznan und gehörte zu Polen; dem Atelier Jacobi schien in der deutschen Hauptstadt eine bessere Zukunft beschieden, also zogen die Jacobis um nach Berlin. Die drei Jahre jüngere Schwester Ruth ergriff ihre Chance, sie schrieb sich im Lette-Verein ein und legte die Gesellenprüfung im Fach Fotografie ab. Lottes Ehe kriselte, ein Dasein als Hausfrau und Mutter konnte ihr nicht Erfüllung sein; auch sie zog zu den Eltern nach Berlin. 1925 wagte sie den Schritt hinaus, ging nach München, um an der Staatlichen Höheren Fachschule für Fototechnik zu studieren. Als Studentin der Kinotechnischen Abteilung fand sie ein breit gefächertes Angebot vor, das Kostümbildnerei, Lichteffekte und Bewegungsstudien umfasste, auf Umwegen hatte sie also wieder Anschluss an ihren Traum gefunden, die Schauspielerei.

1927 war Lotte Jacobi, inzwischen geschieden, der Bitte ihres Vaters gefolgt, nach Berlin zurückzukommen, um ihn in seinem Atelier zu unterstützen und es schließlich ganz zu übernehmen. Nun ist sie Chefin des Atelier Jacobi in der Joachimsthaler Straße 5, Ecke Kantstraße, gleich am Bahnhof Zoo. Sie blickt noch immer in die große alte Plattenkamera, das wichtigste Familienerbe. In den Händen hält sie das Kabel mit dem Auslöser, die dichten krausen Haare wehen um die hohe Stirn, als fahre ein heftiger Windstoß hindurch. Lotte Jacobi drückt auf den Auslöser. Die Plattenkamera lässt ein explosives Geräusch vernehmen – Selbstporträt von 1929.

Die Konkurrenz der Fotoateliers ist groß in Berlin, gerade im neuen Westen. Sasha und Cami Stone haben hier ihr Studio, ebenso Else Simon, die unter dem Künstlernamen Yva eine Marke etabliert hat; wer sich's leisten kann, lässt fürs Album ein repräsentatives Porträt von ihrer Hand anfertigen. Am Kurfürstendamm haben Minya Dührkoop, Hanna Riess und Steffi Brandl ihre Adresse. Die Fotografie ist eine Domäne, in der Frauen sich entfalten können, die Disziplin ist noch recht jung, man kann sich ausprobieren. Lotte Jacobi ist nicht gekränkt, wenn manche Zeitgenossen die Fotografie als schlechte Alternative zur Malerei ansehen und einen Fotografen wie jemanden, dem das Talent zum Malen fehlt, denn genau darin liegt eine enorme Chance. Und wer bezweifelt, dass sie sich mit der technischen Seite auskennt, den verweist sie auf die lange Familientradition: »Ich stamme aus einer der ältesten Fotografenfamilien des deutschen Ostens.«

Auch Lotte Jacobi hat gut zu tun. Sie beliefert Verlage und Redaktionen mit Bildern, die ohne Effekthascherei auskommen, aussagekräftig durch Reduktion aufs Wesentliche sind. Jacobi braucht dringend Verstärkung, eine Mitarbeiterin, die den Vertrieb in die Hand nimmt und die Fotos archiviert. Heute ist die neue Kraft zum ersten Mal in der Joachimsthaler Straße. Elisabeth Röttgers ist beeindruckt vom Studio, ihrem neuen Arbeitsplatz.

»Das ist ja eine himmlische Boheme«, staunt sie, als sie die Porträtbilder sieht. Der ikonenhafte Kopf einer Tänzerin gehört der Russin Niura Norskaya, die mit der berühmten Anna Pawlowa auf der Bühne stand. Familie Zuckmayer posiert mit den beiden Töchtern auf dem Dachgarten ihres Hauses. Der rasende Reporter Egon Erwin Kisch am Telefon, der bärtige Warner vor dem Faschismus Erich Mühsam, George Grosz im Atelier, Hans Albers als Tunichtgut mit Melone auf dem Kopf im Stück *Die Verbrecher*, das am Deutschen Theater gezeigt wird, die Münchner Bekanntschaften Karl

Valentin und Liesl Karlstadt, die beliebte Schauspielerin Lil Dagover mit ihrem chinesischen Jagdhund in einer Limousine, schließlich Kurt Weill und Lotte Lenya mit Zigarette zwischen den Fingern, das Bild ist bei Proben am Schiffbauerdamm entstanden.

»Am liebsten fotografiere ich Personen, und zwar am Ort ihres Wirkens. Für solche Porträts ist die neue Ermanox-Kamera bestens geeignet. Jeder Auftrag für ein Porträt«, sagte Lotte Jacobi, »gibt mir Gelegenheit, jemanden näher kennenzulernen. Ich setze auf das persönliche Bild. Das entsteht meistens im Gespräch. Man muss zuerst ein Verhältnis zu dem Menschen aufbauen, dem man mit der Kamera gerecht werden will. Mein Stil ist der Stil der Menschen, die ich fotografieren will.«

Als Elisabeth Röttgers das Porträt von Käthe Kollwitz entdeckt, wagt sie zu fragen: »Wie ist die berühmte Künstlerin denn so? Ist sie wirklich so bitter, wie sie aussieht?«

Lotte Jacobi lächelt nur. Die Zeugnisse ihrer Arbeit sind doch Antwort genug. Auf ihrem Kollwitz-Porträt verwandelt sich die herbe Strenge der Malerin in melancholische Sanftheit. Erst neulich hat Lotte Jacobi sie aufgenommen, für die Oktobernummer der Zeitung *Die schaffende Frau*. Man muss Respekt vor der Kollwitz haben, vor zehn Jahren wurde sie als erstes weibliches Mitglied in die Preußische Akademie der Künste aufgenommen. Kaum vorstellbar, dass der Kaiser, lang, lang ist's her, ihr eine Goldmedaille für ihre Kunst verweigert hatte, mit den Worten, eine solche Medaille an der Brust einer Frau entehre die Auszeichnung.

»Demnächst treffe ich Klaus und Erika Mann. Und ein Termin mit der Schauspielerin Leni Riefenstahl ist auch schon gemacht«, sagt Lotte Jacobi. »*Scherl's Magazin* will einen Beitrag über sie.«

Elisabeth Röttgers ist aufgeregt, sie ahnt schon, mit welch illustren Kunden sie es in Zukunft zu tun haben wird. »Wirklich, eine himmlische Boheme«, flüstert sie andächtig, als habe sie einen Heiligenschrein betreten.

»Sie können gleich morgen anfangen, wenn sie wollen«, sagt Lotte Jacobi und weist auf einen leeren Schreibtischstuhl im Raum voller Archivschränke.

»Sie haben eben ein untrügliches Gespür für die Typen dieser Zeit, den Blick fürs Charakteristische«, sagt die neue Assistentin. »Ich freue mich, mit Ihnen zusammenarbeiten zu dürfen.«

Lotte Jacobi lächelt bescheiden. »Ich bin doch nur eine Fotografin.«

***

Helene Weigel und Bertolt Brecht heiraten am 10. April 1929, nach Brechts Scheidung von der Opernsängerin Marianne Zoff, die inzwischen mit dem Schauspieler Theo Lingen liiert ist. Es ist ein offenes Geheimnis, dass Brecht gerade eine Affäre mit der Schauspielerin Carola Neher hat, die Weigel muss wissen, auf wen sie sich da einlässt. Noch an seinem Hochzeitstag holt Brecht die Geliebte vom Bahnhof ab, mit einem Blumenstrauß in der Hand wartet er auf Carola Neher. Und da hält der Zug, sie steigt aus dem Waggon, Brecht streckt ihr lächelnd den Strauß entgegen, rabiat packt sie die Blumen und schleudert sie ihm wütend vor die Füße, Blütenblätter wirbeln über den Perron, fliegen davon wie aufgeschreckte bunte Schmetterlinge.

Der unter den neugierigen Augen anderer Reisender

brüskierte Rosenkavalier hat dazu nur einen dürren Kommentar über die Hochzeit in petto: »Es war unvermeidlich, aber es hat nichts zu bedeuten.«

Carola Neher schreit ihn an, die Leute tuscheln: »Ist das nicht der Brecht? Der mit der *Dreigroschenoper*?«

Genau der zieht seine Schiebermütze tief ins Gesicht und macht sich hurtig aus dem Staub. Verständlich, dass Carola Neher jetzt stocksauer ist, aber lange wird sie ihm nicht aus dem Weg gehen, schon wegen Polly Peachum, deren Rolle sie im Mai endlich spielen wird. Schon zur Uraufführung der *Dreigroschenoper* war sie fest dafür eingeplant, doch weil Klabund, ihr Ehemann, in Davos mit dem Tode rang und die Schauspielerin bis zum bitteren Ende nicht von seiner Seite weichen wollte, hatte sie vergangenen Sommer nicht in Berlin auftreten können. Carola Neher weiß schließlich auch, dass Brecht und Weigel einen gemeinsamen Sohn haben, der kleine Stefan ist am 3. November 1924 zur Welt gekommen. Seitdem spielt die Weigel, nun ja, eine bedeutsamere Rolle in Brechts großzügigem, manchmal ein wenig unübersichtlichem Beziehungsleben, das weiß die Neher auch, also, was hat sie nur?

Ausgerechnet für Helene Weigel, die neuerdings auch offiziell beurkundete Hauptfrau, ist Brechts notorische Vielweiberei wirklich nicht das Problem. Es sind, umgekehrt, die anderen Frauen in seinem Leben, die in der standesamtlichen Eheschließung einen Verrat an den von Besitzansprüchen freien Liebesidealen sehen, auf die sie sich mit ihm eingelassen haben. Im fernen Ingolstadt erfährt Marieluise Fleißer aus der Zeitung von Brechts Hochzeit mit Helene Weigel und versucht, sich die Pulsadern aufzuschneiden, zum Glück erfolglos. Auch Elisabeth Hauptmann fühlt sich ins Mark getroffen, so sehr, dass sie einen Selbstmordversuch begeht. Beruhigend, dass Carola Neher nur Blumen massakriert.

Brecht behält am Ende recht, Carola Neher findet sich tatsächlich schnell mit ihm als Bräutigam einer Anderen ab. »Die Liebe dauert oder dauert nicht, an dem und jenem Ort«, den Text der Polly Peachum beherrscht sie schließlich aus dem FF, »keine Blume auf dem Altar, keine Myrte im Haar.« Dennoch steht Carola Neher das weiße Brautkleid äußerst gut, in dem sie vorm Spiegel posiert, nicht fürs Standesamt, sondern für die Bühne; in Elisabeth Hauptmanns Wohnung finden Kostümproben für die Hochzeitsszene mit Mackie Messer statt. Im Theater am Schiffbauerdamm wird eine leicht gestraffte Neuinszenierung der *Dreigroschenoper* eingeübt. Mit spitzer Stimme, der bleiche Papiermond über Soho ist über der Bühne untergegangen, hebt die neu besetzte Polly inbrünstig zu ihrem Abschiedslied an: »Er kommt nicht wieder, hübsch als es währte, und nun ist's vorüber. Reiß aus dein Herz, sag: Good bye mein Lieber!«

Und was ist schon ein abtrünniger Liebhaber gegen den Tod des Lebenspartners? Seit Klabund am 14. August 1928 in Davos seiner Tuberkulose erlegen war, ist Carola Neher unermüdlich unterwegs. Wie eine Rasende stürzt sie sich in die Theaterarbeit, Ablenkung im großen Stil vom Verlust ihres Lebensmenschen. Brecht sollte sich auch da nicht geirrt haben, auch wenn die Liebesaffäre zwischen ihm und der Schauspielerin seit April passé ist, beruflich halten sich beide die Treue, freilich nicht ganz uneigennützig. Seit Carola Neher im Oktober 1920 von den Staatlichen Schauspielen Baden-Baden engagiert wurde und als Friederike im populären Schwank *Pension Schöller* in spritzigen Tanznummern zu sehen war, hat ihre Karriere mächtig an Fahrt aufgenommen und ihr Rollenprofil an Seriosität gewonnen. Die Begegnung mit Brecht 1922 war weichenstellend, und sein geliebtes ›Pfirsichgesicht‹, wie er die neue Freundin alsbald nannte, avancierte zu seiner Lieblingsschauspielerin. Carola Neher tritt derzeit nicht nur als Polly und als Lilian Holiday in *Happy End* auf, auch als seine *Heilige Johanna der Schlachthöfe* steht sie auf der Bühne. Sie gibt die Marianne in Ödön von Horvaths *Geschichten aus dem Wienerwald*, spielt seit Januar in Edouard Bourdets *Soeben erschienen* in den Kammerspielen des Deutschen Theaters und in Frank Wedekinds *Der Marquis von Keith*. Sie singt und tanzt in einer neuen opulenten Revue von Marcellus Schiffer und Friedrich Hollaender, *Ich tanze um die Welt mit dir*. Und immer wieder die *Dreigroschenoper*, die Refrains der Polly Peachum. Häufig wird sie gefragt, ob ihr die Lieder nicht schon zu den Ohren herauskämen. »Was soll ich tun?«, zuckt Carola Neher mit den Schultern und verdreht die Augen. »Wo ich auch hingehe, werden diese verdammten Songs genudelt. Wenn ich dieser Pest entgehen wollte, müsste ich aus Deutschland auswandern. Dann sing ich sie lieber selber.«

Derweil kann man zwei Frauen im Geschwindschritt über den Alexanderplatz marschieren sehen, vorbei an Baugruben und einer krachenden Dampframme, die dicke Bohlen in den Untergrund schlägt. Es sind Helene Weigel und Lotte Lenya, die beiden Wienerinnen aus Brechts Reigen.

»Jetzt lauf doch nicht gar so schnell«, ruft Lotte Lenya, »ich komme ja kaum hinterher. Oder gibt's da was umsonst?«

»Hier entlang«, kommandiert Helene Weigel und bahnt sich ungebremst den Weg zwischen Bauzäunen und um Sandhaufen herum in Richtung Bülowplatz, die Parteizentrale der Kommunisten liegt dort an der Ecke zur Kleinen Alexanderstraße. »Wir werden dich schon davon überzeugen, dass in diesen Zeiten kein Weg an einer Parteimitgliedschaft vorbeiführt.«

»Bist du dir sicher, dass die Leute aus dem Parteibüro uns überhaupt ernst nehmen?«, fragt Lenya. »Für die sind wir wahrscheinlich nur zwei flatterhafte, bunte Vögel aus dem Theatermilieu. Glaub' mir, nicht mich musst du überzeugen, eher die!«

Aber Helene Weigel hat eine Mission, sie will neue Parteimitglieder gewinnen: »Auch du musst dich den Kommunisten anschließen, Lotte, nur im Schulterschluss, gemeinsam als Genossen, wird der Kampf für eine gerechtere, friedliche Gesellschaft gelingen. Man muss sich politisch organisieren, um stark zu sein, immer bloß die Mittel der Kunst, das ist nicht genug. Elisabeth Hauptmann hat das auch begriffen.«

Das Ziel ist nicht zu verfehlen, an der Fassade des großen Geschäftshauses steht werbend in Riesenlettern: ›Hinein in die KPD!‹ Unten im Haus der Redaktionssitz der *Roten Fahne* und eine Buchhandlung, auch im Schaufenster alles rot, Schriften von Marx und Lenin. Am Eingang hängt ein Plakat, das für den 12. Parteitag der KPD im Zirkus Sarrasani in Dresden wirbt: ›Wählt Liste 5!‹ Drinnen in einem kleinen Foyer ist neben der Banderole ›10 Jahre Komintern‹ ein Wahlplakat vom vergangenen Jahr hängen geblieben, Verse belehren über die dringend notwendige Verbrüderung von Hammer und Sichel: ›Wenn der Bauer mit dem Arbeiter zusammenhält, geben die Fress-Säcke Fersengeld.‹ Geniale Lyrik klingt anders, denkt Lotte Lenya, aber der Zweck heiligt die Mittel. In einer verqualmten Stube hocken zwei junge Männer über dicken Büchern, der eine kritzelt etwas an den Seitenrand und würdigt die Eintretenden keines Blickes, der andere verzieht keine Miene und fragt, die brennende Papirossi zwischen den Lippen, was die beiden Frauen wollten.

»Diese junge Genossin möchte Parteimitglied werden und sich der Sache der Kommunisten anschließen. Unserem gemeinsamen Kampf gegen Faschismus und den kapitalistischen Klassenfeind.«

Der Mann mit der Papirossi zieht eine Schublade auf, holt ein Formular daraus hervor und reicht es über den Schreibtisch. »Erst mal ausfüllen.«

Lotte Lenya setzt sich an einen Tisch und schreibt ihren bürgerlichen Namen auf die dafür vorgesehene Zeile. Als sie mit dem Geburtsdatum fortfahren will, fällt ihr Blick auf eine Zeitung, die auf dem Tisch liegt, eine Nummer des *Vorwärts*. »Wir hoffen, dass sich proletarische Fäuste finden werden, die dieses Gesindel von Salonkommunisten aus dem Häuschen hauen«, diese Zeilen in einem Artikel muss sie immer wieder lesen. Wer ist da genau gemeint, wer sind diese Salonkommunisten? Lotte Lenya lässt den Stift in der Luft über dem Formular schweben. Sie braucht nicht viel Fantasie, um sich auszumalen, dass Leute wie sie selbst gemeint sind, auch wenn sie ihre proletarische Herkunft nie verleugnet. Theaterleute sind dekadent, Künstler sind Individualisten, das mögen Herrscher nicht. In der Sowjetunion hat Stalin die Macht längst an sich gerissen, alles muss nach seiner Pfeife tanzen. Sein Kontrahent Trotzki befindet sich seit Januar im türkischen Exil. Stalin schreckt vor nichts zurück, um Gegner aus dem Weg zu räumen. Die Zeiten, in denen Avantgardekünstler, Dichter wie Majakowski und Maler wie Wassili Kandinsky frei schaffen konnten, sind vorüber. Stalin feiert im Dezember offiziell seinen fünfzigsten Geburtstag. Das kann was werden; der Personenkult um den selbst ernannten Führer hat längst begonnen! Hier in Deutschland distanzieren sich der KPD nahestehende Intellektuelle wie Tucholsky schon deswegen wieder von der Partei. Der *Weltbühne*-Mann ist ein Freigeist und hat gemeinsam mit Alfred Kerr, dem frankophilen Heinrich Mann und dem großen Europäer aus Frankreich, Henri Barbusse, eine parteiunabhängige europäische ›Liga gegen den Faschismus‹ gegründet, ein Weg, der auch Lotte Lenya besser gefallen würde als die Festlegung auf eine Partei. Sie fühlt sich hier in der KPD-Zentrale wie auf einem fremden, kalten Stern. »Wollte dein Brecht nicht mit seinem epischen Theater Politik machen statt mit dem Parteibuch?«, fragt sie Helene Weigel. »Brecht selbst ist doch auch nicht in der Partei.«

Lotte Lenya faltet das Formular zusammen und steckt es in ihre Handtasche zu Lippenstift und Puderdose. Das geht ihr hier alles zu bürokratisch zu. »Ich fülle das Papier lieber später und in Ruhe aus, bei uns zuhause«, sagt sie. »Über treue Gefolgschaft habe ich mir bislang ja noch nicht einmal in Liebesdingen Gedanken gemacht.«

Bereits nach zehn Minuten stehen die beiden Frauen wieder auf dem von Baulärm erfüllten Alexanderplatz. Der Wind pfeift kalt und rau wie aus dem fernen Sibirien, und das, obwohl es schon spät im April ist und die Linden bald in voller Blüte stehen.

Mai

*Blutmai erschüttert Berlin und Lotte Jacobi fotografiert Bauhausmöbel *** Clärenore Stinnes trifft Henry Ford im Auto-Mekka Detroit *** Das Radio wird zum Massenmedium und Marlene Poelzig befragt ihre Skulpturen *** Carola Neher stößt zur »Dreigroschenoper«*

Am 1. Mai 1929 kommt es auf Berlins Straßen zu heftigen Ausschreitungen, vor allem in den Arbeiterbezirken der Stadt, in Neukölln und im roten Wedding. Seit man im Februar mehr als drei Millionen Arbeitslose im Land gezählt hat, allein 450.000 davon in Berlin, seit der Massenandrang Bedürftiger in den Berliner Volksküchen drastisch zugenommen hat, trommelt die KPD lauter denn je zur Revolution. »Die einzige Kraft, die imstande wäre, Hitlers Machtergreifung zu verhindern, ist der verbundene Wille der vom Nationalismus nicht verwirrten deutschen Arbeiterschaft«, davon ist Erich Mühsam überzeugt. Die Kommunisten demonstrieren trotz ausdrücklichen Verbots und werden gewaltsam von der Polizei auseinandergetrieben, in den Straßen hallen Schüsse. Drei Tage später sind zweiunddreißig Tote, darunter sieben Frauen und ein sechzehnjähriges Mädchen, sowie rund zweihundert Verletzte zu beklagen. Zeugen berichten, es sei gezielt auf jüdisch aussehende Passanten eingeschlagen worden, Menschen rannten um ihr Leben. Berlin erinnert sich immer noch schmerzhaft an den Januar 1919, den blutigen Spartakusaufstand vor zehn Jahren, wieder fürchten sehr viele einen Bürgerkrieg. Unter den Opfern sind auch diesmal unschuldige Zivilisten, Passanten, die völlig unbeteiligt gewesen sind. Und wieder, heute genau wie damals, ist es ein Sozialdemokrat, Polizeipräsident Karl Zörgiebel, der den Schießbefehl erteilt hat – wie sich die Bilder gleichen! Sozialisten und Kommunisten können sich einfach nicht vertragen, denn solange ein Sozialist gegen die Arbeiterschaft vorgeht, ist für die KPD gemeinsame Sache ausgeschlossen. Dabei wäre vereinte Stärke so wichtig, um rechtsnationalen Parteien und Gruppierungen Paroli bieten zu können. Für Helene Weigel und Bertolt Brecht sind die Ereignisse indes beste Bestätigung dafür, dass allein die KPD Ordnung ins Chaos bringen kann, im Geiste Liebknechts und Luxemburgs. Fast zehn Jahre ist es in diesem schönen Mai her, dass man Rosas Leichnam aus den trüben Wassern des Landwehrkanals geborgen und auf dem Friedhof Friedrichsfelde zu Grabe getragen hat. Wieder begräbt man dort die Opfer, und Ernst Thälmann beschwört in seiner Rede mit Worten Lenins den Geist des revolutionären Klassenkampfs. Die Liga für Menschenrechte und die Rote Hilfe haben am 6. Mai im Großen Schauspielhaus einen ›Ausschuss zur öffentlichen Untersuchung der Mai-Vorgänge‹ ins Leben gerufen. Diesem Ausschuss gehört neben Heinrich Mann und Alfred Döblin, dem linksliberalen Rechtsanwalt Alfred Apfel und dem *Sturm*-Galeristen Herwarth Walden auch *Weltbühne*-Herausgeber Carl von Ossietzky an. Kein Zweifel, Zörgiebel muss vor Gericht.

Die unheilvollen Tage im Wonnemonat dieses Jahres

1929 werden als ›Blutmai‹ in die Geschichte eingehen. Die Arbeiter-Fotografenbewegung wird zum Kronzeugen der brutalen Gewalt gegen unschuldige Bürger. Von der Presse illustriert, zeigt die *B.Z. am Mittag* eine aktuelle Fotoaufnahme von Barrikaden am Hermannplatz. Die Fotografie erobert die Zeitungslandschaft, die Blätter wetteifern mit brandneuen Bilddokumenten. Das junge Medium ist für seine ganz eigene Revolution verantwortlich, es verändert und entgrenzt die Wahrnehmung des Weltgeschehens. Scherls illustriertes Blatt *Die weite Welt* zeigt am 12. Mai 1929 auf dem Titel eine Aufnahme von László Moholy-Nagy, der von der Spitze des Berliner Funkturms nach unten in die Tiefe fotografiert hat, eine Perspektive, aus der die Welt zu Füßen des neuen Bauwerks merkwürdig fremd und unvertraut erscheint. Künstlerisches Bild und Dokumentaraufnahme gehen nahtlos ineinander über.

Auch die Publikumslieblinge der Bühne müssen sich in Zukunft auf Blitzlichtgewitter einstellen. Als Emil Jannings, seine Frau Gussy Holl und Tochter Ruth Maria am 15. Mai 1929 nach ihrem Hollywood-Intermezzo in Cuxhaven einlaufen und von Bord gehen, werden sie von einer Menge jubelnder Fans sowie Reportern auf Bilderjagd empfangen.

Beliebt sind so genannte Homestorys, wer auf sich hält, zeigt der Öffentlichkeit gern seine avantgardistische Wohnungseinrichtung nach dem neuesten Schrei. Lotte Jacobi hat bereits im eleganten Flachbau von Verlagsdirektor Josef Lewin fotografiert, den Walter Gropius in der Fischerhüttenstraße am neuen U-Bahnhof Krumme Lanke für ihn errichtet hat. Nun ist Lotte Jacobi unterwegs zur Wohnung von Theatermann Erwin Piscator und seiner

Frau Hildegard. In die Katharinenstraße 2 ist es nicht weit, eine Nebenstraße des Kurfürstendamms oben am Halensee. Piscator lädt sich gern Fotografen ein, Cami und Sasha Stone haben hier schon Aufnahmen der Inneneinrichtung gemacht. Auch Lotte Jacobi hat bei Piscators bereits fotografiert, eine Bildstrecke für *Die Dame*, Hildegard posiert auf einer Couch mit Stahlrohrrahmen. Heute steht ein Tisch im Mittelpunkt, den Marcel Breuer nach Wünschen Piscators angefertigt hat, ohne störende Beine, an denen man sich die Knie stoßen könnte. Den Tisch trägt an beiden Enden jeweils nur ein Bein, das unter der Platte von einem Dreikant stabilisiert wird.

»Genial«, sagt Lotte Jacobi und legt einen neuen Film in die Kamera ein.

»Und wer schon alles drangesessen hat«, schwärmt Hildegard Piscator, »Heinrich und Klaus Mann, Alfred Kerr, Tilla Durieux, der Brecht.«

Lotte Jacobi fotografiert Möbelstücke mit derselben Hingabe wie Menschen, die Freischwinger, den Schreibtisch mit geschlossenen und aufgezogenen Schubladen, immer wieder den beinlosen Tisch, auf dem absichtsvoll Piscators neue Schrift *Das politische Theater* mit dem auffälligen roten Umschlag von Moholy-Nagy plaziert ist.

»Ich dachte, Sie hätten gar keine Zeit, weil Sie in Stuttgart sind«, sagt Hildegard Piscator, »auf der FiFo.«

Lotte Jacobi schüttelt den Kopf: »Ich habe hier so viel zu tun.«

Im vergangenen Jahrzehnt ist die zeitgenössische Fotografie zur eigenen Marke geworden, das ›Neue Sehen‹. Erstaunlicherweise erst jetzt, 1929, kommt man auch im Bauhaus Dessau auf die Idee, eine eigene Fotoklasse einzurichten. Dabei scheint die Zeit am Ende dieser Zwanzigerjahre voller gesellschaftlicher und technischer Neuerungen bereits reif für Bilanzen: Am 18. Mai 1929 wird im Südwesten der Republik, in Stuttgart, eine große Film- und Fotoausstellung, kurz FiFo, eröffnet. Neugierige strömen in die Ausstellungshallen am Interimtheaterplatz im Schlossgarten, wo der in Württemberg ausgesprochen rührige Deutsche Werkbund bis zum 7. Juli 1929 rund 1.200 Exponate zeigt. Unter den zweihundert Ausstellern sind auch Yva und das Ehepaar Stone, ebenso die renommierte Kunstgewerbeschule im sächsischen Halle, die Essener Folkwang-Schule, der Berliner Lette-Verein sowie die neue Bauhaus-Fotoklasse. Marianne Brandt ist mit Arbeiten vertreten, auch Lucia Moholy. Die betreibt seit Kurzem ein ›fotografisches atelier für porträt, architektur, reklame, künste‹ in Berlin. Als Nachfolgerin von Umbo hat sie die Leitung der Fotoklasse in Johannes Ittens privater Berliner Kunstschule übernommen. Lucia hat sich von ihrem Mann László Moholy-Nagy getrennt, vielleicht gelingt es ihr endlich, aus dem Schatten des Bauhausmeisters zu treten. Ihr neuer Gefährte ist der KPD-Abgeordnete und *Freiheit*-Chefredakteur Theodor Neubauer, der Clara Zetkin gut kennt. Von der Grande Dame der Partei konnte Lucia Moholy eine schöne Porträtserie machen. Lotte Jacobi schätzt die Arbeit der fast gleichaltrigen Kollegin, die aber anders zu Werke geht als sie. Lucias Porträts sind sachlicher, neutraler, sie verzichtet auf Requisiten, die in Lotte Jacobis Augen einen Menschen näher charakterisieren, so wie Lotte Lenyas Zigarette oder Kischs Telefon. Aber beide Frauen finden ihre Motive in denselben Bereichen, auch Lucia Moholy ist als Theaterfotografin unterwegs, in der Kroll-Oper, die eng mit dem Bauhaus zusammenarbeitet. Konstruktivistische

Bühnenbilder, die zum Originellsten gehören, was derzeit auf diesem Gebiet entworfen wird, stammen von Oskar Schlemmer oder László Moholy-Nagy, wie auch dieses Jahr zu *Hoffmanns Erzählungen*. Wenn Lucia sie dokumentiert, laufen sich die getrennten Eheleute weiterhin über den Weg.

Überhaupt, die werdende Weltstadt Berlin ist klein. Lotte Jacobi begegnet hin und wieder ihrer Namensvetterin Lotte Reiniger, deren Elternhaus sich in der Charlottenburger Knesebeckstraße befindet. Auf der FiFo wird neben Pabsts Film *Geheimnisse einer Seele* von 1926 und Walter Ruttmanns *Berlin – Sinfonie einer Großstadt* von 1927 als besonderes Ereignis auch ein Animationsfilm von Lotte Reiniger aufgeführt, *Doktor Dolittle und seine Tiere*. Der Dreiteiler ist mit Musik zeitgenössischer Komponisten unterlegt, von Kurt Weill, Paul Dessau, Paul Hindemith. Die Tiere und der gute Doktor Dolittle laufen als charakteristische Scherenschnitte über die Leinwand, für die Lotte Reiniger inzwischen berühmt ist. Die Filmemacherin hat den Autor des Buches persönlich kennengelernt, Hugh Loftings eigene Zeichnungen dienten ihr als Vorlage für die Scherenschnitte. Man hört, dass auch Brecht sich für Reinigers Technik interessiert und die Regisseurin in eins seiner nächsten Stücke einbinden möchte, *Der Kaffeesackschmeißer* soll es heißen. Aber vielleicht sollte man ihr raten, zuvor nochmal mit Marieluise Fleißer zu sprechen.

Eine Fülle von Neuerscheinungen zur neuen Fotografie begleitet das Stuttgarter Ausstellungsereignis, Werner Graffs *Es kommt der neue Fotograf!* oder die neue Fotobuchreihe der so genannten Schaubücher zu aktuellen Themen wie *Befreites Wohnen*, kommentiert vom kompetenten Architekturhistoriker Sigfried Giedion. 1929 machen auch

Cami und Sasha Stone mit *Berlin in Bildern* auf sich aufmerksam. Viel Beachtung findet Hannah Höch, die mit Arbeiten auf der FiFo vertreten ist. Seit sie die Collage vor zehn Jahren als neues Medium populär gemacht hat, haben sich Sehgewohnheiten geändert. Jetzt gehört die Fotomontage zu den avanciertesten Ausdrucksmitteln, nicht nur in der Kunst, sondern auch auf dem Gebiet der Werbung oder des politischen Plakats.

»Eine zentrale Frage der Gegenwart wird gerade in der Zeitschrift *L'Art Vivant* diskutiert«, sagt Hildegard Piscator und schlägt das aktuelle Heft auf. »Ist die Fotografie den schönen Künsten zuzurechnen oder nicht?«

Lotte Jacobi hat darauf eine spontane Antwort: »Ich bin Künstlerin, keine kommerzielle Fotografin!«

Hildegard Piscator fragt nach einer bestimmten Ästhetikauffassung: »Haben Sie denn eine künstlerische Position? Ideologie gehört ja heute dazu, ein Standpunkt, ein Manifest, irgendeine höhere Idee.« Sie weist mit einer leichten Kopfbewegung zur Schrift ihres eigenen Mannes.

»Moholy-Nagy zum Beispiel versteht sich als Theoretiker des Bauhauses«, sagt Lotte Jacobi und geht in die Knie, um den beinlosen Tisch aus einer neuen Perspektive zu zeigen, »aber ich selbst habe kein Konzept, das in Stein gemeißelt ist. Ich habe meine eigenen Augen, meinen Blick auf die Dinge. Ich kann nur so fotografieren, wie ich es kann!«

***

Am 20. Mai ist Bertolt Brecht in einem Auto der österreichischen Steyr AG mit unglaublichen 70 km/h unterwegs nach Marseille, aber er schafft es nur bis Nordhessen, bis kurz vor Fulda. Durch das riskante

Überholmanöver eines entgegenkommenden Wagens kommt es zu einem Unfall, zum Glück erleiden Brecht und der Unfallfahrer nur einen leichten Schock und einige Schürfwunden. Brechts Wagen aber ist nur noch ein Haufen Schrott, so ein Pech, er war nagelneu, ein großzügiges Geschenk der Firma Steyr für Brechts Gedicht *Singende Steyrwägen* aus dem vergangenen Jahr. Dass der Dichter einwilligt, den genauen Unfallhergang für das Satireblatt *Uhu* zu dokumentieren und sich nun erneut für Werbung hergibt, indem er den Steyrwagen als ein Gefährt anpreist, dessen Insassen jeden Unfall überleben, beschert ihm sogleich wieder ein neues Automobil.

Unfallfrei geht es weiter durch die große weite Welt im Adler Standard 6 und einmal mehr an Bord eines Bootes, mit dem Clärenore Stinnes und Carl-Axel Söderström Panama erkunden. Sie haben randvoll beladene Bananenfrachter gesehen, sind in schlammigen Sümpfen auf Krokodiljagd gegangen, zum Glück immer in sicherer Entfernung von den Tieren, die scheinbar leblos im flachen Wasser liegen und nur darauf lauern, dass sich ihnen fette Beute nähert, um zuzuschnappen. Bei einer Zwischenlandung haben sie den Chocó-Indianern im Regenwald einen Besuch abgestattet: »Als Frau galt mir das größte Interesse. Mein Auftreten in Hosen erweckte Misstrauen über mein Geschlecht, aber jeder Zweifel wurde schnell durch eine Indianerin gelöst, die auf mich zukam, mir die Hand aufs Herz legte und in gebrochenem Spanisch fragte: ›Bist du Mann oder Frau?‹ Ich war Frau und konnte es nicht länger verleugnen. Befriedigt über ihre schlaue Art der Erkundigung teilte die Indianerin das Ergebnis den anderen mit.«

Der Plan, von Panama aus nach Mexiko weiterzufahren,

ist leider durch einen Aufstand vereitelt worden, der sich dort in der notleidenden Bevölkerung erhoben hat. Vor allem aus Angst um ihre geliebten Autos sind Stinnes und Söderström nach ihrer Exkursion zu Krokodilen und Indianern gleich an Bord eines Schiffes gegangen und haben die zehntägige Passage Richtung Norden, entlang der Westküste des Landes nach Los Angeles angetreten.

Einem Ziel fiebern sie besonders entgegen, dem Mekka der fortschrittlichen Autofertigung, Detroit im US-Bundesstaat Michigan. Hier kommt es für die beiden Weltreisenden zu einem Höhepunkt der gesamten Tour. Sie dürfen dem Vater der modernen Autoproduktion die Hand schütteln, dem ingeniösen Henry Ford. Der gepflegte ältere Herr, Ford ist Jahrgang 1863, führt seine prominenten Gäste höchstpersönlich durch sein Werk, schreitet durch große Montagehallen, unter deren Dächern die Fließbänder unablässig rattern.

»Der Ford-Wagen aus den USA ist weltweit weiterhin das meistgefahrene Auto, da können sich die deutschen Automobilkonzerne noch so sehr anstrengen«, sagt Stinnes anerkennend.

Söderström will es genau wissen: »Seit wann haben Sie die Fließbandproduktion eingeführt?«

»Autos vom Band gibt es hier seit 1913«, erläutert Ford, »mein Modell T. Nur auf diese Weise kann sich jedermann ein Auto leisten, durch die Rationalisierung der Produktion. Indem jeder Arbeiter immer nur dieselben Handgriffe macht, kommt es zu einer Verminderung der Ansprüche an die Denktätigkeit des Arbeitenden und eine Reduzierung seiner Bewegungen auf das Mindestmaß. Das beschleunigt die einzelnen Abläufe ungemein und reduziert die Herstellungskosten erheblich.« Aufs Achtfache ließe sich die Produktion heute schon steigern.

Ford führt die Besucher auch durch die Zeichenhallen, an denen Ingenieure an großen Tischen sitzen und neue Entwürfe anfertigen. Seine Augen glänzen vor Begeisterung, er spricht von seinen Maschinen so innig wie ein Vater von seinen eigenen Kindern. Ford plant noch für dieses Jahr, voraussichtlich im Oktober, die Eröffnung eines Industriemuseums. »Ein Museum der Dinge soll es werden«, erklärt er, »ich will darin all jene Schätze der Zivilisation zeigen, die das Alltagsleben des modernen Menschen heute erleichtern können, etwa Fahr- und Flugzeuge, Glühbirnen, Elektrogeräte für den Haushalt, Schallplatten und das Radio. Denn wenn in unserer Zeit ein technischer Fortschritt erzielt werden soll – sei es Telefon, Flugzeug oder Auto –, dann muss dieser Gegenstand den Menschen erst einmal vorgeführt werden, um den Wunsch zu erwecken, diesen Gegenstand auch zu benutzen. Denn – bildlich gesprochen – kommt erst das Auto und dann der Weg. Denn es würden keine Highways gebaut, bevor es Autos gibt.«

Ford ist ein charismatischer Mann, und die Auto- und Fortschrittsbegeisterung seiner Besucher ist so groß, dass ein wichtiges Thema nicht zur Sprache kommt: Was macht die automatisierte Arbeit mit den Köpfen der Menschen, und wohin wird die Rationalisierung einmal führen, wenn in der Zukunft immer mehr Maschinen die Produktion übernehmen? Wenn bei der immer größeren Spezialisierung der Blick fürs große Ganze verloren geht und die Arbeiter ihr Selbstbewusstsein verlieren, weil sie keine Standesehre mehr entwickeln können, so wie die tapferen Bergarbeiter in Clärenores Heimat, dem

Ruhrgebiet, sie besitzen? Die moderne Autofabrik ist wirklich nicht der richtige Ort für Diskussionen über die fortschreitende Entfremdung des Arbeiters vom Produkt seiner Arbeit. Und ein so gesellschaftsphilosophisches, kritisches Buch zur politischen Ökonomie wie *Das Kapital* von Karl Marx gehörte sicherlich nicht zur bevorzugten Lektüre im Hause Stinnes.

Am 28. Mai 1929, nach einer von Reportern natürlich auch diesmal nicht unbeobachtet gebliebenen Fahrt quer durch Kanada und Nordamerika, immer noch unter dem starken Eindruck des atemberaubenden Grand Canyon und der Niagarafälle, wird Clärenore Stinnes und Carl-Axel Söderström in New York ein triumphaler Empfang bereitet. In Washington begrüßt sie Präsident Hoover im Weißen Haus, und im Automobilclub werden die Ehrengäste hofiert wie Könige. Söderström genießt es, wenn Clärenore im Mittelpunkt steht, er hält sich bescheiden zurück, sie ist der umjubelte Star, wo immer sie zusammen auftauchen. Und die Ausnahme-Automobilistin weiß, wie sie die Menschen für sich gewinnt; sie kann hier in Washigton gar nicht oft genug betonen, wie sehr sie die aufstrebende Weltmacht bewundert, in der sich, ungeachtet ihrer Herkunft, alle Menschen als Amerikaner verstehen. »Es gibt hier keine Hemmungen durch eine Vergangenheit, die in Europa liegt, es gibt für dieses Land nur die Zukunft der Aktivität.« Sie hält einen euphorischen Fünf-Minuten-Radiovortrag, der USA-weit ausgestrahlt wird. »Der Empfang, den uns die Vereinigten Staaten von West bis Ost gegeben haben, hat uns für alle Strapazen und Entbehrungen entschädigt. Für so viel Herzlichkeit und Anerkennung geht man gern zum zweitenmal durchs Feuer. [...] In keinem Lande hatten wir bisher eine so gesunde demokratische Gleichheit der Menschen angetroffen. Der Unterschied zwischen reich und arm, wie wir ihn in Europa kennen, existierte nicht.«

Das über den grünen Klee gelobte Amerika wiederum feiert die Siebenundzwanzigjährige als emanzipierte Frau, als deutsche Pionierin hart wie Kruppstahl: »Die blonde Clärenore Stinnes, die gegen den Willen ihrer Familie und ohne Anstandsdame per Auto um die Welt fuhr, wurde zum Ideal der neuen teutonischen Frau, die ein jungfräuliches Paradies sucht.«

***

Geschwindigkeit, Fortschritt und modernste Techniken überall; wo neues Sehen ist, da ist auch neues Hören. Schon am 29. Oktober 1923 war der Rundfunk in Deutschland erstmals auf Sendung gegangen: »Achtung, Achtung, hier ist die Sendestelle Berlin Vox-Haus auf Welle 400 Meter. Meine Damen und Herren, wir machen Ihnen davon Mitteilung, dass am heutigen Tage der Unterhaltungsrundfunkdienst mit Verbreitung von Musikvorführungen auf drahtlos-telefonischem Wege beginnt.« Nur wenige Hörer verfolgten damals, einen Knopf im Ohr, dieses Ereignis am Radio – denn wer besaß schon eins? Inzwischen hat das Radio seinen Siegeszug als Massenmedium angetreten, mittlerweile kommt man in Deutschland auf annähernd drei Millionen zahlende Rundfunkteilnehmer. Zu den stählernen Füßen des Funkturms, gegenüber vom Messegelände, verfolgen interessierte Passanten die Vorgänge auf einer großen Baufläche. Hier soll ein Gebäude entstehen, das dem neuen Medium eine repräsentative Adresse geben wird. Hier, so steht es auf einem großen Bauschild, errichtet Architekt Hans Poelzig das Haus des Rundfunks. Am 29. Mai 1929 findet die feierliche Grundsteinlegung statt, man rechnet bereits in zwei Jahren mit der Eröffnung.

Das renommierte Büro Poelzig scheint prädestiniert für diese noble Bauaufgabe zu sein. Als es am 28. Januar 1929 zur Gründung der Deutschen Gesellschaft für Ton und Bild, kurz Degeto, gekommen war, gehörte Hans Poelzig zu deren Mitbegründern. »Die drahtlose Übertragung«, so seine begeisterten Worte, »das Radio, weisen Wege, die die Technik zur Magie erhöhen.« Gerade in diesen unruhigen Zeiten erhofft man sich vom Fortschritt in der Nachrichtenübermittlung eine heilsbringende, eine demokratisch-aufklärerische Wirkung. Ursprünglich weiterentwickelt zur Meldungsübertragung im Krieg, denkt man nun vor allem ans Radio als das ideale Instrument zur Volksbildung und zur anspruchsvollen Unterhaltung. Internationale Pazifisten sehen in den vor keiner Grenze haltmachenden Ätherwellen vor allem die Vorboten eines schrankenlosen, eines in Zukunft friedlichen Europa, ein Werkzeug zur Einung der Weltgesellschaft. »Was speziell den Rundfunk anlangt, so hat er eine einzigartige Funktion zu erfüllen im Sinne der Völkerversöhnung. Bis auf unsere Tage lernten die Völker einander fast ausschließlich durch den verzerrenden Spiegel der eigenen Tagespresse kennen. Der Rundfunk zeigt sie einander in lebendigster Form und in der Hauptsache von der liebenswürdigen Seite. Er wird so dazu beitragen, das Gefühl gegenseitiger Fremdheit auszutilgen, das so leicht in Misstrauen und Feindseligkeit umschlägt.« So optimistisch entwirft Physik-Nobelpreisträger Albert Einstein seine Zukunftsvision für die Rede auf der Funkausstellung im kommenden Jahr.

Unweit der Messehallen, in der ruhigen Tannenbergallee, steht Marlene Poelzig auf der Baustelle zum neuen Familiendomizil. Die Arbeiten gehen auch hier zügig voran, der Rohbau steht. Was gibt es Schöneres für einen Architekten, als sein eigener Bauherr zu sein und das eigene Haus verwirklichen zu können? Die Entwürfe ohne Einwände des Auftraggebers realisieren zu können, der ständig im Kopf nachrechnet, ob das edle Tropenholz, der italienische Marmor nicht doch zu kostspielig sind und den Budgetrahmen sprengen. Marlene Poelzig schwärmt bereits in den Wänden, die noch nach feuchtem Mörtel riechen, von der Innenausstattung des neuen Hauses, die ihr vorschwebt: »Täfelungen aus Schleiflack. Für die Böden Travertin. Die Vorhangstoffe sollen aus edler Seide sein, aus einem der namhaften Läden im Konfektionsviertel am Hausvogteiplatz.«

Es ist nicht Marlene Poelzigs erstes Wohnhaus. ›Entwurf Frau Prof. Poelzig‹, das steht auf den Fotos vieler Bauten, die in den Planschubladen des Baubüros liegen. Sie hat bereits Holzhäuser für die Deutschen Werkstätten in Dresden-Hellerau geliefert, Prototypen für Wochenendhäuser in Fertigbauweise und Einfamilienhäuser für Wohnungsbau-Ausstellungen, alles in Eigenregie. Für das Haus in der Tannenbergallee stand das Flachdachhaus aus Fertigteilen Pate, das 1927 auf der Werkbund-Ausstellung am Stuttgarter Weißenhof zu sehen war.

Marlene Moeschke-Poelzig ist eine ausgezeichnete, begeisterte Architektin, doch steht sie nach wie vor im Schatten ihres berühmten Gatten. Daran hat sich bis heute noch immer nichts geändert: Die gottgleiche Schöpferpersönlichkeit ist ein Mann. Für den Architekten, den herrlichen Erschaffer bewohnbarer Welten, gilt das ganz besonders. Natürlich war die Begegnung mit Hans Poelzig für sie weichenstellend, ein Glücksfall, sie liebt ihren Mann. Doch die hochgeschätzte Bildhauerei ist zugunsten der Architektur auf der Strecke geblieben. Manchmal, wenn Marlene Poelzig sich mit Handwerkern und Assistenten auf der Baustelle herumschlägt, fragt sie sich, was aus ihr geworden wäre, wenn sie bei der Bildhauerei geblieben wäre. Die *Kleine Sitzende* aus Porzellan, der Kopf ihrer Hamburger Freundin *Chita* aus glasiertem Gips, Variationen von *Mutter und Kind* und Bewegungsstudien in Lehmmodellen, das alles steht immer noch in ihrem Atelier, und die Figuren schauen sie manchmal vorwurfsvoll an und scheinen zu fragen, warum sie bloß so ein Schattendasein fristen müssen. Wenn ich mein Talent als Bildhauerin weiter gepflegt hätte, denkt sie, würde ich jetzt vielleicht in einem Atelier der Akademie der Künste arbeiten, so wie die große Käthe Kollwitz. Jetzt in diesem Monat, am 29. Mai 1929, erhält Käthe Kollwitz die höchste Auszeichnung, die in der Weimarer Republik verliehen wird, den Orden ›Pour le Mérite‹ der Friedensklasse der Wissenschaft und Künste. Ob ich es als Künstlerin auch so weit gebracht hätte wie sie? Vielleicht hätte ich ja auch ein charakteristisches Portfolio wie Renée Sintenis, die man manchmal mit ihrem guten Freund Joachim Ringelnatz im Romanischen Café antreffen kann; die Tierfiguren der Sintenis sind einzigartig, die Fohlen, Bären, Esel. Gerade hat der berühmte Fotograf August Sander für seinen neuen Fotoband, *Antlitz der Zeit*, die Bildhauerin Ingeborg von Rath als Prototyp ihres Berufsstandes porträtiert. Lauter Persönlichkeiten hat er vor sein Objektiv geholt, die einen Beruf, eine bestimmte gesellschaftliche Klasse repräsentieren. Sander ist auch bei den Poelzigs gewesen mit seiner Kamera, aber nicht um sie, nein, um Hans aufzunehmen. Da sitzt er nun auf dem Foto mit seiner akkurat geschnittenen Ponyfrisur und blickt durch seine runde Brille geradeaus in die Linse, er ist es, der beispielhafte Architekt. Und sie, Marlene, ist auf keinem Bild.

Dabei ist das meiste, was aus dem Büro Poelzig hervorgeht, ein Gemeinschaftswerk. Für das Gesamtkonzept der Konzernzentrale der I.G. Farben AG in Frankfurt am Main ist Marlene zweite Projektmitarbeiterin, für Innenausbau und Innenausstattung zeichnet sie sogar allein verantwortlich. Am 11. April 1929 ist das Babylon-Kino in Mitte aufgemacht worden, wo Poelzig die Gegend am Bülowplatz im Stil der Neuen Sachlichkeit umgestaltet, auch hier ist Marlene Poelzig in die Planungen einbezogen. Dass sie im gemeinsamen Bauatelier in der öffentlichen Wahrnehmung als Mit- oder Zuarbeiterin ihres Mannes angesehen wird, der allein die genialen Entwürfe schafft, ist ihr von vornherein klar. Hans wird zwar nicht müde zu betonen, dass er sich keine Hausfrau und Mutter, sondern immer eine Kunstschaffende an seiner Seite gewünscht hat. Für Hans gilt ausdrücklich die gleichberechtigte Partnerschaft, allein, das Paar auf Augenhöhe im Beruf ist für viele noch undenkbar. Marlene Poelzig kann noch so perfekt arbeiten, noch so bestimmt auf der Baustelle auftreten, Frau Architekt ist eine exotische Erscheinung. Ist es nur Zufall, dass Else Oppler-Legbands Entwürfe für Weißenhof nicht umgesetzt worden sind? Stimmt wirklich, dass ihre Mitarbeit damals nur an den weiten Wegen und am Fehlen von Werkleuten scheiterte, wie Peter Behrens meint? Oder wollten die Stuttgarter Gewerke lieber mit einem kompetenten Baumeister Geschäfte machen, einem ernstzunehmenden Mannsbild?

Ise Gropius, Walter Gropius' Frau, darf in Filmen demonstrieren, wie gut sie sich in einem Breuer-Stuhl macht, und dass die Schubladen der Bauhaus-Schreibtische sich öffnen und schließen lassen wie geschmiert, aber genügt ihr das? Vergangenen Pfingstsonntag, am 19. Mai 1929, ist die Weltausstellung in Barcelona eröffnet worden. Lily Reich hatte man die künstlerische Leitung für den deutschen Beitrag anvertraut. Nun gibt es Spekulationen, ob der elegante Sessel aus Metallrohr und Leder, der im deutschen Pavillon steht, auf ihren Entwurf zurückgeht. Natürlich sprechen alle nur von ihrem Partner Ludwig Mies van der Rohe. Immerhin hat László Moholy-Nagy in seinem neuen Bauhausbuch *Vom Material zur Architektur* die Zusammenarbeit mit seiner Frau nicht verschwiegen: »manuskript und korrekturen des buches wurden von meiner frau, lucia moholy, in gedanken und formulierung vielfach geklärt und bereichert.« Man muss eben immer das Kleingedruckte lesen. Es ist ein offenes Geheimnis, dass Frau Moholy die weitgehend ehrenamtliche Hausfotografin am Bauhaus war, die ihrem Mann nur widerstrebend in die Provinz gefolgt ist. Ihr sind die Architekturaufnahmen der Meisterhäuser zu verdanken, die alle so bewundern, aber der Meister in Dessau war immer ihr Mann. Eine Position als Lehrende stand einer Ehefrau an der Schule mit dem aufgeklärten Anspruch nicht zu. Da habe ich es doch besser getroffen, denkt Marlene Poelzig.

Die *Kleine Sitzende* schaut immer noch melancholisch in Marlene Poelzigs Richtung. Du bist doch auch als Architektin eine Künstlerin, scheint sie zu sagen, und sie hat recht. Die Bildhauerei ist wunderbar eingegangen in Marlene Poelzigs Arbeit als Architektin, das sollte sie ein für allemal zufrieden anerkennen und nicht länger mit ihren

Skulpturen hadern. Dass sie einmal Bildhauerei studiert hat, zeigt sich deutlich an den skulpturalen Zügen des Großen Schauspielhauses von 1919, die ihre Formensprache sprechen. 1920 waren unter Marlene Poelzigs Mitwirkung die monumentalen Kulissen für den expressionistischen Film *Der Golem* entworfen worden. Dass diese Aufbauten in den Augen der großen Stummfilmdiva Asta Nielsen »von beispielloser Schönheit« waren, welches Lob konnte schmeichelhafter sein?

***

Marieluise Fleißers *Pioniere in Ingolstadt* wird noch bis zum 9. Mai aufgeführt, dann aber wegen fehlenden Beifalls abgesetzt. Brecht kann das nicht erschüttern, genauso wenig wie der Vorwurf von Alfred Kerr, dass die Texte der *Dreigroschenoper* ein Plagiat seien. In Berlin ist sie ein Dauerbrenner, sie wird längst an zahlreichen anderen deutschen Theatern sowie in Wien, Prag und Budapest gepielt, und das, obwohl noch kein ganzes Jahr seit der Premiere vergangen ist. Die Kritiker loben Rosa Valetti als Mrs Peachum – »jedes Wort ein Bombenschuss ins Schwarze«, so die *Vossische* – und die Neubesetzung der Polly Peachum, die mit dem *Barbarasong* brilliert: »Das Stück gehört jetzt ganz Carola Neher, deren um Kate Kühls Lied bereicherte Polly eine bezwingende, stürmisch gefeierte Leistung war, um ihretwillen lohnt es sich sogar für älteste Kenner des Werkes, noch einmal hineinzugehen.«

Herbert Ihering bescheinigt Carola Neher gar einen Entwicklungsschub durch das Brecht-Stück: »Aus einer manchmal drolligen, manchmal matten Zufallsschauspielerin war eine witzige, genaue, prägnante Darstellerin geworden. Eine verblüffende Wandlung. [...] Eine vollkommene Einheit von Stil und Ausdruck, von Niveau und Distanz.« Das Publikum teilt das Lob, ist hin und weg von der Schönheit dieser jungen Frau mit lockiger Kurzhaarfrisur, die sich ihren Fans auf einem Motorrad zeigt, das sie selbstbewusst lenkt, oder sie demonstriert ihre Schwindelfreiheit akrobatisch turnend an den Stahlstreben des neuen Berliner Funkturms, dabei immer wie aus dem Ei gepellt. Im *Uhu* hatte Carola Neher kürzlich ihr schlichtes Schönheitsgeheimnis verraten: für die Haare rohe Eier, für die Stirn Fett, für die Augen kaltes Wasser und fürs Gesicht Eis. »Der Körper braucht Gymnastik. Die Beine brauchen Bewegung. Der Magen braucht Brot, Früchte, wenig Fleisch. Das Herz braucht Liebe. Kein Alkohol – nur hin und wieder ein Glas Sekt. In der Woche eine Zigarette: Einteilen muss man sich's halt.«

Durch Brecht gerät Carola Neher auch zunehmend in ein linksintellektuelles Milieu. Trotz ihrer vielen Rollen lernt sie wie nebenbei an der MASCH Russisch, die Sprache der gelungenen Revolution, denn auch sie ist immer überzeugter vom Kommunismus als einzigem scharfen Schwert gegen den Nationalismus. Die MASCH, die Marxistische Arbeiterschule unweit vom Alexanderplatz, veranstaltet Abendkurse, die auch Brecht und Weigel seit einiger Zeit besuchen. Die Weigel erteilt dort selbst Unterricht, ebenso wie die Architekten Bruno Taut und Walter Gropius, so wie Egon Erwin Kisch oder die Schriftstellerin Anna Seghers. Sie alle stellen ihre Fachkompetenz, sei es Theater, Architektur oder Literatur, in den Dienst des sozialen Fortschritts.

Carola Neher wird auch immer häufiger bei den

feuchtfröhlichen Zusammenkünften des Brecht-Klüngels im Restaurant Schlichter in der Schöneberger Martin-Luther-Straße gesehen. Der Laden mit Thonetstühlen und weiß gedeckten Tischen gehört Max Schlichter, dem Bruder des Malers Rudolf Schlichter, für den Helene Weigel schon in ihrem schönen hellblauen Kleid gesessen hat. Auch Brecht hat sich von ihm malen lassen in seiner braunen Lederjacke, in der Hand die unvermeidliche Zigarre, im Hintergrund ahnt man den Steyrwagen. Das Restaurant ist einschlägiger Treffpunkt der Berliner Künstler; hier hat Brecht vergangenes Jahr Ernst Josef Aufricht kennengelernt, den neuen Direktor des Theaters am Schiffbauerdamm, mit dem der *Dreigroschen*-Erfolg untrennbar verbunden ist. Das Lokal fungiert auch als Galerie zeitgenössischer Maler, ab und an kommt ein Käufer, es dauert nie lange, bis eine Leerstelle an der Wand wieder gefüllt wird. An kalten Tagen wärmt ein Kachelofen die Gaststube, die für ihre gute Küche berühmt ist. Bei Wein und sauren Nierchen, einer Spezialität des Hauses, lässt sich trefflich über die Zukunft der Schauspielkunst diskutieren. Brecht erläutert gerade, dass das Theater ausschließlich als Bildungsbühne verstanden werden muss, das sei seine einzige Legitimation. »Die Entwicklung des großen Dramas und des großen Theaters führt in diesen Jahren Deutschland – das Fachland für Philosophie. Die Zukunft des Theaters ist eine philosophische.«

»Schluss mit Publikumsberieselung, mit Opium fürs Volk. Was in der MASCH gelehrt wird, das soll auf der Bühne umgesetzt werden«, sagt Helene Weigel. »Wir Künstler haben einen klaren pädagogischen Auftrag.«

Brecht schreibt gerade an seinem Aufsatz über die so genannte epische Spielweise, den *Dialog über Schau-*

spielkunst. »Das epische Theater ist ein Lehrtheater«, führt er aus. »Der Zuschauer soll sich nicht mit der Handlung und den Figuren identifizieren, sondern aus der Distanz einen Vorgang erkennen. Die Leute im Parkett sollen nicht so romantisch glotzen.«

Carola Neher ist durchaus an einer näheren Handlungsanweisung interessiert, wie die marxistische Kunstauffassung denn konkret umzusetzen sei: »Das heißt also, die Figuren sollen wie in einer Revue angekündigt werden, auch als Schauspieler, die eine Rolle spielen, erkennbar sein?«

»Exakt«, sagt die Weigel und schaut leicht abgelenkt zur Uhr. »Wir müssen uns da ganz klar definieren. Es kann nicht sein, dass die *Dreigroschenoper* nicht als politisches Stück ernst genommen wird, bloß weil einige missgünstige Kritiker sie als Broadwaystück verharmlosen wollen.«

Brecht nimmt ihr das Wort aus dem Mund: »Es wird nicht mehr möglich sein, den Kampf ums Theater fortzuführen, solang nicht Farbe bekannt sein wird, welches Theater gemeint ist. [...] Wer einmal im Sportpalast war, der weiß, dass das Publikum jung genug ist für ein scharfes und naives Theater, und wer nicht im Theater war, der wird es mir glauben, dass es auch junge Schauspieler gibt.«

Lotte Lenya atmet tief durch. Sie erinnert sich nur ungern an die Stippvisite in der Parteizentrale am Alexanderplatz. Das Beitrittsformular hat sie nie ausgefüllt.

Ein wenig schüchtern tritt ein junger Mann an den Tisch. »Darf ich kurz stören?« Es ist ein Fan, augenscheinlich ein Student, der einen Autogrammwunsch äußert. Die Songs aus der *Dreigroschenoper* sind soeben bei Kiepenheuer in Buchform erschienen, nun möchte er sein Exemplar von Brecht signiert haben. Der zückt einen Stift und setzt seinen

Namenszug aufs Papier. Der junge Mann zieht zufrieden mit seiner Trophäe ab.

Brecht pafft genüsslich seine Zigarre: »Bei dem Erfolg werden wir die Oper auch noch ins Kino bringen können.« Er wendet sich wieder nach rechts: »Helli, nicht wahr?« Doch der Platz neben ihm ist plötzlich leer, die Weigel ist verschwunden. Stattdessen steht erneut ein Mann am Tisch; er ist ein wenig älter als Brecht, trägt wie der eine runde Brille.

»Ach, siehe da, der Walter Benjamin.« Brecht nimmt die Zigarre aus dem Mund: »Man hört ja viel von Ihnen. Woran arbeiten Sie gerade?«

Benjamin hält sich bedeckt: »Etwas Historisches, Paris, 19. Jahrhundert.«

»So nehmen Sie doch Platz, junger Freund.« Brecht weist auf den Stuhl neben sich, und so bleibt Helene Weigels Platz auch an diesem Abend nicht lange unbesetzt; die Diskussion über die Zukunft des Theaters geht auch ohne sie munter weiter. »Und«, fragt Brecht, »haben Sie schon mal an ein Stück für den Rundfunk gedacht, Benjamin?« Ohne eine Antwort abzuwarten, erzählt Brecht, dass seine Radiooper *Der Ozeanflug* über die erste Atlantiküberquerung per Flugzeug im Juli radiofonisch uraufgeführt werden wird.

Benjamin, der durchaus schon in der Bücherstunde am Mikrofon zu hören war, sieht den sechs Jahre jüngeren, so unerschrocken lebenstüchtig wirkenden Brecht ergeben durch seine dicken Brillengläser an. Benjamin lebt gerade in Scheidung von Dora, mit der er den kleinen Sohn Stefan hat. Dieser Brecht scheint ja auch das mit den Frauen besser hinzubekommen als er, offenbar nehmen sie ihm nichts lange übel.

Brecht ist stets Hahn im Korb, der unumschränkte Rädelsführer, Entertainer und Superstar am Tisch. Das Karussell des epischen Theaters dreht sich nur um ihn. Und welche Frau in dieser illustren Runde hat eigentlich nicht schon mal was mit ihm gehabt? Helene Weigel ist nicht immer bei den Treffen im Schlichter dabei, auch heute hat sie sich schon nach einer halben Stunde verabschieden müssen, zuhause in der Spichernstraße wartet der kleine Sohn, auch er heißt Stefan. Nein, dass sie ihren BB immer mit anderen teilen muss, macht ihr wirklich nichts aus, Besitzansprüche haben in ihrer Ehe nichts verloren, dabei bleibt sie. Seit der Heirat mit Brecht hat Helene Weigel allerdings ein anderes, ein für die Künstlerin viel gravierenderes Problem: Kritiker und Regisseure hatten ihr eine glänzende Schauspielkarriere vorausgesagt, doch nun, als Brechts Gattin, droht ihr ein herber Rückschlag. Sie wird in der Öffentlichkeit nicht mehr als selbstständige Person, sondern nur noch als die Frau an seiner Seite wahrgenommen, steht in seinem Schatten. Zudem ist es mit Engagements auf traditionellen Bühnen, die ihr Publikum einfach gut unterhalten wollen, auch vorbei, die Rollenangebote lassen nach. Brecht ist als politischer Agitator berühmt-berüchtigt, man identifiziert sie mit dem Marxisten, der nun bekannt ist wie ein bunter Hund, und so bleiben Anfragen anderer Theater aus, wie die des Renaissancetheaters, des Berliner Staatstheaters und des Deutschen Theaters, wo sie überaus erfolgreich gespielt hat. Zu offen ist Brechts und damit auch ihr Bekenntnis zu den Kommunisten, daran ändern auch die Popularität und der kommerzielle Erfolg der *Dreigroschenoper* nichts. Nicht einmal an diesem durchschlagenden Erfolg hat sie als Schauspielerin sichtbaren Anteil gehabt, als sie kurz vor der Premiere erkrankte, wurde ihre Rolle von Brecht einfach gestrichen.

Dass Helene Weigel sogar darauf verzichtet, mit Brecht gemeinsam unter einem Dach zu leben, damit er ungestört arbeiten – und seinen Liebschaften nachgehen – kann, wissen die wenigsten. Und von den Herren der bürgerlichen Theaterbühnen kann sich offenbar auch niemand vorstellen, dass sie eigene Schauspielergagen dringend gebrauchen könnte, weil sie das gemeinsame Kind zum größten Teil auf eigene Kosten großzieht. Nur wenig Trost bietet in kritischen Stimmungslagen die Lektüre eines in diesem Jahr erschienenen, überaus wichtigen Buches von Helene Weigels Freundin Karin Michaëlis zur Revolutionierung der Sexualmoral. Es heißt *Flammende Tage. Gestalten und Fragen zur Gemeinschaft der Geschlechter.*

Juni

*Clärenore Stinnes triumphiert am Brandenburger Tor *** Louise Brooks dreht mit Starregisseur G.W. Pabst »Tagebuch einer Verlorenen« *** Else Oppler-Legband genießt gewonnenen Architekturwettbewerb *** Vicki Baum erobert die Bestenlisten*

Am 24. Juni 1929, Schlag 12 Uhr mittags, fahren zwei Autos, zwei Adler Standard 6 mit 45 PS, die Avus hinauf, sie steuern zügig auf den Funkturm zu, seit Kurzem stolzes Wahrzeichen des Berliner Westens. Links und rechts der Strecke stehen Schaulustige Spalier, Taschentücher und Fähnchen in den Händen, und winken den beiden Abenteurern freudig zu. In der Ferne, an der Nordkurve der schnurgeraden, von zahlreichen bunten Reklametafeln gesäumten Straße, wartet gespannt ein großes Empfangskomitee. Clärenore Stinnes und Carl-Axel Söderström erreichen zwei Jahre und einen Monat nach ihrem Start in Frankfurt am Main die Reichshauptstadt Berlin. »In den Verwaltungsräumen der Avus, der großen Automobilstraße, hatten sich alle zusammengefunden. Geschlossen fuhren wir unsere beiden Wagen durch das Ziel, das aus Blumen und wehenden Fahnen gebaut worden war. Blumen und Schleifen türmten sich auf den Motorhauben, und Freundeshände streckten sich uns entgegen. […] So waren wir endgültig am Ende unserer Fahrt, die uns über zwei Jahre, in denen wir 49.244 Auto-Kilometer zurücklegten, durch fremde Länder und Völker, durch Gefahr und Schönheit geführt hatte.«

Die beiden Heimkehrer lassen sich am Ende der Reise, und nachdem man natürlich vorm Brandenburger Tor posiert hat wie einst der triumphierende Napoleon, bei einem Empfang im Golfclub am Wannsee feiern. Mitglieder des Deutschen Damen-Automobil-Clubs, Vertreter der Autoindustrie und Berliner Honoratioren sind zugegen. Die feinen Damen in ihrer Begleitung taxieren Clärenore Stinnes mit einer Mischung aus Respekt und Herablassung, es ist fast wie in Südamerika bei den Indianern, die an ihrem Geschlecht gezweifelt haben. Was ist das für eine Frau, die sich buchstäblich über alle Grenzen hinwegsetzt, die sich auch gar nichts daraus zu machen scheint, jetzt in erlauchter Runde davon zu erzählen, wie sie tagelang ungewaschen und einmal sogar verkatert von zu viel wärmendem Schnaps am Steuer ihres Wagens gesessen hat? Und was die beiden Reisegefährten angestellt haben, wenn sie gemeinsam auf engem Lager in einem Schuppen übernachten mussten, nein, das wagt auch niemand hier zu fragen. Man hebt das Glas, ein Toast wird ausgesprochen: »Auf Fräulein Stinnes und ihren tapferen Begleiter!«

»Fräulein Stinnes, hart wie Kruppstahl«, sagt jemand. »Was sie alles aushält, ohne zu klagen!«

Nein, Clärenore Stinnes kann kaum etwas mehr erschüttern. Wenn sie doch noch irgendwas schrecken kann, dann ist es die Heimat, die Rückkehr in deutsche Verhältnisse, ein wahrer Kulturschock. Wie geordnet und sauber ihr Vaterland doch ist, selbst das an vielen Ecken etwas räudige Berlin! Aber nicht erst durch das vergangene

Abenteuer fühlt sie sich fürs Leben gestählt und als Frau wenig verbunden mit den Damen der feinen Wannsee-Gesellschaft, die an der Seite ihrer Männer aus Pelzkragen hervorlächeln. Schon als Mädchen hatte Clärenore die klassische Mädchenrolle abgelehnt. Am liebsten spielte sie früher Indianer, niemals jedoch die Rolle einer Squaw! Sie saß hoch zu Ross auf dem Rücken ihrer Stute Liesl, auf dem Kopf einen bunten Federschmuck wie Winnetou und schwang angriffslustig ein Tomahawk. Clärenore war zeitlebens Liebling ihres Vaters gewesen, der ihre Selbstständigkeit unterstützt hatte. Schon beizeiten durfte sie ihm als Sekretärin zur Hand gehen; bald war sie zu seiner engsten Vertrauten geworden und erhielt Einblick in seine umfangreichen Geschäfte. So ist es ein bitterer Tropfen, heute, an Clärenores großem Tag, dass Hugo Stinnes den Triumph seiner Tochter nicht mehr miterleben kann. Er war 1924 mit nur vierundfünfzig Jahren an den Folgen einer Gallenerkrankung gestorben. Umgehend waren dem Magnaten aus dem Ruhrgebiet literarische Denkmäler gesetzt worden: 1925 erschien Nathanael Jüngers *Kaufmann aus Mülheim. Ein Hugo-Stinnes-Roman*, Heinrich Mann widmete dem Verblichenen die Novelle *Kobes*, illustriert mit Lithografien von George Grosz.

Clärenore Stinnes lässt es sich an diesem großen Tag nicht nehmen, im Golfclub daran zu erinnern, wie ihr Vater Hugo höchstselbst dafür gesorgt hatte, dass die Avus 1921 fertiggestellt werden konnte, nachdem der 1913 begonnene Bau der ›Automobil-Verkehrs- und Übungsstraße‹, dieser schnurgeraden Schneise durch den Grunewald, kriegsbedingt eingestellt wurde. »Und Hugo Stinnes sei dafür gedankt, dass ich diesen Tag heute mit Ihnen feiern kann!«

Wenn er seine unerschrockene Tochter doch heute auf der Avus hätte sehen können, das denkt so mancher der Anwesenden im Golfclub.

Die Firma Adler hat nach der Rückkehr ihrer Helden ein neues Werbegesicht, Clärenore Stinnes bezeugt in der Zeitung: »Tropischer Hitze, Schnee und Eis trotzend, erwies sich der Adler Standard 6 immer leistungsfähig und fahrsicher. Sachverständige aller Welt urteilten einstimmig über den 10/45 PS Adler Standard 6: ›Ein Meisterwerk der deutschen Automobilindustrie‹.« Im *Auto-Magazin* können Motorbegeisterte auf einer Fotostrecke dem »treuen deutschen Adlerwagen« folgen. Die nationale Autoindustrie ist großer Profiteur des medienwirksamen Abenteuers, zeitgemäße Ikone ist die Frau am Steuer – freilich in praktisch-eleganter Reisekleidung.

Das *Berliner Tageblatt* vom 26. Juni 1929 lobt zwar die enorme Leistung der Fahrt und deren Ergebnis, »... das noch durch die führende Teilnahme einer Frau an Interesse gewinnt. Immerhin wäre aber ratend zu empfehlen, derartige Expeditionen, – die sowohl für die Aufführenden wie für die sie finanzierenden Industriekreise erhebliche Wertungen und ebensolche Aufwertungsmöglichkeiten bieten, – mit großer Gründlichkeit, gewissenhafter Fundierung und strengerer Kontrolle zu arrangieren, um alle Schönheitsfehler zu vermeiden.« Ein Schönheitsfehler, dass zwischendurch andere Verkehrsmittel zur Hilfe genommen wurden, man wisse ja gar nicht, was die Autos wirklich leisten mussten. Immerhin sähen die beiden Adler-Wagen bei der Ankunft »imponierend ramponiert« aus. Die Fahrerin selbst wirkt keineswegs ramponiert. Clärenore Stinnes ist durch die Weltreise auch in puncto Freundschaft ein großes Stück vorangekommen. Die gefährlichen Abenteuer haben sie und Söderström zusammengeschweißt. Dessen aus Schweden angereiste Frau steht verloren am Rande des Geschehens.

***

Louise Brooks ist für die Verfilmung von *Tagebuch einer Verlorenen* erneut aus Amerika nach Berlin gekommen. Wieder ist sie im Hotel Eden am Zoo abgestiegen. Und wieder wird ihr von Pabst, wie schon während der Dreharbeiten zur *Büchse der Pandora*, ein strenger Tagesablauf vorgeschrieben. Da liegt die verlockende Einladung zu einem Künstlerball in einem der glamourösesten Nachtclubs der Stadt auf dem Tisch im Hotelzimmer, aber Pabsts gnadenlosen Anordnungen muss die Diva sich widerspruchslos fügen, die Einladung landet im Papierkorb.

Pabst kommandiert: »Müller! Louise wird nachts nicht mehr ausgehen!«

Jeder Versuch, doch ins Berliner Nachtleben auszubrechen, wird von Josefine Müller, einer Art Zofe, die jeden Schritt der Schauspielerin überwacht, im Keim erstickt.

Louise Brooks versucht zu verhandeln: »Aber Mister Pabst, ich bin an meinen Arbeitstagen abends immer ausgegangen! Ich kann meinen Schlaf hier im Studio zwischen den Szenen nachholen. Das hab' ich immer so gemacht!«

Doch Pabst kennt keine Gnade, kein Drehtag vergeht, ohne dass die Schauspielerin nicht vom Studio abgeführt wird, per Auto direkt zurück in den goldenen Käfig des Hotels. Josefine Müller passt auf wie ein Schießhund, dass ihr Schützling zu ausreichender Nachtruhe kommt und morgens um sieben, wenn der Chauffeur vor der Tür wartet, ausgeschlafen ist und wieder pünktlich am Set in Babelsberg erscheint. Nicht einmal die Dachgarten-Bar des Hotels darf sie besuchen, wo eine Band aufspielt, nur ganz von fern hört sie das beliebte Lied aus dem Film *Ich küsse Ihre Hand, Madame* mit der blonden Marlene Dietrich. Nach einem langen, anstrengenden Drehtag muss sie früh ins Bett, doch sie findet nur langsam in einen unruhigen Schlaf; aus dem nahen Zoologischen Garten hört sie die Klagen der armen Tiere in den Käfigen. Ihr habt es auch nicht besser als ich, denkt Louise Brooks, werdet gefangen gehalten, um von den Leuten angestarrt zu werden. Nein, das Eden ist kein Paradies, so wenig wie der schöne Zoo. Und als wäre die strenge Überwachung jeder ihrer Schritte nicht schon schlimm genug, Josefine Müller gibt Louise Brooks hin und wieder zu verstehen, dass sie bereits die Ehre gehabt hat, der berühmten Asta Nielsen zu dienen. »Asta Nielsen ist für mich die größte Schauspielerin der Welt.« Das sitzt.

Tagebuch einer Verlorenen hat das Zeug zum nächsten handfesten Leinwandskandal, das ahnt schon jetzt jeder, der den Dreharbeiten beiwohnt. Louise Brooks spielt Thymian, eine junge Frau, die nach einer Vergewaltigung schwanger ist. Natürlich wird die Unschuldige für ihren Fehltritt bestraft und in eine Erziehungsanstalt gesteckt. Dort müssen gefallene Mädchen unter Aufsicht einer bigotten Heimleiterin eine eklige Suppe aus Blechnäpfen löffeln und Turnübungen machen bis zum Umfallen. Mit sadistischem Furor triezt sie die Insassinnen bei den schweißtreibenden Exerzitien und schlägt einen Gong, bis einem schon beim bloßen Zusehen schwindlig wird, alles inszeniert wie ein synchrones Massenballett nach der aktuellen Mode. Gespielt wird die Heimleiterin von Valeska Gert, und die ist omnipräsent in diesem Film- und Bühnenjahr 1929. Pabst hatte diese androgyn wirkende Type schon 1925 für seinen Film *Die freudlose Gasse* entdeckt, wo sie neben Greta Garbo und Asta Nielsen eine schmierige Kupplerin gab. Nein, an der eigenwilligen Valeska Gert, der für ihre unerhört freizügigen Tänze bekannten Künstlerin, kommt kaum jemand in diesen Jahren vorbei. Im Film wird Thymian jedoch nicht lange unter ihrer strengen Aufsicht bleiben; sie landet im Bordell, wo sie sich in den Armen der Männer augenscheinlich wohler fühlt als im Erziehungsheim. Am Ende ihres steinigen Weges wird sie rehabilitiert, kommt als Gräfin Osdorff zu Geld und Ansehen, gründet einen Verein zur Rettung gefährdeter Mädchen und kehrt in das bedrückende Heim zurück, um dort eine flammende Rede gegen Unrecht und für mehr Menschlichkeit zu halten.

Am Set hat sich auch die junge Lotte Eisner eingefunden, Kritikerin beim *Film-Kurier*, und macht sich Notizen. Aufmerksam beobachtet sie das Geschehen am Rande der Dreharbeiten. Louise Brooks sitzt unnahbar auf dem Stuhl mit ihrem Namenszug auf der Rückenlehne und hält ein Buch in den Händen, eine Schopenhauer-Ausgabe in englischer Übersetzung. Sie ist vollkommen in den alten Philosophen vertieft, der nicht dafür berühmt ist, ein heiterer Zeitgenosse gewesen zu sein. Schopenhauer ist auch nicht gerade leichte Entspannungslektüre für Zwischendurch. Lotte Eisner hält die lesende Diva zunächst für einen Reklametrick von Pabst, eine bewusste Inszenierung, mit der der akademisch gebildeten Filmkritikerin eine intellektuelle

Hollywood-Schauspielerin als Sensation für die Presse untergejubelt werden soll. Doch Louise Brooks, die Kindheit und Jugend in einem Haus voller Bücher verbracht hat, wo gehobene Lektüre eine Selbstverständlichkeit war, sie liest wirklich! Sie besticht durch eine »merkwürdige Mischung aus Passivität und *présence*«, findet Lotte Eisner. Von Louise Brooks geht eine Magie aus, von der sie sich sofort angezogen fühlt, immer wieder fährt sie nach Babelsberg: Die amerikanische Schauspielerin und die deutsche Filmkritikerin der ersten Stunde werden sich im Laufe der Zeit noch besser kennen- und schätzen lernen.

An einem der Drehtage taucht auch Leni Riefenstahl im Studio auf. Die burschikose Schauspielerin macht sich's mit Pabst plaudernd und scherzend in einer Sitzecke gemütlich. Das Gekicher und Gesäusel der Riefenstahl ist nicht zu überhören, immer ist sie eine Spur zu forsch und zu laut. Flirtet sie mit Pabst, fragt sich Louise Brooks und wittert unliebsame Konkurrenz, was geht da vor? Will die Riefenstahl Louise Brooks jetzt etwa noch die Rolle abspenstig machen? Noch während die Kamera wieder läuft, lachen die beiden miteinander in ihrer Ecke, und Louise Brooks muss mühsam ihre Irritation unterdrücken; sie kann sich nur schlecht auf ihre Rolle konzentrieren, dabei hat sie gerade die schwierige Szene zu spielen, in der Thymian verstoßen und ins Erziehungsheim gesteckt wird. Wie soll sie jetzt bloß die gebotene Empörung, das Entsetzen über diese Verbannung ausdrücken? Louise Brooks quält sich durch die Szene. Endlich fällt die Klappe, Schluss, aus, die Riefenstahl ist wie vom Erdboden verschluckt, ihr Platz in der Sitzecke leer. Pabst lächelt zufrieden, als er sich die Bänder mit der abgedrehten Szene anschaut; Thymians Gesicht ist in einer Großaufnahme die Bestürzung selbst.

Louise Brooks geht ein Licht auf, Pabst hat sie überlistet, wieder einer seiner berühmten Tricks! Er hat Leni Riefenstahl extra herbestellt, um diesen »bedrückten Blick der Zurücksetzung« zu erzielen, wie es im Drehbuch steht. »Sein erprobtes Wissen von Ursache und Wirkung ist Teil der Antwort auf die Frage, wie es Pabst gelang, so schnell mit wenigen Proben und wenigen Takes zu drehen.« Weiß Leni Riefenstahl denn, dass Pabst sie für seine Zwecke einspannt? Und natürlich, fällt es Louise Brooks wie Schuppen von den Augen, auch das strenge Fräulein Müller hat er eigens engagiert, um ihr das Gefühl zu geben, selbst Thymian zu sein!

Der schönste Drehtag ist einer der letzten, am Strand. Die Sonne scheint vom wolkenlosen Himmel, Möwen kreisen überm Meer. In Swinemünde flaniert Thymian, vom Joch ihrer Sorgen befreit, leicht wie eine Feder über den Sand und sieht vergnügten Menschen beim Bade zu. Das Blatt hat sich gewendet: Seit Louise Brooks versteht, welch charmante Listen Pabst auf Lager hat, um einen Film zum Erfolg werden zu lassen, verehrt sie ihn. Als sie an einem Tisch im Garten eines kleinen Cafés sitzen, hört sich Louise Brooks sogar widerspruchslos an, wie Pabst ihr zum Abschluss noch ein paar ernste Worte mit auf den Weg gibt: »Sieh dich in Zukunft vor. Hüte dich vor falschen Freunden, jenen Leuten, die auf dem Markt der Eitelkeiten nur mit dir angeben wollen.«

Kann es einen schöneren Abschied geben? Louise Brooks gesteht dem Regisseur, dass sie ihm viel, ja alles zu verdanken hat, was sie zu einer Leinwandpersönlichkeit gemacht hat: »In Hollywood war ich ein hübsches flatterhaftes Ding, dessen Charme für die Verwaltung in dem

Maße abnahm, wie meine Fan-Post zunahm. In Berlin betrat ich den Bahnsteig, lernte Pabst kennen und wurde eine Schauspielerin.«

***

Die Berliner erwarten gespannt die Entscheidung über die zukünftige Gestaltung des Alexanderplatzes, ihres Alex. In dieser Stadt, wo kein Stein auf dem anderen zu bleiben scheint, seit der Boom des ›Neuen Bauens‹ ihr Gesicht an so vielen Stellen verändert, herrscht reges Interesse an den Planungen der Architekten, von denen alle Zeitungen berichten. Und Veränderungen tun Not, Berlin wächst, Stadtbaurat Martin Wagner steht vor Herausforderungen. Immer noch fehlen erschwingliche Wohnungen für Arbeiter und Angestellte, obwohl in den letzten Jahren fleißig gebaut wurde. Überall am luftigen Stadtrand werden riesige Projekte ausgeführt, mit denen man dem Mietskasernenelend beikommen will: Carl-Legien-, Hufeisen-, Onkel-Tom-Siedlung sind unter Regie von Bruno Taut entstanden, weitere Siedlungen sind im Bau. Die künftigen Mieter brauchen eine Infrastruktur, große Schulhäuser, komfortable Ladenzeilen und Badeanstalten müssen her. Am Wannsee entsteht derzeit ein Freibad, das den sommerlichen Massenansturm ans Wasser auffangen soll; Martin Wagner will damit »eine Art Sanatorium für die körperliche und geistige Regeneration der Kräfte« erschaffen. Und in der Gartenstraße in Mitte wird ein Hallenbad mit einer eleganten, lichtdurchlässigen Glasdecke und einem 50-Meter-Becken gebaut. Revolutionär daran ist, dass Männer und Frauen hier beim Schwimmen nicht getrennt, sondern gemeinsam ins Wasser eintauchen können sollen. Der freie Geist der neuen Zeit hat das nasse Element erobert.

Zunächst aber schaut der Berliner nicht nach Mitte, sondern zum Bezirk Neukölln. Dort im Südosten hält ein weiteres architektonisches Großereignis ersten Ranges die Stadt in Atem: Am 21. Juni 1929 öffnet Karstadt seine Tore, am Hermannplatz, dem die ästhetische Aufwertung im Sinne des modernen Bauens auch wohltut. In den letzten fünfzehn Monaten konnte man einen Koloss amerikanischen Ausmaßes an der westlichen Platzseite in die Höhe wachsen sehen. Die Kundschaft erwartet nun eine Dachterrasse, eine Badeanstalt und ein Friseursalon; der U-Bahnhof ist, wie praktisch, gleich im Untergeschoss. Das neue Karstadt, größtes Kaufhaus im Deutschen Reich! Die Neueröffnung lässt Krisenzeiten und Inflation vergessen, es blühe die Weimarer Republik, wo man auf die durch amerikanische Kredite gestützte Reichsmark vertraut! Berlin geht einkaufen, Kunde König inszeniert den neuen Wohlstand im Warenhauspalast. Und nicht nur der: Auch die ernsthaften Damen vom Weltverband für Frauenstimmrecht, die in diesem Juni den fünfundzwanzigsten Geburtstag der Vereinigung in Berlin feiern, lassen es sich beim Festprogramm schmecken, mit einer Mitternachtsbowle im immer noch ersten Haus am Platz, dem Wertheim an der Leipziger Straße. Die Organisatorin, die ehemalige DVP-Abgeordnete und feministische Publizistin Katharina von Kardorff – nebenbei auch noch Vorsitzende des Damen-Automobilclubs – hält vor achthundert Zuhörerinnen, darunter so respektable Frauenrechtlerinnen wie Anita Augspurg und Lida Gustava Heymann, eine begeisterte Rede: »Das Gefühl, mit Schwestern zusammen zu sein und zusammen zu streben ist das eigentliche Erlebnis des Kongresses.« Trotzdem sind sich die versammelten Frauen alle einig: Obwohl Männer und Frauen laut Reichsverfassung die gleichen staatsbürgerlichen Rechte und Pflichten haben, ist es noch ein langer Weg, bis die alten Strukturen der patriarchalischen Gesellschaft wirklich aufgebrochen sein werden und eine Frau in verantwortlicher Position nicht wie ein seltsamer Paradiesvogel angesehen wird.

Der Wettbewerb für den Alexanderplatz ist im Juni 1929 endgültig entschieden. Die Brüder Hans und Wassili Luckhardt und ihr Büropartner Alfons Anker belegen mit ihrem spektakulären Entwurf – zwei Torbauten zur S-Bahn-Trasse hin und Gebäude mit Fensterbändern und geschwungener Fassade – den ersten Platz. Der erfolgsverwöhnte Peter Behrens kann seine Enttäuschung schwer verbergen. So sehr unterscheiden sich die beiden Entwürfe gar nicht voneinander, warum nicht er?

Else Oppler-Legband erinnert ihn daran, dass immerhin die U-Bahnhöfe am Alexanderplatz unter seiner Regie entstehen, und im österreichischen Linz betreut er ein anderes Großprojekt, eine Tabakfabrik. »Warum den Kollegen nicht den Zuschlag gönnen? Denk an dein schönes Wohnhaus im Bauhaus-Stil für den Psychologen Kurt Lewin in Nikolassee und an die Villa Gans in Kronberg im Vordertaunus. Du kannst dich sowieso nicht retten vor Aufträgen, und das Sandstein-Unternehmen wird nicht zugrunde gehen«, sagt Else Oppler-Legband, »Herr Gans wünscht sich doch auch Sandstein als Material für seine Taunus-Villa.«

Aber das Blatt wendet sich überraschend für Peter Behrens und Else Oppler-Legband, denn der amerikanische

Investor lehnt den Siegerentwurf der Brüder Luckhardt kurzerhand ab. Der Auftrag zur Ausführung wird weitergereicht an den zweiten Platz, also an Behrens und seine Mitstreiter. Ungehend kommt es zum Treffen mit den Amerikanern. Im Büro am Potsdamer Platz erscheinen zwei Herren, beide in Nadelstreifen, einer dick und klein, der andere eher groß und hager.

»Congratulations, Mister Behrens! Ein spektakulärer Entwurf! Fabulous!«

Man checkt die Lage beim Smalltalk, versucht, den Geschäftspartner einzuschätzen, die Sekretärin bringt Kaffee und Wasser für die Besucher und auch ein wenig Cognac. Man unterhält sich über die Stadt. Ob die Herren denn auch schon Zeit gefunden hätten, sich als Touristen ein wenig umzuschauen?

»Oh ja, die nackten Mädchen in den Nachtclubs, die mit den langen Beinen.« Der Dicke pfeift durch die Zähne, der andere schlägt ihm kumpelhaft auf die Schulter: »Und überall bekommt man genug zu trinken. Keine Prohibition wie bei uns. Berlin ist wirklich easy going.«

»Aber die Häuser, alles so niedlich und klein«, sagt der gedrungenere Nadelstreifen, »in Manhattan errichten wir Wolkenkratzer wie das Woolworth-Building. Warum baut Ihr hierzulande so was nicht?«

»Die Leute hier haben Angst, dass ein Turmhaus umkippt«, scherzt der Lange in Richtung zu seinem Kollegen. »Am Potsdamer Platz hat die Berliner Baupolizei einen Ableger der Pariser Galeries Lafayette verboten, hört man, dreizehn Stockwerke wären zu hoch. Dreizehn! Das Chrysler hat siebenundsiebzig!« Er schlägt sich belustigt auf die Schenkel, doch weil keiner mitlacht, fügt er rasch hinzu: »Aber Sie haben ja in Germany einen ›international style‹ geschaffen, das Bauhaus, wirklich eine Marke, a good brand!« Er gießt sich eigenhändig einen Cognac ein und hebt das Glas: »To Germany!«

Behrens trinkt nicht, immer das Ziel vor Augen, möchte er nun doch gern zur Sache kommen. Er sucht nach einer passenden Überleitung, spricht vom boomenden Film und seinem Kinopalast, der direkten U-Bahn-Anbindung seiner Häuser am Alexanderplatz. »Ja, sogar das Kino, so kommen die Leute auch bei Schmuddelwetter trockenen Fußes zur Vorstellung, ohne ihre Abendgarderobe zu ruinieren.« Die Pläne liegen bereits entrollt auf den Tischen, Behrens' Büroleiter lässt eine Art Dirigentenstab über dem Zeichenpapier schweben.

»Man hört ja viel vom deutschen Film«, wirft einer der Amerikaner ein, »die Studios in Neubabelsberg sollen moderner sein als in Hollywood.«

»Der Kino-Neubau wird den Anforderungen des Tonfilms gerecht, mit einer Lautsprecheranlage, die für zukünftige Produktionen ausgelegt ist«, sagt Behrens' Bauleiter.

Die Herren hören den Erläuterungen weiter zu. Sie nicken stumm. »Nur bei den Details der Ausführung müssen wir noch ein paar Änderungen vornehmen«, sagt der große Herr im Nadelstreifenanzug. »Gibt es ausreichend Platz für Werbeflächen an den Fassaden?«

Behrens sagt, er denke an Lochfassaden: »Eine Stahlskelettkonstruktion mit Sandsteinverkleidung. Das strenge Raster verlangt nach gestalterischer Disziplin. Keine Reklameflächen auf dem Sandstein. Das stört das Gesamtbild.«

»Oh, no. Das wird nicht gehen«, entgegnet der kleine Dicke und beugt sich über den Tisch mit der Zeichnung des Berolinahauses. »Schließlich haben wir den Entwurf der Brüder Luckhardt auch deswegen abgelehnt, weil die geschwungenen Fassaden für Werbung weniger gut geeignet sind als gerade.« Er zeigt mit ausgestrecktem Finger auf den Plan. »Hier etwa. Hier könnte eine Werbetafel hin.«

Behrens' Miene versteinert. »Meinen Entwurf gibt es nur ohne Werbeflächen oder gar nicht.«

»Der Deal kommt nur zustande, wenn die Publicity stimmt. The american way.« Der lange Nadelstreifen schlürft seinen Kaffee.

»Schließlich könnte ganz Deutschland ohne unsere Kredite einpacken«, bemerkt der kleine Dicke und nippt am Cognac.

Jetzt meldet sich Else Oppler-Legband zu Wort, die bisher eher unbeteiligt dabei zu sein schien. Die Amerikaner schauen überrascht auf, was hat diese Frau zu sagen? Sie weist auf die Gefahren hin, die von großen Reklameflächen ausgehen können. »Erst kürzlich ist es zu einer Gerichtsverhandlung gekommen, bei der ein Unfallfahrer freigesprochen wurde, weil er glaubhaft machen konnte, dass die ausladenden Reklametafeln links und rechts der Avus ihm die Sicht genommen hätten.«

»Oh, really?«

»Ja, und das ist die Firmen teuer zu stehen gekommen«, erklärt sie.

»Deutsche Bürokratie«, murmelt der Hagere.

Else Oppler-Legband fährt zielbewusst fort: »Wissen Sie nicht, dass Sandsteinfassaden für sich sprechen? Vielleicht schauen Sie sich das hier mal an.«

»What? Wie bitte?«

Else Oppler-Legband schiebt eine Broschüre über den Zeichentisch, die Preislisten für original Unstrut-Sandstein. »Beim Preis für das Großprojekt könnten wir Ihnen ein ganzes Stück entgegenkommen.«

Die Amerikaner, die diese Frau bislang eher als gleichmütige Zuhörerin am Rande wahrgenommen haben, begreifen langsam, wer hier das Sagen hat.

»Vorausgesetzt, Sie nehmen Abstand von Ihren Werbetafeln«, fügt Oppler-Legband nach einer Kunstpause hinzu, »dann kommen wir auch ins Geschäft.« Diese Amerikaner sind knallharte Geschäftsleute. Die interessieren sich nicht für Argumente wie Ästhetik und Prinzipien des ›Neuen Bauens‹. Die interessieren sich einzig und allein für schwarze Zahlen, für eine hohe Rendite und einen lukrativen Börsengang. Und für die Geldgeber aus der Wirtschaft, die Konzerne mit den Werbeflächen. Else Oppler-Legband weiß das, schließlich ist sie die Tochter eines Unternehmers; ihr Vater hatte früh eine chemische Fabrik gegründet. Sie nimmt einen Stift zur Hand und stellt eine Rechnung auf. »Sehen Sie, hier, wenn wir auf einen Kubikmeter Sandsteine einen Nachlass von, sagen wir, dreißig Prozent geben, dann kommen Sie bei einer Mindestmenge von tausend Tonnen auf einen guten Schnitt.« Sie addiert, subtrahiert, multipliziert, und am Ende steht eine Zahl auf dem Papier, die die Männer aus Amerika endlich zu überzeugen scheint.

»Also gut, Mister Behrens«, sagt der hagere Nadelstreifen an den Architekten gewandt und schlägt die Beine im Sessel übereinander, »bauen Sie! Sie haben freie Hand.«

***

An ihrem Schreibtisch in der Ullstein-Redaktion schreibt Vicki Baum die letzten Passagen des Hotel-Romans: »In Berlin sind die Schaufenster auch nachts beleuchtet, und die Fülle der Welt liegt darin zu Haufen gestapelt.« Wie am Hermannplatz und wie in der beliebten Schiffer-Spoliansky-Revue *Es liegt in der Luft* wird auch in *Menschen im Hotel* das Einkaufsparadies beschworen, wo die reichhaltigen Angebote in der Wäsche- und Haushaltswarenabteilung um Kundinnen buhlen, die nicht etwa einkaufen, weil sie dringend was brauchen, sondern weil es so günstig und prachtvoll dargeboten ist.

Nicht erst seit Zolas dickem Roman *Das Paradies der Damen* haben Einkaufsparadiese bei Leserinnen Konjunktur. Vicki Baum überlegt, welche Sujets aus dem Berliner Alltag sie noch einflechten kann, schließlich lautet der Untertitel *Kolportageroman mit Hintergründen*. Sie durchforstet die Zeitungen vergangener Tage und Wochen. Erfährt, dass Elly Beinhorn von 1928 bis 1929 die Flugschule der Deutschen Luftfahrt GmbH in Berlin-Staaken besucht und am 4. Juni 1929 mit nur zweiundzwanzig den Pilotenschein gemacht hat. Der Reporter der *Vossischen* geht auf das fünfundzwanzigjährige Jubiläum des Weltbunds für Frauenstimmrecht ein und bemängelt fehlende Ergebnisse beim Kampf um Emanzipation; man schwadroniere über Rechte für Prostituierte und den Beruf der Polizistin, statt sich um das Verhältnis der Geschlechter zu sorgen, das durch die neue Rolle der Frauen mächtig erschüttert worden sei. Die Schlagzeile auf der nächsten Seite scheint das Urteil des Kritikers zu bestätigen: »Weibliche Polizei streift durch die Straßen Berlins«. Eine neue, nur mit Frauen besetzte Dienststelle kümmert sich um »durch das Großstadtleben Verwahrloste oder um Kinder, die aus dem Elternhaus entlaufen, durch traurige Familienverhältnisse obdachlos sind, Kinder, die betteln müssen, weil zuhause Brot fehlt. [...] Solche Gefährdete werden auf Straßen, Plätzen, Bahnhöfen von den Polizeibeamtinnen, die übrigens hier in Deutschland immer in Zivil gehen, unauffällig angesprochen.« Soziale Fürsorge, auch bei der Polizei ist das Frauensache. Das Kontrastprogramm dazu bietet eine Kurzmeldung: Die zwanzigjährige Lisl Goldarbeiter, Miss Austria aus Wien, wird am 11. Juni 1929 bei der Weltschönheits-Konkurrenz im mexikanischen Galvestoneam zur Miss Universum gewählt, als erste nicht amerikanische Miss Universum der Geschichte. Komponist Ludwig Gruber schreibt ihr daraufhin ein Stück: *Da blüh'n die schönsten Frauen. Wienerlied für Klavier und Gesang. (Dem schönsten Wienerkinde Lisl Goldarbeiter ›Miss Universum‹ freudigst gewidmet)*.

Von der Funkausstellung im Juni berichten alle Zeitungen, aber was die *B.Z. am Mittag* schreibt, elektrisiert Vicki Baum geradezu: »Neues, noch nie Dagewesenes bahnt sich an. Das Fernsehen! Bald bringt uns der Rundfunk das sprechende, singende, das von Musik begleitete Bild auf den Wellen des Äthers ins Haus. Es zeigt uns die Wasserfälle des Niagara und lässt uns ihren Ton hören. Er führt uns durch die Stätten der Weltindustrie und übermittelt uns in gleichzeitigem Geschehen ihre Melodien.«

Das Fernsehen! Was verspricht es nicht alles für neue Möglichkeiten! In Zukunft könnte Vicki Baum Drehbücher schreiben für dieses Fernsehen, ein Kino, das zu den Menschen nach Hause kommt wie neuerdings der Radioapparat. Es juckt ihr in den Fingern, im Kopf entsteht ein Szenario für *Menschen im Hotel*, Greta Garbo würde sich wunderbar machen als Gräfin Grusinskaja. Aber halt, noch ist es zu früh für so kühne Träumereien. Zunächst darf man gespannt sein, ob der Roman so ein Sensationserfolg wird wie Remarques *Im Westen nichts Neues*; inzwischen haben sich in Deutschland eine halbe Million Exemplare davon verkauft, Übersetzungen in zwölf Sprachen wird es geben, und der norwegische Theatermann Björn Björnson hat gar den Nobelpreis für Remarque gefordert.

Menschen im Hotel erscheint noch im Juni 1929 mit einer Startauflage von 10.000 Stück bei Ullstein. Die Buchhändler haben sich reichlich eingedeckt. Seit dem Vorabdruck in der Zeitung haben sich schon viele Leser danach erkundigt, ob der Roman denn noch vor den Sommerferien herauskommt, man braucht schließlich gute Reiselektüre. Die Redaktion gratuliert Vicki Baum zum neuen Buch, als erahnten sie ihre heimlichen Träume: »Auf unsere Erfolgsautorin! Demnächst in Hollywood!« Aber Vicki Baum winkt bescheiden ab, wo könnte es gerade besser für die Wienerin laufen als hier, wo ihr alle Türen offen stehen und der Romanstoff auf der Straße liegt, hier in der rasanten Stadt Berlin.

Juli

*Erika Mann vor großer Düne *** Asta Nielsen begrüßt Gerhart Hauptmann auf Hiddensee *** Trude Hesterberg hat die Rechnung ohne Marlene Dietrich gemacht *** Richtfest mit Hans und Marlene Poelzig*

Die Königsberger Goethe-Gesellschaft lädt Thomas Mann in die ostpreußische Stadt am Pregel ein. Die weite Reise soll sich lohnen, warum nicht einen Familienurlaub an der Ostsee dranhängen? Als Sohn der Hansestadt Lübeck ist Thomas Mann dem Meer eng verbunden, in seiner Kindheit fuhr die Familie oft hinauf nach Travemünde. Den Sommer 1929 verbringen die Manns also auch an der Küste, im Kurort Rauschen im Samland. Thomas Mann hat wie immer Arbeit im Gepäck, das Manuskript der Novelle *Mario und der Zauberer*, selbst am Strand schreibt er noch. Während Katia und die Kinder sich im Nassen vergnügen, sitzt er im weißen Sommeranzug im Strandkorb und fährt mit der Feder übers Papier, stets darauf bedacht, dass kein Sandkorn in die Tinte gerät. Gut, dass die Firma Pelikan gerade einen neuartigen Füllhalter auf den Markt gebracht hat, den man nicht so häufig aufziehen muss.

Eine Exkursion mit dem Ausflugsdampfer führt die Familie Mann zur großen Düne nach Nidden an der

Kurischen Nehrung. Der Blick der staunenden Touristen schweift über den feinen weißen Sand, die Düne ist spektakulär, gut 50 Meter erhebt sie sich über den Meeresspiegel, Fotos werden geknipst, Thomas Mann spricht von der ›Sahara des Nordens‹. Ist dieses Sandgebirge nicht noch eindrucksvoller als die Kreidefelsen von Rügen, das Steilufer von Hiddensee? Gern erinnert man sich an Besuche auf dieser idyllischen Ostseeinsel. Klaus schwärmt nostalgisch von den glücklichen, verspielten Tagen mit Pamela Wedekind, Erika trägt noch immer das schöne längsgestreifte Reform-Strandkleid von damals. Und allzu gern hätten die Manns dort ihr Sommerdomizil aufgeschlagen, doch auf Hiddensee residierte bereits ein anderer ungekrönter König der literarischen Welt, Gerhart Hauptmann. Der Nobelpreisträger von 1912 hatte sein Domizil in Kloster, oben im Norden des schmalen Eilands. Seit Thomas Mann ihn in seinem *Zauberberg* als etwas ungeschlachten Holländer Mynheer Peeperkorn porträtiert hatte, war das Verhältnis zwischen den beiden Männern ein wenig eingetrübt. Erst Thomas Manns Ergebenheitsadresse konnte Hauptmann wieder versöhnlich stimmen, aber dennoch, für zwei literarische Alphatiere war auf Hiddensee nun mal kein Platz.

Erika weiß von einer Skandalgeschichte. »Nach Caputh bei Potsdam dürfen wir auch nicht gehen«, sagt sie, »da sitzt auch schon so ein Großkopferter, Albert Einstein.«

»Nein, mit Nobelpreisträgern legen wir uns lieber nicht noch einmal an«, sagt Klaus.

Albert Einstein hätte sein Sommerhaus beinahe von höchster Stelle geschenkt bekommen. Die Stadt Berlin, stolz auf ihren preisgekrönten Einwohner, wollte ihn zu seinem fünfzigsten Geburtstag am 14. März 1929 besonders ehren und ihn mit einer Immobilie auf einem Seegrundstück beglücken. Die große Geste scheiterte jedoch schon im Ansatz an der Frage nach einem geeigneten Objekt, die Presse fiel mit Häme über die Affäre her, Einstein wurde die Angelegenheit schließlich zu bunt, und er nahm die Sache selbst in die Hand. Der Architekt Konrad Wachsmann wurde von ihm damit beauftragt, ein schlichtes Holzhaus zu errichten, am Waldrand in Caputh am Schwielowsee.

»So ein stiller See ist ja auch gar nichts für uns«, sagt Katia Mann, »wir wollen ein Haus am wilden Meer.«

Auf dem Ausflug zur Großen Düne ist man sich sofort einig: Hier, in dieser wunderschönen Gegend auf der Kurischen Nehrung wird es bald stehen, das Sommerhaus der Familie Mann.

***

Auf Hiddensee hält 1929 andere Prominenz Einzug. Die dänische Stummfilmdiva Asta Nielsen hat an der schmalsten Stelle der Insel ein Sommerhaus erworben, nördlich der Inselhauptstadt Vitte. Sie tauft das vom Architekten Max Taut gebaute Haus auf den Namen Karussel, pinselt ›Karusel‹ über den Eingang, die dänische Schreibweise. Drehen kann es sich zwar nicht, aber das blaue Haus mit rundem Ziegeldach erinnert an utopische Entwürfe zeitgenössischer Architekten von Häusern, die sich, ganz nach den Bedürfnissen ihrer Bewohner, Licht oder Schatten zuwenden. Für Asta Nielsen scheint ein Film Wirklichkeit geworden zu sein. 1924 hatte sie mit dem russischen Schauspieler, ihrem jetzigen Mann Grigori Chmara, ein Fischerehepaar gespielt, in einem Melodram mit dem Titel *Das Haus am Meer*.

»Wir haben Glück gehabt«, schreibt Asta Nielsen in diesem Juni 1929 ins Tagebuch, nachdem sie Unkraut und Steine aus dem Garten beseitigt hat: »Unser Haus ist schon umgeben von einem hellgrünen Grasteppich, die Arbeit hat sich gelohnt. Himmelblaue Decken sind aus Stralsund für die Gastbetten gekommen. Im Keller ist Pilsner und Korn aufgelagert, unsere Gäste können kommen.« Als sie sich im Garten nach einem geeigneten Platz fürs Kräuterbeet umsieht, nähert sich von Kloster her ein Paar über die Wiese, der Mann mit weißem Schopf, Kniehose und zünftiger bayrisch-blauer Leinenjacke, die Frau mit schwarzem Kurzhaarschnitt, sie sieht Asta Nielsen von Weitem zum Verwechseln ähnlich. Es sind Gerhart Hauptmann und seine Frau Margarete. Der Dichter nimmt das Karusel in Augenschein, zufrieden, weil Haus Seedorn größer ist, wo er seit einiger Zeit wohnt, und das er zu kaufen gedenkt.

Man setzt sich zum Tee an einen Tisch im Garten, und Gerhart Hauptmann ist schnell beim Thema Film: »Liebste Asta, je länger ich Sie anschaue, umso mehr bin ich davon überzeugt, dass Sie die Idealbesetzung für die Rolle meiner *Rose Bernd* sind. Sie sollten diese Figur einmal verkörpern.«

»Ist das nicht eher ein weizenblondes Bauernmädchen mit dicken Zöpfen?«, wendet die brünette Asta ein.

»Man kann die Rose Bernd ebenso gut als ein polnisches Mädchen darstellen«, sagt Hauptmann, »das wäre eine interessante Neufassung.«

»Vielleicht fürs Theater, als Film ist *Rose Bernd* doch längst gedreht«, stellt Asta Nielsen fest, »und ich werde sie nicht besser spielen können als Henny Porten.« Der Ufa-Star hatte schon 1919 erfolgreich in der Rolle der Kindsmörderin gestanden.

»Ja«, sagt Chmara »aber denk nur an die neuen

Möglichkeiten des Tonfilms. Mit gesprochenen Dialogen wird das was vollkommen anderes.«

»Gerade Sie als Theaterschauspielerin brauchen ja keine Angst vor dem Geräuschfilm zu haben«, bekräftigt Frau Hauptmann, »Ihre *Kameliendame* war ein Dauerbrenner.«

»Ach«, winkt Asta Nielsen ein wenig überdrüssig ab, »diese Figur habe ich in den vergangenen drei Jahren bestimmt vierhundert Mal gespielt.«

»Noch ist gar nicht klar, ob sich der Tonfilm wirklich behaupten kann«, wendet Hauptmann ein. »Tonfilmgegner sind Legion, sie konnten sogar verhindern, dass *The Singing Fool* im Gloria-Palast uraufgeführt wurde.« Vor allem viele Musiker protestieren, denn sie bangen um ihre Existenz.

»Auch Jannings soll sich vor der Einführung des Tons im Kino sehr fürchten«, weiß Asta Nielsen, »vor allem, weil er so schlecht Englisch spricht und die Herausforderung scheut, die Version für den amerikanischen Markt sprechen zu müssen.«

Chmara mischt sich ein: »Henny Porten glaubt immerhin an zwei parallele Systeme. Und Charlie Chaplin hat die Aufnahmen zu seinem neuen Film *City Lights* unterbrochen. Er will ein paar Monate abwarten und sehen, wohin das Publikum tendiert. Persönlich ist Chaplin ja Anhänger des stummen Films.«

»Der Tonfilm wird sich am Ende durchsetzen«, ist Asta Nielsen sicher. »Die technischen Möglichkeiten sind da, die mediale Aufrüstung ist in vollem Gange, wie man an der wachsenden Beliebtheit des Radios sieht. Auf die Sprache ganz zu verzichten, läuft meiner Auffassung zuwider. Um keinen Preis darf die Pantomime sich auf der Leinwand breitmachen.« Sie erzählt, bei Dreharbeiten zu

Stummfilmen werde ohnehin geredet, damit die Szene echt wirkt. »So sprachen wir oft lange Dialoge – jedoch nicht wie auf der Bühne. Der Dialog im Film war visueller Natur. Auf der Bühne bewegte man den Mund nach den Worten, im Stummfilm nach Gedanken und Gefühlen.«

»Wenn Sie sich also nicht vor Sprechrollen fürchten, warum wollen Sie dann gar nicht mehr drehen, wie man hört?«, fragt Hauptmann.

»Der Tonfilm macht mir keine Sorgen, aber der Kommerz, der die Gagen verdirbt. Ich weigere mich, schlechte Rollen anzunehmen, in Filmen, die schnell abgedreht und vom profitgierigen Verleih bestimmt werden. Hollywood macht den deutschen Film kaputt. Es gibt zwar ein Gesetz, wonach mehr deutsche Filme produziert werden müssen als amerikanische eingeführt werden dürfen, aber das hat nur dazu geführt, dass in deutschen Studios sinnlos Filmmeter runtergeleiert werden, um den Proporz zu wahren. In solchen Filmen spiele ich nicht.« Immerhin, das kann sie sich inzwischen leisten.

Asta Nielsen möchte nie mehr unter Armut leiden. Ihr Vater, ein Schmied, starb, als sie vierzehn war, die Mutter brachte sich und die beiden Töchter als Wäscherin durch. Gegen den Willen der Mutter nahm Asta kostenlosen Schauspielunterricht, dann wurde sie sogar an der Schauspielschule des Königlichen Theaters in ihrer Heimatstadt Kopenhagen aufgenommen. Ihr Durchbruch kam 1910 mit dem Film *Abgründe*, und nach dem Krieg startete sie richtig durch: 1920 spielte sie eine Hosenrolle, Shakespeares *Hamlet*, und verlegte sich auf Literaturverfilmungen, darunter Schnitzlers *Reigen* oder Strindbergs *Fräulein Julie*. Schnell hatte Asta Nielsen begriffen, wie wichtig im Stummfilm die Großaufnahme war, bei der man die Gefühlsregungen der Darsteller wie unter einer Lupe erkennen sollte. »Alsbald galt ich als Pionierin des Genres, und ich habe mir das alles selbst beigebracht, ich hatte ja keine Vorbilder.«

Als sie 1925 *Die freudlose Gasse* mit Greta Garbo abgedreht hatte, ließ sich die Schwedin zu einem Kotau gegenüber der Kollegin hinreißen, deren Ausdrucks- und Wandlungsfähigkeit sie für unübertroffen hielt: »Verglichen mit ihr bin ich ein Nichts!« Der französische Dichter Guillaume Apollinaire hatte die Dänin begeistert als ›Vision des Trinkers‹ und als ›Traum des Einsamen‹ besungen.

Kein Wunder, dass Asta Nielsen Dirnentragödien wie *Die freudlose Gasse* glaubhaft spielen kann. Sie hat eine Tochter, die 1901 geborene Jesta. »Ein Kind zu haben, scheint mir ungeheuer wichtig; einen Ehemann zu haben, gar nicht so«, das war Asta Nielsens Ansicht, und sie entschied sich dagegen, den Vater ihrer Tochter zu heiraten. Seinen Namen hat sie nie jemandem verraten.

***

»Zurzeit wird in Babelsberg doch fast jeder Roman verfilmt«, sagt Trude Hesterberg zu Heinrich Mann, und sie hat ehrgeizige Hintergedanken dabei. »Hast du eigentlich schon mal daran gedacht, deinen *Professor Unrat* für das Kino umzuschreiben? Es ist doch überall die Rede davon, dass vor allem gute Literaten wie du qualitativ hochwertige Filmskripte verfassen sollten, zur Anhebung des künstlerischen Niveaus. Das wäre eine wichtige Mission.«

»Nein, nein«, lehnt Heinrich Mann unverzüglich ab, »keinesfalls.« Wie die meisten seriösen Schriftsteller hat er Angst, seinen guten Ruf zu ruinieren, wenn er vom Filmgeschäft verheizt wird, wenn sein Name im Abspann eines dürftigen, schlechten Streifens steht, in dem er seine literarische Vorlage nicht mehr wiedererkennt. »Da machen sie dann doch nur einen Kriminalreißer oder irgend so einen rosaroten Kitsch daraus, der mit dem Roman nicht mehr das Geringste zu tun hat.«

Kennengelernt haben sich Heinrich Mann und Trude Hesterberg 1927 am Lessingtheater in Berlin Mitte, wo die vielseitige Künstlerin in einem Stück von Ernst Toller und Walter Hasenclever Chansons des beliebten Friedrich Hollaender vortrug. Die Hesterberg inspirierte den Schriftsteller, und Heinrich Mann schrieb ihr – wiederum vertont von Hollaender – das Singspiel *Bibi* auf den Leib. Natürlich geht es darin um freie Liebe und unbeschwertes Leben im Hier und Jetzt, als gebe es kein Morgen. Das Stück kommt bei den Kritikern nicht gut weg, vor allem nach der Uraufführung im Berliner Palmengarten köchelt das Gerücht, dass der von seiner Frau Maria getrennt lebende Heinrich Mann die Berliner Sängerin und Kabarettkünstlerin mit dem tizianrot gefärbten Haar zu heiraten gedenke, zumal er sich gerade dauerhaft in der Hauptstadt niedergelassen hat, im bürgerlichen Westen in der Uhlandstraße.

»Aber, meine Liebe, warum interessierst du dich überhaupt so lebhaft dafür?«

Trude Hesterberg hält mit ihrem Ansinnen nicht lange hinterm Berg: »Die Rosa Fröhlich zu verkörpern, das wäre mein Traum, lieber Heinrich! Findest du nicht auch, dass die Figur geradezu maßgeschneidert für mich ist? Dieser freche, unverblümte Frauentyp, in dieser Rolle wäre ich in meinem Element!« Sie stemmt die Arme in die Hüften und reckt den Kopf nach oben, ganz als stehe sie bereits vor der Kamera.

»Gewiss, gewiss! Du würdest das großartig machen. Aber ich bezweifle, dass die literarische Qualität meines Romans und die Vielschichtigkeit meiner Charaktere auch auf die Leinwand übertragbar wären«, weicht der Schriftsteller aus. »Der Film ist doch lediglich eine technische Abart von Kunst.«

Aber Trude Hesterberg lässt so schnell nicht locker, schließlich ist es kein Geheimnis, dass Heinrich Mann selbst ein begeisterter Kinogänger ist. Sie erinnert ihren Freund daran, dass Emil Jannings bereits damit liebäugelt, die Rolle des alten Professors zu übernehmen. Kein Zweifel, sie macht keinen Hehl daraus, dass sie darauf brennt, an der Seite des frisch gebackenen Oscar-Preisträgers zu spielen. »Ich habe doch auch schon die Pompadour gespielt. Lieber Heinrich, kannst du denn nicht einmal über deinen Schatten springen, für mich?«

Aber hat die rote Trude, wie sie wegen ihrer Haare auch genannt wird, überhaupt eine Chance? Die Pompadour, das ist doch schon ein paar Jährchen her, ihre Rolle in diesem endlosen Historienschinken über Friedrich den Großen. Gut, Trude hat eine Gesangsausbildung und gerade mit einem Kaliber wie Heinrich George im Studio gestanden für *Der Sträfling aus Stambul*, das spricht für sie, aber ist sie mit ihren siebenunddreißig Lenzen nicht schon zu alt für die begehrte Rolle? Heinrich Mann weiß gut, dass sich etliche namhafte Schauspielerinnen, die derzeit auf den Theaterzetteln und den Wunschlisten der Regisseure in Babelsberg ganz oben stehen, um diese

Rolle reißen würden; so ein Früchtchen wie die Rosa Fröhlich, die er als literarische Figur erschaffen hat, ist als weibliches Rollenprofil derzeit sehr angefragt. Er hat diese frivole Rosa direkt aus dem Leben gegriffen, Damen ihres Schlages begegnet der Nachtschwärmer bei seinen Streifzügen durch die Berliner Bars, etwa im berüchtigten Kakadu, einem bei abenteuerlustigen einsamen Herren beliebten Halbwelt-Treff am Kurfürstendamm. »Nun gut, liebste Trude«, sagt Heinrich Mann beschwichtigend und legt der Hesterberg väterlich seinen Arm um die Schulter. »Wenn es denn wirklich so wichtig für dich ist, dann gebe ich den Stoff eben frei.«

***

Zum Richtfest in der Tannenbergallee erscheinen Architektenkollegen, sogar der viel beschäftigte Stadtbaurat Martin Wagner, und auch das Wetter spielt mit, windstill, kein Regen, man sitzt ohne Mantel draußen in lauer Berliner Luft. Marlene Poelzig hat die Arbeiter tags zuvor gebeten, im Garten Bierbänke und lange Holztische aufzustellen. Über dem von Kiefern umstandenen Haus mit dem Flachdach schwebt der Richtkranz, eine trinkfeste Männerrunde sitzt an einem der Tische, Bier fließt in Strömen, Likörgläser werden stetig nachgefüllt, ein Fotograf hält das Ereignis mit der Kamera fest. Die Architektin des neuen Hauses, Marlene Poelzig, sitzt als wichtigste Person des Tages am Kopf des Tisches, modischer Hut, helles Kostüm, sie setzt ein freundliches Lächeln auf, als die Kamera auf sie gerichtet wird. Das Haus in der Tannenbergallee ist ihr Werk, doch darauf muss sie leider immer wieder ausdrücklich hinweisen, wenn ihr Mann Hans an diesem

Tag dazu beglückwünscht wird: »Da haben Sie ja wieder was Schönes gemacht, Poelzig, da ist Musike drin!« Ein Kollege klopft ihm jovial auf die Schulter. Solche Gesten, denkt Marlene Poelzig, würden sie gegenüber einer Frau nicht machen.

Ein Journalist aus dem Zeitungsviertel ist auch gekommen, wenn Poelzig baut, ist das immer eine Meldung wert. »Haben Sie sich an den Dessauer Meisterhäusern orientiert?«, fragt er. »Das neue Haus scheint ebenso puristisch angelegt zu sein.«

Poelzig verzieht keine Miene und spricht wie gedruckt: »Eine neue sachliche Schönheit zieht herauf, die ohne Frage gerade auch in den Industriebauten selbst ihren machtvollsten Ausdruck findet. Aber bei der Glorifikation des Technischen freut man sich nur zu leicht an jedem Gasrohr und Heizkörper, an jeder Beton-Konstruktion, bringt alles so unverhüllt wie möglich zum Ausdruck und meint, damit hätte man seine Modernität bewiesen.« Der Journalist schreibt hastig mit, begierig, jedes Wort des Meisters aufs Papier zu bannen. Poelzig nimmt einen ordentlichen Schluck Bier, räuspert sich, dann entfährt ihm noch ein Satz: »Der Gropius macht zu viel Radau um sein Bauhaus.«

Der Journalist schreibt auch das mit. Gerade aus diesem Satz lässt sich doch eine Geschichte machen, ein Kampf der Giganten, eine Geschichte von Goliath und dem David der nachfolgenden Architektengeneration.

Marlene Poelzig hat die ganze Zeit aufmerksam zugehört, wirft ein, dass das Bauhaus zwar Maßstäbe setze, *form follows function*, sich selbst eine Kathedrale des Sozialismus nenne, aber keine Kirche sei, der man angehören müsse, um als Architekt auf der Höhe der Zeit zu sein.

»Gnädige Frau«, so der Journalist, »sind die Pläne für die Wirtschaftsräume, für die Küche und die Kinderzimmer zu Ihrer Zufriedenheit ausgefallen?«

Jetzt ist der Moment gekommen, wo Marlene Poelzig mit aller Entschiedenheit etwas klarstellen muss, wenn ihr Mann es schon nicht macht: »Ja, ich bin höchst zufrieden«, sagt sie, »mit allen Räumen des Hauses, denn die Pläne dafür stammen zu einhundert Prozent von mir selbst. Ich hatte die Gesamtplanung inne.«

Der Journalist runzelt die Stirn und begreift immer noch nicht: »Ah, gnädige Frau, Sie sind auch im Baubüro Poelzig tätig …«

»Sehr recht. Ich bin Frau Professor Poelzig, Marlene Moeschke-Poelzig.« Es fällt ihr gar nicht so leicht, sich mit diesen Worten vorzustellen. Allein, dass sie es immer wieder ausdrücklich tun muss, klingt in ihren eigenen Ohren leider so, als würde sie mit dem akademischen Titel und ihrer Arbeit angeben wollen. Aber wenn dieser Zeitungsmensch etwas über die Küche hören will, dann kann er das haben. »Die Küche des Hauses ist nach neuesten Standards konzipiert«, sagte Marlene Poelzig. »Margarete Schütte-Lihotzkys prototypische Frankfurter Küche von 1926 hat da Maßstäbe gesetzt. Die Hausfrau kann von einem Drehhocker aus mit wenigen Handgriffen alle Gerätschaften betätigen, es gibt sogar einen Küchenbalkon.«

»Ach ja, die Küche, das Reich der Hausfrau.« Der Journalist erinnert an das schöne Buch von Bruno Taut, *Die neue Wohnung. Die Frau als Schöpferin*, das vor fünf Jahren erschienen ist.

»Der fortschrittliche Mann macht sich freilich Gedanken darüber, wie die moderne Frau ihren Alltag am besten bewältigen kann«, sagt Marlene Poelzig. »Das ist gut gemeint, aber hier ist es doch der männliche Verfasser, der den Frauen ihren Platz zuweist. Heutzutage geht es aber vielmehr darum«, sagt sie vorsichtig, »dass die Frauen ihr Schicksal selbst in die Hand nehmen. Dass die Geschlechter auf Augenhöhe über Entscheidungen sprechen können. Wollen Sie das nicht mitschreiben?«

Natürlich kennt Marlene Poelzig das Buch über *Die Frau als Schöpferin* von Bruno Taut. Dieses Weiblich-Schöpferische besteht für ihn vor allem im Ausmisten. Die Hausfrau soll sich vom alten Plunder befreien, der die Wohnungen verstopft, vom Ölschinken mit Hirsch überm Kanapee, den Rüschengardinen am Fenster, von allem Nippes und Omas Häkeldeckchen, auf dem er steht, gleich mit. Tauts Buch hatte eine lebhafte Debatte ausgelöst. Als seltsam lebensfern hatte Erna Meyer es kritisiert. Jene Erna Meyer, die Marlene Poelzig aus der Zeit der Weißenhof-Planungen kennt, eine promovierte Nationalökonomin, der die Gestaltung der neuartigen so genannten Stuttgarter Küche für die Werkbund-Siedlung oblag. Erna Meyer hatte 1926 selbst ein Buch geschrieben, das inzwischen als Standardwerk gilt, *Der neue Haushalt. Ein Wegweiser zu wirtschaftlicher Haushaltsführung.*

Marlene Poelzig weist den Journalisten auf diesen Titel von Erna Meyer hin: »Bei der Küche darf man einen Aspekt nicht außer acht lassen. Den Status der modernen Hausfrau. Erna Meyer schreibt, heute sei ›die Frau überhaupt erst dazu erwacht, ihre Hausfrauenarbeit als Berufsarbeit zu begreifen, deren Wert und Würde keiner anderen außerhäuslichen irgendwie nachsteht.‹ Ziel sollte es ihrer Meinung nach sein, die Abläufe im Haushalt ebenso effizient wie die in Fabriken zu organisieren. Doch vor allem bestimmt das Bewusstsein das hausfrauliche

Dasein: ›Ob sie Sklavin ihrer Pflichten oder schöpferische Meisterin ist – das macht einen gewaltigen Unterschied für sie selbst, ihre Familie und damit für das Ganze unseres Volkes.‹ Schreiben Sie das!«

Artig wie ein Schuljunge notiert der Journalist jetzt Marlene Poelzigs Sätze. »Das ist doch ein schönes Schlusswort«, sagt er. »Danke für das Gespräch, Frau Professor!«

Der Richtkranz schaukelt sanft im Wind überm Flachdach. Aus den hohen Kiefern, die das Grundstück umstehen, dringt das freche Geschrei von Eichelhähern. Das neue Haus ist eine friedliche Oase inmitten der waldigen Natur, die sich dieses expandierende, explodierende Berlin mit seinen rauchenden Schloten und überlaufenen Verkehrskreuzungen immer noch bewahrt hat.

»Und wann werden Sie hier einziehen können?«, fragt Stadtbaurat Martin Wagner und taxiert die unverputzten Wände.

Hört Marlene Poelzig da etwa Zweifel am Fortschritt der Bauarbeiten heraus, die unter ihrer Leitung vonstattengehen? Sie kann sich kaum solcher Hintergedanken erwehren. Ständig muss man als Architektin männlichen Blicken standhalten, die Bände sprechen. Warum glauben die Herren der Schöpfung, dass Frauen nicht rechnen können? Wie viele Gegenbeweise brauchen sie noch? Hat nicht erst vor Kurzem die Mathematikerin Emmy Noether eine Professur für abstrakte Algebra angetreten?

»Weihnachten werden wir schon in den eigenen vier Wänden feiern können«, gibt Marlene Poelzig dem Stadtbaurat zur Antwort, ihr Mann nickt zustimmend.

August

*Edith Jacobsohns Autor Erich Kästner vermisst die Berolina *** Lotte Jacobi kauft eine Leica *** Clärenore Stinnes vertont einen Film *** Valeska Gert unter Menschen am Sonntag*

1929 hat Edith Jacobsohn die Übersetzung eines Unterhaltungsromans von Margaret Kennedy abgeschlossen, *Red Sky at Morning* erscheint unter dem Titel *Zuflucht* im Hamburger Verlag Gebr. Enoch. Erneut zeigt sich Jacobsohns gutes Gespür für publikumswirksame Bücher. Schon 1925 hatte sie Kennedys Roman *The constant Nymph – Die treue Nymphe*, einen Undinen-Stoff, ins Deutsche übersetzt. Inzwischen zählt das gleichnamige Stück zu den erfolgreichsten, das im Londoner Westend gespielt wurde. Vergangenes Jahr ist aus der Romanvorlage sogar ein Film geworden.

Diesen Sommer ist besonders ein Buch, das Edith Jacobsohn 1928 im eigenen Verlag herausgegeben hat, beliebte Ferienlektüre für Groß und Klein: *Hurra Ferien! Ein Reisebuch für unsere Jugend.* Das titelgebende Gedicht hat Kurt Tucholsky alias Theobald Tiger geschrieben:

»Hast du dies Buch in deiner Hand:
Hurra! dann gehts ins Ferienland!

Endlich mal raus aus den staubigen Straßen –
endlich die Schule hinter sich lassen –
endlich mal raus aus dem Großstadtgeschrei –
hinein in die Ferien! – Seid ihr dabei?
Hinaus in die Berge, zum Strand, hinaus … !«

Tucholskys Versen folgen Tipps für den Zeitvertreib bei Regenwetter und Anregungen fürs Reisetagebuch sowie Beiträge anderer Autoren, darunter auch der Brite Hugh Lofting. Anfang August kommt der Schöpfer des *Doktor Dolittle* sogar persönlich nach Berlin, um im Radio mit dem Autor und Rundfunkpionier Hermann Kasack über sein Buch und sein Weltbild zu sprechen. Außerdem wird er »interviewt von seiner getreuen Übersetzerin und Verlegerin E.L. Schiffer«, wie im Programm angekündigt. Lofting spricht darüber, dass für sämtliche Geschöpfe auf der Erde die gleichen Rechte gelten müssten. Der Kriegsveteran, der an der Front in Flandern kämpfen musste, trat nach 1918 als glühender Verfechter von Friedensprojekten auf. »Er schrieb, wie sich aus diesem Gespräch ergab, die *Dolittle*-Geschichten während des Krieges für seine Kinder, und die Lust zu fabulieren war dafür ebenso Anlass wie die Empörung über die Schrecknisse des Krieges, zumal die Tieren zugefügten. Und dann wurde eines der Hörspiele aufgeführt, in denen Frau E.L. Schiffer und Hermann Kasack die Transposition dieser Märchenwelt für den Rundfunk versuchen. Von ihnen ist in erster Linie das notwendige Grundgesetz erkannt: größte Einfachheit in der Behandlung des Gegenstandes. […] So entstand im Rundfunk ganz richtig die Poesie und wahre Naivität dieser Tier- und Menschenmärchen wieder, deren Wirkung an keine Altersstufe gebunden ist, und weil sie sich himmelweit entfernt von jener affektierten Kindlichtuerei, die lange Zeit in den Kinderstunden des Rundfunks dominierte.«

Keine Frage, Jacobsohns Konzept geht auf. Die Radiosendung verhilft *Doktor Dolittle* und damit der Übersetzung aus ihrem Verlag zu weiterer Verbreitung.

Auch mit Erich Kästner hat Edith Jacobsohn aufs richtige Pferd gesetzt, ihr Pegasus hat Flügel. Kästner kann seiner Verlegerin berichten, dass er mit dem Emil-Roman schon fast fertig ist. Das Café Josty hat sich geleert, selbst das Haus am Potsdamer Platz. Die Berliner verbringen die Hundstage an der Ostsee, ihrer Badewanne. Heinrich Mann schwärmt vom beschaulichen Berliner Vorort Heringsdorf, wohin er am liebsten fährt, ins Strandhotel mit Trude Hesterberg. »Ahlbeck und Swinemünde kennen vergleichsweise ein neuzeitliches Gewimmel«, schreibt er in einem Essay. An der Ostsee weilen auch Marlene Dietrich und Töchterchen Maria, Walter Benjamin hält sich indes im toskanischen San Gimignano, Tucholsky in Schweden auf, Brecht ist nur kurz nach Augsburg gefahren, in Berlin laufen die Proben für das neue Stück *Happy End*. Erich Kästner, der wegen *Emil* auf eine Reise ins Gebirge verzichtet hat, trifft derzeit hauptsächlich auf Nicht-Berliner, Leute aus der Provinz, aus Pommern oder dem Bayerischen Wald, die zum ersten Mal in der Hauptstadt sind. Was haben sie nicht alles in den Zeitungen gelesen, von Straßenschlachten im Blutmai, vom gefährlichen Autoverkehr Unter den Linden, von den Brüdern Sass und von Taschendieben. Vor allem fürchten sie sich vor den berüchtigten Einheimischen, den frechen Berlinerinnen mit der kessen Lippe! Kästner wäre kein Dichter, wenn ihm zum *Besuch vom Lande* nicht umgehend ein paar Zeilen einfallen würden:

»Sie stehen verstört am Potsdamer Platz.
Und finden Berlin zu laut.
Die Nacht glüht auf in Kilowatts.
Ein Fräulein sagt heiser: ›Komm mit, mein Schatz!‹
Und zeigt entsetzlich viel Haut.
Sie wissen vor Staunen nicht aus und nicht ein.
Sie stehen und wundern sich bloß.
Die Bahnen rasseln. Die Autos schrein.
Sie möchten am liebsten zu Hause sein.
Und finden Berlin zu groß.
Es klingt, als ob die Großstadt stöhnt,
weil irgendwer sie schilt.
Die Häuser funkeln. Die U-Bahn dröhnt.
Sie sind alles so gar nicht gewöhnt.
Und finden Berlin zu wild.
Sie machen vor Angst die Beine krumm.
Sie machen alles verkehrt.
Sie lächeln bestürzt. Und sie warten dumm.
Und stehn auf dem Potsdamer Platz herum,
bis man sie überfährt.«

Viele Touristen suchen eine prominente Berlinerin allerdings vergeblich auf dem Alexanderplatz, die Berolina. Die füllige Schutzheilige hat ihren Posten vorm Kaufhaus Tietz verlassen müssen und fristet seit 1927 ihr Dasein in einem dunklen Schuppen in Treptow. »Na, wejen die Bauarbeiten«, bekommen sie von einem Passanten zur Antwort. Kästners *Weltbühne*-Kollege Tucholsky hat eine böse Vorahnung:

»Ick stehe da und streck die Hand aus;
der Alexanderplatz, der is perdü!

Ick seh noch alle Tage elejant aus –
ick hab nur vorne hab ick zu viel Schüh!
Nu muss ick jehn. Nu wert a balde lesen:
Mir hamse injeschmolzn. Laßt ma ziehn!
Ick hab euch jern. Es wah doch schön jewesen:
als Wappen von die olle Stadt Berlin –!«

Um die gewichtige Dame sorgt sich nicht nur Tucholsky, sondern auch Döblin in seinem Roman *Berlin Alexanderplatz*: »Alles ist mit Brettern belegt. Die Berolina stand vor Tietz, eine Hand ausgestreckt, war ein kolossales Weib, die haben sie weggeschleppt. Vielleicht schmelzen sie sie ein und machen Medaillen draus.«

Unheilvoller als das Verschwinden der Berolina vom Alexanderplatz ist die Nachricht von gewaltsamen Ausschreitungen der SA in Nürnberg, bei denen auch jüdische Ladenlokale zerstört werden. Am 4. August findet in der mittelalterlich anmutenden fränkischen Stadt der vierte Reichsparteitag der NSDAP statt. Was dort vor der Kulisse einer nagelneuen Ehrenhalle für die Nürnberger Weltkriegsgefallenen beschlossen wird, ebnet den Weg in eine Diktatur: künftig keine Abstimmungen mehr in der Partei, Hitler allein bestimmt über Ämter und Posten. Damit ist auch beschieden, dass es innerhalb der NSDAP keine eigene Frauenorganisation geben wird. Die deutsche Frau, welch noble Aufgabe, hat vor allem ›Helferin im Kampfe des Mannes‹ zu sein.

***

Ein trauriges Ereignis reißt die Berliner aus ihrer Sommerlethargie. Heinrich Zille, der populäre Zeichner des

Berliner ›Miljöh‹, der im Mai einen Schlaganfall erlitten hat, stirbt am 9. August 1929. »Nur nicht lange unnütz herumliegen müssen«, dieser letzte Wunsch war ihm nun erfüllt worden. Die Zeitungen sind voller Nekrologe, in der *Weltbühne* dichtet Kurt Tucholsky alias Theobald Tiger: »Du kennst den janzen Kleista –, den ihr Schicksal: Stirb oda friss!/Du wahst ein jroßa Meista. Du hast jesacht, wies is.«

Zilles Ehrenbegräbnis am 13. August auf dem Südwestkirchhof Stahnsdorf wohnen rund zweitausend Trauernde bei. Das *Berliner Tageblatt* berichtet: »Lange vor 12 Uhr begann die lange Auffahrt der Wagen, und bereits am frühen Morgen hatte eine kleine Völkerwanderung eingesetzt, die zum Ziele die Kapelle des Südwestfriedhofes hatte, in der die Trauerfeier für Heinrich Zille um 12 Uhr begann. Ganz von Blumen und Kränzen überdeckt, stand in der Mitte der Halle der Sarg, um den sich die zahlreichen Vertreter der städtischen und staatlichen Behörden und die Abgesandten vieler Künstlerorganisationen und mit den Freunden des Toten Tausende von denen versammelten, denen Zille im Leben gehört hatte, die der Inhalt seiner Kunst waren. Einfache Leute, Männer, Frauen und Kinder, viele mit kleinen Blumensträußen in der Hand, die sie dem Meister Zille als letzten Gruß aufs Grab legen wollten.« Streicher des Philharmonischen Orchesters spielen, es sprechen Oberbürgermeister Böß und Vertreter der Preußischen Akademie der Künste. Ein Hohn, denkt Lotte Jacobi, dass Zille einst wegen seiner ungeschönten Impressionen aus dem Berliner Proletariermilieu aus der Fotografischen Gesellschaft ausgeschlossen worden ist. Daran will sich jetzt am Grab keiner der Repräsentanten mehr erinnern.

Lotte Jacobi ist unterwegs zu Foto-Hess in der Charlottenburger Kaiser-Friedrich-Straße. Längst wollte sie wegen einer neuen Kamera in den Laden, doch die Arbeit ließ ihr keine Zeit. Jetzt im August sind die Kunden verreist, die Theater in der Sommerpause, endlich macht sie sich auf den Weg. Mit ihrer Ermanox 9×12 ist sie zufrieden, dieser hoch entwickelten Plattenkamera, mit der man auch nachts und in Innenräumen ohne Blitzlicht fotografieren kann, also ideal für Theateraufnahmen. Seit 1925 ist aber eine noch handlichere kleine Sucherkamera der Firma Leitz auf dem Markt, wunderbar geeignet für Lotte Jacobis Zwecke, die Leica. Ihre Schwester Ruth, inzwischen in den USA, hat sich bereits eine zugelegt. Unbestrittener Vorzug dieses Apparates ist, dass man von den Negativen auch stärkere Vergrößerungen in guter Qualität anfertigen kann.

Viele Drogerien führen kleine Kameras mitsamt technischem und chemischem Zubehör. Hell läutet die Ladenglocke, als Lotte Jacobi die Räume von Foto-Hess betritt. Drinnen riecht es streng nach Kernseife und lieblich nach Blumen. Lotte Jacobis Blick fällt auf das Werbeplakat der Kosmetikfirma Elida an der Wand: ›Unsere deutschen Mädchen – Rosen im Schnee! Strahlend in Jugend und Schönheit – geschützt durch Elida Weiße Rose Creme.‹ Schnell ist klar, dass die Kundin, die soeben den Laden betreten hat, weder Haushaltswaren noch Parfümerieartikel kaufen will, der Inhaber kennt sie längst. Vorbei die Zeiten, da er schmunzelnd fragte, ob sie sich mit Technik auskenne. Ein Mitarbeiter im weißen Laborkittel weist Lotte Jacobi mit ausgestrecktem Arm den Weg durchs Spalier der Regale mit Waschmitteln und Putzschwämmen: »Gnädige Frau, folgen Sie mir bitte!«

Die Abteilung mit Fotoapparaten und Chemikalien fürs

Entwicklungslabor befindet sich in den hinteren Räumen des Geschäfts. An einem Metalltisch sitzt ein Mitarbeiter im weißen Kittel wie in einem Labor, er schraubt an Kameragehäusen herum und reinigt mit einem winzigen Pinsel Objektive.

»Die neue ausgefeilte Technik der Leica kann die Fotografie komplett verändern«, holt der Drogeriebesitzer begeistert aus. »Durch ihre minimale Größe und den Sucher, den man sich nur vors Auge halten muss, sind Schnappschüsse möglich und damit eine ganz neue Form der Dokumentaraufnahme.«

»Damit beginnt auch eine neue Ära der Nachrichtenübermittlung«, sagt Lotte Jacobi. »Wenn man bedenkt, dass es noch gar nicht so lange her ist, seit Zeitungen überhaupt Fotografien drucken!«

»Vor allem kann bald jedermann fotografieren und seine Sicht auf die Welt dokumentieren«, sagt der Verkäufer. »Es ist keine unhandliche Ausrüstung mehr vonnöten, und das Entwickeln übernehmen wir von Foto-Hess selbstverständlich in unserer Dunkelkammer.«

Der Verkäufer hat einen Fotoapparat aus einem Schrank genommen und Lotte Jacobi gereicht. Die Leica ist wirklich klein und leicht wie ein Vögelchen, das Aluminiumgehäuse glänzt. Lotte Jacobi prüft das Gewicht, führt die Kamera vors Auge.

»Die Leica wiegt nur 475 Gramm, Objektiv fest eingebaut. Kostenpunkt 240 Reichsmark«, sagt der Mann. Von der viel beschworenen Demokratisierung des Fotografierens und vom Massenprodukt ist man noch weit entfernt. Das kleine Foto-Wunder, wie Leitz sein Produkt bewirbt, hat seinen Preis.

Lotte Jacobi fragt nach Brennweite und Lichtstärke,

dem Schlitzverschluss, der anastigmatischen Linse und dem Filmmaterial.

»Vierzig Aufnahmen auf einer Spule. Dazu empfehle ich den Panorama-Stativkopf und den Winko, ein praktischer Winkelsucher zum unauffälligen Fotografieren aus einem anderen Winkel, sozusagen um die Ecke.«

»Ich glaube, um inkognito fotografieren zu können, müsste ich mir eine Tarnkappe aufsetzen«, sagt Lotte Jacobi. Sie gehört inzwischen zu den bekannten Persönlichkeiten der Stadt, zumindest im neuen Westen.

Der Drogerieverkäufer greift zu einem Schlüssel und sperrt einen Stahlschrank auf, wo seine Schätze verborgen sind. »Vielleicht interessieren Sie sich auch für das Modell der Kamera Leitz Elmar 3,5/50 mm. Wird seit Kurzem auch in einer vergoldeten Ausführung angeboten, das Gehäuse ist mit Eidechsenhaut bezogen. Als Zubehör kann ich Ihnen einen vergoldeten Entfernungsmesser und eine Bereitschaftstasche aus Eidechsenleder anbieten.«

Es hat sich herumgesprochen, wie gut Lotte Jacobis Atelier läuft, leisten könnte sie sich die Luxusausführung locker, auch wenn sie doppelt so teuer ist wie die Leica aus Aluminium. Aber was soll sie mit einer Edelkamera im Arbeitertheater, Gold und Eidechsenleder, nein, das passt wirklich nicht. Und die himmlische Boheme, die sie in ihrem Studio vor die Linse bekommt, lässt sich durch solch irdischen Glanz sicher auch nicht beeindrucken. »Nein, danke, das sind Äußerlichkeiten. Es geht mir um ein gutes Objektiv, um die optimale Funktion des Geräts«, sagt Lotte Jacobi sachlich, »und die ist mit oder ohne Gold und Leder gleich.«

»Die Firma Leitz hat nur fünfundneunzig Stück davon produziert«, wirbt der Verkäufer, »eine absolute Rarität.«

Lotte Jacobi zeigt sich unbeeindruckt, konzentriert untersucht sie die Alu-Kamera, richtet das Auge durch den Sucher auf ein paar Schräubchen auf dem Arbeitstisch, an dem der Mitarbeiter im Kittel immer noch Apparate reinigt. »Wie viele Filme haben sie dazu vorrätig?«

Der Verkäufer verbannt die goldene Leica wieder in den sicheren Stahlschrank und schließt ihn ab. Von einem Regalbrett zieht er einen fast vollen Karton mit Filmspulen. »Ich denke, dieser Vorrat reicht fürs Erste.«

»Ich zahle in bar«, sagt Lotte Jacobi, folgt dem Verkäufer an den Putzmittelregalen vorbei wieder nach vorn und reicht Scheine über den Ladentisch. Als die Leica in ihrer Handtasche verschwindet, kaum größer als Portemonnaie und Puderdose darin, als die Ladenglocke wieder hell erklingt, läutet sie eine neue Ära für Lotte Jacobi ein. Nächstens werde ich nochmal einen Termin mit Zuckmayer machen, denkt sie. Carl Zuckmayer wurde am 11. August, das ist auch der mit Feiern und Festakten begangene zehnte Jahrestag der Weimarer Verfassung, der Georg-Büchner-Preis verliehen. Sicher braucht er ein neues, aktuelles Porträt.

***

Nein, nicht ganz Berlin ist ausgeschwärmt. Jene beiden, die gerade erst von ihrer langen Auto-Tour zurückgekommen sind, haben kein Bedürfnis, schon wieder aufzubrechen, jedenfalls nicht gleich. Clärenore Stinnes und Carl-Axel Söderström haben genug zu tun, sie arbeiten an der Bilddokumentation ihrer spektakulären Fahrt. Im Gepäck haben die Weltreisenden Söderströms Filmaufnahmen aus aller Herren Länder. Nun geht es ans Arrangieren der

Materialfülle, die Leute sollen sich bald ein Bild davon machen können, wie es ihnen in der Fremde ergangen ist. Sie sichten Bänder, montieren anschauliche Szenen, der surrende Projektor zeigt die Resultate. Stinnes möchte mehr von den dramatischen Situationen in Gefahr, Söderström wünscht sich, ethnologisch wertvolle Aufnahmen in den Vordergrund zu bringen, die Eingeborenen in Großaufnahme. Am Ende kommen sie stets auf einen Nenner, auch jetzt sind die Reisegefährten ein perfektes Team, Szene um Szene fügt sich zum stimmigen Ganzen, in Kürze kann das Roadmovie in den Kinos gezeigt werden. Der Film *Im Auto durch zwei Welten* ist noch im August fertiggestellt.

Aber wer eine Weile aus dem rasanten Berlin verschwindet, kann ganz schön was verpassen: Vor allen Dingen hat die Tontechnik das dynamische Duo überholt; inzwischen haben die Menschen auf der Leinwand das Sprechen erlernt. Ein jeder, ob Verleih, Produzent oder Regisseur, will das Prädikat ›erster Tonfilm‹ neuerdings für sich in Anspruch nehmen. Schon *Ich küsse Ihre Hand, Madame* im Januar war mit der Einspielung des Titelsongs als solcher angepriesen worden. Bald darauf, am 12. März 1929, war in Berlin der erste mit vierzig Minuten längere deutsche Tonfilm gelaufen, *Melodie der Welt* von Walther Ruttmann, allerdings war der auch nur im Nachhinein mit Tönen unterlegt worden – *The Jazz Singer* und *Singing Fool* mit Al Jolson von 1928 waren die ersten Filme mit integrierten Musikeinspielungen. Für den 30. September wird nun Carmine Gallones fast zwei Stunden dauernder Tonfilm *Das Land ohne Frauen* als ›der erste abendfüllende deutsche Tonfilm‹ annonciert.

»Wir hätten es uns denken können«, sagt Söderström, »schon seit *The Jazz Singer* ist sonnenklar, dass die letzten

Stunden des Stummfilms geschlagen haben. Und seit das Radio die Welt erobert, ist das Publikum ohnehin auf die neuesten Filmproduktionen mit Ton neugierig, da können die Tonfilmgegener so viel unken wie sie wollen.«

»Also worauf warten wir«, so Stinnes, »wir müssen die Bilder nachträglich mit Musik und Kommentaren unterlegen.«

»So gesehen, waren wir wirklich zu früh dran mit unserer Reise«, sagt Söderström. »Wie grandios, wenn wir jetzt Originaltöne hätten! Das bösartige Gebell der wilden Hunde, die Trommeln der Eingeborenenstämme, die aufgeregten Stimmen der Kinder, denen wir Süßigkeiten angeboten haben.«

»Oder die Schiffssirenen im Hafen von New York, das Pfeifen des Windes auf den Gipfeln der Berge im Vorderen Orient.«

»Der Chor der verschiedenen Vogelstimmen in den Dschungeln Südamerikas«, sagt Söderström. »Und auf dem zugefrorenen Baikalsee das knackende Eis unter den Autoreifen.«

»Das Motorengeheul, als wir mit unserem Adler über die Kordilleren gebraust sind!« Clärenore Stinnes spricht von ihrem Auto wie von einem treuen Geliebten. »Das Schnurren der Fließbänder in der Fabrik von Henry Ford! Musik in meinen Ohren!«

»Genau so muss es rüberkommen«, sagt Söderström. »Der Ton muss die ganze Begeisterung für unsere Unternehmung wiedergeben. Bei nahender Gefahr muss es so richtig daramatisch klingen.«

Sie beenden ihr begeistertes Duett und machen sich sofort wieder an die Arbeit. Clärenore Stinnes wirft sich in ihre Reisekleidung, weiße Bluse, Schlips, Knickerbocker, so präsentiert sie sich vor Söderströms Kamera. Sie setzt ein wild entschlossenes Gesicht auf, als sie mit metallischer Stimme kommentiert: »Läuse und Kakerlaken liefen die ganze Nacht in meinem Bett um die Wette.«

»Sollen wir das auch erzählen?«, fragt Söderström.

»Russland versank in Regen. Und die Wege verwandelten sich in Morast.«

»Erzähl von der Wüste Gobi und den Räuberbanden, von der Überquerung der Anden, das war doch ein einziger Alptraum.«

»Mit Dynamit mussten wir uns die Wege ins Freie sprengen. Mit Flaschenzügen die Gipfel nehmen. Bei der Überwindung der peruanischen Kordilleren vollführte Söderström einmal eine wahre Todesfahrt über einen steilen Abhang.«

Söderström nickt zustimmend.

»Alles Leid und alle Qualen versinken im Strudel des Übermutes und des Vergessens. New York erwartet und feiert uns. Und, bildlich gesprochen, kommt erst das Auto und dann der Weg. Es kommt aber nie erst eine Straße und dann ein Auto.« In salopp-hemdsärmeligem Tonfall berichtet die Automobilistin von Fahrten mit dampfendem Kühler und brennendem Motor durch die Mongolei, auf der Flucht vor wilden Hunden oder vor den Hunghutzen, Deserteuren aus der chinesischen Armee, dafür berüchtigt, mit Eindringlingen kurzen Prozess zu machen. Ein echtes Husarenstück diese Weltreise, deren größter Held für Clärenore Stinnes feststeht, das treue, niemals murrende Vehikel auf vier Rädern. »Auf der Fahrt durch das Taurus-Gebirge«, so Stinnes, »trafen wir wiederholt auf Automobile, meist Ford-Wagen, die genauso unsachlich und schlecht behandelt wurden wie die kleinen Esel.«

Die eindrucksvollen Dokumentaraufnahmen aus fremden Welten, die ungläubigen Gesichter der Menschen, die das Auto wie aus dem Nichts auftauchen und wieder verschwinden sehen, gehüllt in eine dicke Staubwolke auf unwegsamer Straße, all das wird unterlegt mit Musik, die das Drama verstärkt. Und natürlich stimmt Stinnes erneut das Lob des Erfinders Henry Ford, ganz Amerikas und seines sozialen Fortschritts an: »Jeder Arbeitswillige besitzt sein Haus, ein Auto, Radio, Grammofon und hat keine Sorgen um das tägliche Brot.«

Am Film muss immer noch gefeilt werden, doch das Buch zur Expedition rund um den Globus erscheint noch 1929 in Berlin, es heißt wie der Film *Im Auto durch zwei Welten*. Ein Satz von Clärenore Stinnes, der für alle Welt darin zu lesen ist, geht vor allem Carl-Axel Söderström zu Herzen: »Uns hätte man in der Südsee aussetzen können oder in Grönland. Wir haben uns überall verstanden.«

***

Der U-Bahnhof Krumme Lanke ist noch nicht in Betrieb, Fliesenleger verkleiden die Wände der Empfangshalle mit blaugrünen Kacheln. Die meisten Ausflügler, die hinunter zu den Berliner Seen wollen, nehmen die S-Bahn. Am Schlachtensee leeren sich die Wagen, Scharen laufen die Hangwiese zum Wasser hinunter, am Nikolassee steigen weitere Fahrgäste aus, bis schließlich die letzten Passagiere an der Endstation mit Kind und Kegel zum Wannseeufer streben. Das Strandbad ist derzeit nur eingeschränkt nutzbar, dort wird noch gebaut, Gebäude für den Massenandrang aus der Stadt und den neuen Siedlungen, die innerhalb der letzten Jahre im grünen Südwesten

Berlins entstanden sind. Auf dem See ziehen Segelboote dahin, vom großen Biergarten am S-Bahnhof her riecht es nach Kaffee und frisch gebackenem Kuchen.

In diesem Sommer können Sonntagsausflügler eine geschäftige Truppe am Wannsee beobachten, die mit Kamera, Koffern voller Klamotten und Requisiten sowie etwas Proviant zur Stärkung unterwegs ist. Den Ton geben drei junge, experimentierfreudige Filmleute an: Robert Siodmak, Edgar Ulmer und Billy Wilder. Als Kameramänner sind Fred Zinnemann und Eugen Schüfftan dabei, der schon an Fritz Langs *Metropolis* mitgearbeitet und ein sensationelles Aufnahmeverfahren mithilfe von Spiegeln entwickelt hat. Zur Gruppe gehören vier Darsteller, von denen aber nur Christl Ehlers Schauspielerfahrung hat. Sie hat es schon häufiger zur Komparsin gebracht; die Tochter des Bildhauers Alfred Ehlers und der Wiener Harfenistin Alice Ehlers, die sich vor allem durch Bach-Interpretationen einen Ruf erworben hatte, ist im musischen Milieu zuhaus. Die anderen drei Akteure sind blutige Amateure, der Taxifahrer Erwin Splettstößer und der Weinreisende Wolfgang von Waltershausen sowie das Ladenfräulein Brigitte Borchert, die am Tauentzien Schallplatten verkauft. Sie alle sollen sich im Film selbst spielen. Wilder und Siodmak wollen keine Stummfilmgesichter. Anweisung der Regisseure: »Bewegt euch so, wie ihr es im Alltag auch machen würdet. Keine übertriebenen Grimassen! Keine weit aufgerissenen Augen à la Asta Nielsen! Keine plakative Dramatik! Und bloß nicht rumwackeln wie Charlie Chaplin. Wir versuchen eine ganz neue Ästhetik des Stummfilms, unaufgeregt und realistisch.«

Das Projekt, dem die Beteiligten ihren heiligen Sonntag opfern, heißt – wie könnte es anders sein – *Menschen am Sonntag.* Die Idee: Vor der Kamera agieren typische Berliner, mit denen sich der ›kleine Mann‹ identifizieren kann. Das ist auch der Grund, warum die Regisseure die Rollen nicht mit Berufsschauspielern, sondern konsequent mit Laiendarstellern besetzt haben. Da sie alle einer Alltagsarbeit nachgehen und keinen Urlaub nehmen können, bleibt zum Drehen nur der Sonntag. Die Handlung ist schlicht und ergreifend, ersonnen von Robert Siodmaks Bruder Curt: »Ein junger Mann trifft ein hübsches Mädchen in einer U-Bahn und verabredet sich mit ihr für den kommenden Sonntag. Sie bringt ihre Freundin mit, er seinen besten Freund. Das zweite Mädchen ist hübscher als das erste, und zwischen den jungen Leuten baut sich Spannung auf, weil Junge 1 mit Mädchen 2 Liebe macht.«

Einige wenige Szenen des Films spielen in einer Berliner Bude, mangels Budget können sich die Regisseure kein Studio leisten, und so setzen sie alles auf authentische Außenaufnahmen. Zum Glück spielt das Wetter mit, da man jedoch nicht wissen kann, wann es umschlägt, ist Eile geboten. Billy Wilder hält den Fortschritt des Films in einem Essay fest: »Im Fiebertempo arbeiteten wir drauflos. Haben uns von einem Bäcker in Nikolassee einen wackligen Karren ausgeliehen und schleifen darauf die Apparate durch den Sandstrand. Stehen vierzehn Stunden an der Kamera und packen alle ordentlich an. Halten uns selbst die Blenden, knien den ganzen Tag im See, und wenn uns der Hitzschlag droht, dann stecken wir eben die Köpfe ins Wasser.«

Menschen am Sonntag wird durch die Improvisation auch zur großen Liebeserklärung an Berlin. Drehorte sind der Bahnhof Zoo, wo man sich im Verkehrsgetümmel unter der großen Uhr verabredet, der Tiergarten, durch den die Berliner ›bis in die Puppen‹ der Siegesallee pilgern, der sonntäglich menschenleere Hausvogteiplatz im Konfektionsviertel, der Bahnhof Nikolassee früh um zehn, das Wannseeufer. Schon auf dem Weg hierher hat Schüfftan die Kamera auf die strömenden Massen gerichtet. Nun picknickt das Darstellerquartett am Wasser. Brigitte hat ihr Grammofon dabei, nicht Erwin, Wolfgang ist bald Hahn im Korb, die beiden Frauen wetteifern um seine Zuneigung. Eine Liebesszene wird diskret durch Aufnahmen vom Strandband Wannsee unterbrochen, das Schilfgras wiegt sich sanft im Wind, man ahnt, was im Schutze der Natur geschieht. Bevor es wieder zurückgeht in die Stadt, wird der Ausflug mit einer gemeinsamen Tretbootfahrt abgerundet.

Vor allem Brecht würde es gefallen, dieses epische Theater vor der Kamera, denn die Bilder sprechen für sich. Die Musik zu *Menschen am Sonntag* stammt vom derzeit gut beschäftigten Filmkomponisten Otto Stenzel, der schon am *Tagebuch einer Verlorenen* mitgewirkt hat. Und nicht nur die expressive Valeska Gert, von der Tucholsky sagt, sie tanze mit dem Gesicht, bekommt einen kurzen Gastauftritt in *Menschen am Sonntag*, als ein Strandfotograf sie mit ihrem charakteristischen diabolischen Lachen in Großaufnahme einfängt. Dass auch Kurt Gerron in einer Sequenz als Passant zu sehen ist, ist trotz der Kürze seines Auftritts ein Glücksfall für die Regisseure, denn Gerron begeistert die Leute gerade dieses Jahr mit einem Song aus der bewährten Produktion von Friedrich Hollaender: *Ich bin dein Nachtgespenst*. Das Lied über einen nächtlichen Einbrecher hat das Zeug dazu, Gerron unsterblich werden zu lassen.

Die jungen Regisseure können die Reaktionen der Kritiker auf das unkommerzielle Filmexperiment kaum erwarten.

»Wir brauchen aber noch einen passenden Namen für unsere Produktionsfirma«, erinnert einer der Regisseure.

Die Männer sind sich schnell einig: »Filmstudio 1929, so wird unser Unternehmen heißen.«

Schon jetzt ist die Rede davon, dass am 4. Februar 1930 die Uraufführung von *Menschen am Sonntag* im Union Theater am Kurfürstendamm stattfinden soll, aber noch ist der Film nicht im Kasten. Es braucht noch Einstellungen, die das geschäftige Berlin am Montag zeigen, wenn es wuselt auf dem Hausvogteiplatz und die Arbeiter und Angestellten zur Arbeit in der Stadt ausschwärmen. Erst in einer Woche werden die Berliner dann wieder aufwachen als *Menschen am Sonntag*. Die Wartezeit kann man sich mit einem erfolgreichen, von Paul Godwin gesungenen Schlager im Foxtrott-Rhythmus vertreiben, der klingt wie der Soundtrack zum Film: *Am Sonntag will mein Süßer mit mir segeln geh'n.*

Auch der 28. August, leider kein arbeitsfreier Sonntag, sondern ein Mittwoch, ist immer noch ein warmer Sommertag, nur vereinzelte Wölkchen wandern durch den blauen Himmel über Berlin. Die ganze Stadt schaut gebannt nach oben in die Luft; wer kann, unterbricht seine Arbeit und tritt vor die Ladentür, steht am Fenster eines Büros, denn dort oben zieht, brummend, majestätisch kreisend den Fortschritt zelebrierend, ›Graf Zeppelin‹ vorüber. Die Welt hat an diesem 28. August 1929 verfolgt, welches Schicksal das Luftschiff LZ127 auf seiner Weltreise wohl noch nimmt. Der Start in Friedrichshafen am Bodensee hatte wegen einer Schlechtwetterfront über dem Atlantik verschoben werden müssen, aber inzwischen ist die Weltumfahrung geglückt, mit Stationen in Moskau, Tokio, San Francisco, New York und Lakehurst, nach drei Wochen ging es zurück nach Deutschland. Unter den Augen der gesamten Weltpresse ist der Zeppelin nach Friedrichshafen zurückgekehrt. Jede einzelne Etappe ist den Zeitungen eine Schlagzeile wert gewesen, man zelebriert eine neue Ära der Luftfahrt, in der der Zeppelin als Verkehrsmittel der Zukunft gilt. Joachim Ringelnatz hat sich dazu *Flugzeuggedanken* gemacht:

»7. August 1929
Ein Zeppelin fliegt übers Meer.
Aber es gibt schon heute
Ganz gut gescheite Leute,
Die interessiert das gar nicht sehr.

Der Weltenraumverkehr floriert
Seit Urzeit, niemals minder.
Wo gut? Wo schlecht? – Das interessiert
Die Greise wie die Kinder.

Was man im Leben sich erwarb,
War Gnade oder Beute.
Da ich Geburtstag feiere, starb
Die Kathi Kobus heute.

Es hat an solchen Tagen –
— — — — — —
Was wollte ich denn eigentlich sagen? –
Es hat ein Jedes was erträumt.
Es hat ein Jedes was versäumt.«

September

*Happy End für Lotte Lenya *** Piscatorbühne frei für Lotte Jacobi *** Marlene Dietrich macht sich chic und fährt nach Babelsberg *** Ringelnatz gärtnert bei Asta Nielsen*

»Der Unterschied zwischen dem Satz ›Heute Abend geh ich ins Theater!‹, gesprochen von einem Zweiundzwanzigjährigen im Jahre 1912, und demselben Satz, gesprochen von demselben Mann im Jahre 1929 –: diesen Unterschied möchte ich Theater spielen.« Das schreibt Kurt Tucholsky alias Peter Panter 1929 in der *Weltbühne*. Die Bühnenlandschaft hat sich durch den Krieg und seine Folgen kolossal gewandelt. Zwar erlebt die leichte Muse ihre volle Blüte, doch wird die Szene auch von Theaterleuten geprägt, die im oberflächlichen Amüsement eine Gefahr erblicken, von Regisseuren wie Brecht und Piscator. Wenn Brecht inszeniert, muss man sich auf ein Lehrstück gefasst machen; für den überzeugten Marxisten ist die Bühne ein gesellschaftspolitisches Instrument, mit dem er Erkenntnisprozesse in Gang bringen will. ›Heute Abend geh ich ins Theater‹ – der ausgehfreudige Zuschauer des Jahres 1912, parfümiert, im Smoking und mit weißem Schal, hat sich im Jahre 1929 in einen ernsten Mann verwandelt, unterwegs zu einer anschaulichen politischen

Kundgebung. Aber muss Belehrung nicht auch Spaß machen, wenn sie gehört werden will?

»Surabaya-Johnny, warum bist du so roh ... du hast kein Herz, Johnny, und ich liebe dich so!« Lotte Lenya steht wieder auf der Bühne, nicht als Seeräuber-Jenny, sondern als Lilian, ein leicht laszives Mädchen aus der Heilsarmee, die mit schweren Jungs aus dem Verbrechermilieu fertig wird. Am 2. September 1929 findet die Premiere der neuen Komödie von Bertolt Brecht und Kurt Weill am Schiffbauerdamm statt, *Happy End* heißt sie. Das Stück über eine Gangsterbande in Chicago, die Heilsarmee und den Niedergang einer vom Kapitalismus zerfressenen Stadt soll nahtlos an den Erfolg der *Dreigroschenoper* anschließen. Das Erfolgsteam Brecht-Weill ist längst eine Marke, man unterschlägt jedoch gern, dass die beiden Männer nicht alleinige Urheber des Stückes sind. Elisabeth Hauptmann, die bereits den englischen Originaltext der *Dreigroschenoper* übersetzt hat, ist mitverantwortlich für die Texte, die sie unter dem nach Broadway klingenden Pseudonym Dorothy Lane verfasst hat – unter ihrem eigenen Namen tritt sie lediglich als deren Übersetzerin in Erscheinung.

Das Theater ist gut besucht, man freut sich auf die Starbesetzung mit Peter Lorre, Kurt Gerron und Theo Lingen, mit Helene Weigel, Carola Neher und natürlich Lotte Lenya. Man ist gespannt auf neue schmissige Songs, den Sound der Zeit, der durch Berlin weht, erwartet mit Neugier die Gangsterbande, doch die Sache zieht sich. Der Dreiakter ist mit vier Stunden viel zu lang. Nach der Pause zwischen zweitem und drittem Akt macht sich Unruhe breit, das Publikum hüstelt, gähnt, rutscht ungeduldig auf den Sesseln herum. Viele Lieder der neuen Komödie, allen voran der *Surabaya-Johnny* und der *Bilbao-Song*, haben unbedingt wieder das Zeug zum Gassenhauer. Er passt in die Zeit, der Song vom rohen, treulosen Mann, dem die Frauen zu Füßen liegen. Dennoch, *Happy End* ist ein Flop. Das Publikum nimmt das Nachfolgestück der *Dreigroschenoper* als bloßen Abklatsch wahr – es bemerkt die Absicht, und es ist verstimmt. Helene Weigel stellt die Geduld der Theaterbesucher auf eine zusätzliche Probe. Sie fällt in einer Szene aus ihrer Rolle der Dame in Grau; sie kann nicht länger an sich halten und tritt bis an den Rand des Orchestergrabens, hebt von der Bühne hinab zu einer flammenden politische Rede an, einem Plädoyer für den Kommunismus als Segen für die Menschheit. Und sie schickt mit gellender Stimme die Frage ins Parkett: »Was ist ein Dietrich gegen eine Aktie, was ist ein Einbruch in eine Bank gegen die Gründung einer Bank?«

Der Einwurf könnte von Brecht höchstpersönlich stammen, und er gibt den genervten Zuschauern den Rest. Tumult im Saal, ein aufgebrachter Mann ruft »Vorhang!«, das Parkett stimmt mit ein, bis der schwere Samt sich endlich gnädig über die Bühne senkt.

Lotte Lenya kann ihren Ärger nicht zurückhalten, sie wirft Helene Weigel vor, sie wolle sich mit ihrem außerplanmäßigen Auftritt nur bei Brecht beliebt machen und die anderen Schauspielerinnen ausstechen. Oder will sie mit ihrer Spontanaktion Alfred Kerr Paroli bieten, der dem Marxisten Brecht vorwirft, er diene sich dem kommerziellen Theater mit leicht verdaulichen ›Häppchen Kommunismus‹ an? Das gesamte Ensemble wartet nun gespannt auf die Kritiken.

»Die Verfasserin nennt sich oder wird genannt Dorothy

Lane. Man töte dieses Weib!«, macht sich Arthur Eloesser am Tag nach der Premiere empört in der *Vossischen Zeitung* Luft und lässt kein gutes Haar an den Schauspielern – die ihm wiederum leid tun, weil sie für Brechts nach Erfolg heischendem Gesinnungstheater missbraucht würden. »Es ist schlimm, wenn die Leute das nicht merken wollen; denn der Beifall war zum großen Teil mitgebracht.«

Doch die bestellten Claqueure können nichts retten, in den Applaus mischen sich auch während der folgenden Aufführungen Buhrufe und laute Pfiffe. Gerade *Die rote Fahne* verreißt diesen »amerikanischen Magazinschmöker« und schimpft Brecht einen »berühmten Plagiator«. Nach nur sieben Aufführungen wird das Stück abgesetzt. Wie im Fall der *Pioniere in Ingolstadt* will Brecht mit dem krachenden Misserfolg nichts zu tun haben und schiebt die Verantwortung dafür seinen Mitstreitern zu. Die fruchtbare Arbeitsbeziehung zwischen Brecht und Weill erleidet einen irreparablen Knacks. Ein Happy End sieht anders aus.

Weitaus erfolgreicher als das neue Brecht-Stück sind die *Zwei Krawatten* am Berliner Theater, das von jeglichem Kommunismusverdacht freie Georg-Kaiser-Stück mit Marlene Dietrich, Hans Albers und musikalischer Begleitung der Comedian Harmonists, das nur drei Tage später uraufgeführt wird. »Diese Revue ist wirklich Happy end«, urteilt Theatermann Herbert Ihering. Und, frei nach Brecht und Weigel, was ist schon eine Aktie gegen eine Dietrich? Die vermeintlich farblose Blondine mausert sich zum Publikumsmagneten.

***

Ihre treue Begleiterin, die Kamera, ist Lotte Jacobis Eintrittskarte ins Theater. Als scharfsichtige Fotografin, nicht wie in Mädchenträumen als erfolgreiche Schauspielerin, erklimmt sie die Bretter, die die Welt bedeuten. Dass der Traum nicht in Erfüllung ging, einerlei, denn hat sie nicht den absoluten Traumjob gefunden? Ihren subjektiven Blick auf die Welt und die Menschen teilen so viele Leute, wenn sie die Magazine aufschlagen, für die Lotte Jacobi arbeitet, welch beglückendes Gefühl. Am liebsten fotografiert sie bei Theaterproben wie zu dem Anti-Kriegs-Stück *Giftgas über Berlin* im Theater am Schiffbauerdamm mit dem omnipräsenten Fritz Kortner. Ihn hat sie auch als gedankenversunkenen Philipp II. von Spanien ins rechte Licht gesetzt, bei einer Aufführung von Schillers *Don Carlos* im Staatstheater Berlin. Gern geht Lotte Jacobi auch ins Metropol-Theater in der Friedrichstraße und vor allem zur Piscatorbühne. Längst hat sie Erwin Piscators Pamphlet *Das politische Theater* gelesen, in dem er sein experimentelles Arbeitertheater verteidigt. Wie unter Brechts Regie dürfe ein Bühnenstück keine Illusion erzeugen und von der Wirklichkeit ablenken wie so viele Produktionen, die den Schrecken des Krieges vergessen machen sollten, sondern den Finger in die Wunde legen und mittels eindrücklicher Bilder zeigen, wo der Gesellschaft der Schuh drückt. »Kunst ist Waffe«, das ist das Motto der politischen Regisseure, und der Aktualität verpflichtete Zeitstücke über Familientragödien und die Wohnungsnot stehen auf ihren Spielplänen.

Erwin Piscators Avantgardetheater feiert am 6. September 1929 im großen, an eine wehrhafte Burg erinnernden Haus am Nollendorfplatz seine Wiedereröffnung. Schon 1927 war die Bühne gegründet worden, doch Piscator hatte sich trotz generöser Unterstützung der vermögenden Schauspielerin Tilla Durieux finanziell verspekuliert. Er hatte das Berliner Lessingtheater als zweite Spielstätte übernommen, das war eine Nummer zu groß für sein Bühnenexperiment, sein proletarisches Gesinnungstheater im Dienste des Klassenkampfes. Jetzt, zwei Jahre später, versucht er einen Neubeginn. Eröffnet wird die Piscatorbühne mit einer Uraufführung von Walter Mehrings geradezu multimedialem Drama *Der Kaufmann von Berlin*. Für die Ausstattung verantwortlich ist Moholy-Nagy; zu hören ist ein aus dem Bühnendunkel tretender Männerchor von Ernst Busch und Hanns Eisler, der getragen die *Kantate von Krieg, Frieden und Inflation* anstimmt, und sogar die beliebten Weintraubs Syncopators spielen auf. Das Stück ist eine harte Persiflage auf Inflationsgewinnler wie Hugo Stinnes, ein bunter Querschnitt der Gesellschaft der Weimarer Republik, in dem alle ihr Fett abbekommen, preußische Gastwirte ebenso wie galizische Juden. Ein Finanzhai namens Kaftan lässt sich so weit manipulieren, dass die Rechtsnationalen mit seiner Hilfe einen Putsch anzetteln können. Mit dieser Figur setzen sich Mehring und Piscator zwischen alle Stühle, aus jüdischen Kreisen wirft man ihnen Antisemitismus vor, den weitaus heftigeren Protest aber bricht die SA vorm Theater vom Zaun. Im nationalsozialistischen *Angriff* geifert ein gewisser Joseph Goebbels, daselbst Herausgeber des Blattes, in einem langen Hetzartikel über das Stück und seinen Verfasser, mit der Überschrift macht der fanatische Berliner Gauleiter mehr als deutlich, wohin er sich Mehring wünscht: »An den Galgen«. Schon jetzt kann man sich ein drastisches Schreckensbild davon machen, was die Nazis, wenn sie dürften, mit unliebsamen sozialkritischen Geistern machen würden, sollten die nicht von selbst den Mund halten. Die Nationalsozialisten an der Macht, ein Schreckensszenario, denn das bedeutet Staatsterror, Unterdrückung und vielleicht sogar Krieg.

Piscator hat an seinem Wiedereröffnungsabend übrigens starke Konkurrenz bekommen. An jenem 6. September wird am Lessingtheater von der ›Gruppe junger Schauspieler‹ ein Stück gegen § 218 uraufgeführt, *Cyankali* von Friedrich Wolf, von Haus aus Kassenarzt – und Kommunist. Die junge Heldin Hete Fent verblutet nach dem Besuch bei einer Engelmacherin und stirbt an einer Überdosis Zyankali, das den Abort herbeiführen sollte. In der Hauptrolle der umjubelten Premiere steht Renée Stobrawa, die das Kinopublikum bereits als Matrosen-Ehefrau in *Melodie der Welt* kennenlernen konnte. Programmatisch tönt ein Statement von der Bühne: »Ein Gesetz, das in jedem Jahr 800.000 Mütter zu ›Verbrechern‹ macht, das Gesetz ist kein Gesetz mehr!« – »Hilft uns denn niemand?« In der *Vossischen Zeitung* ist am 7. September zu lesen: »Die Frauen waren noch besser als die Männer, die etwas zu sehr dröhnten.«

Ganz klar, das Thema illegale Abtreibung ist, wie auch Vicki Baum und ihre Heldin Helene Willfüer wissen, ein heißes Eisen. Es beschäftigt vor allem Frauen, die sich der Wohlfahrtspflege widmen, eine Persönlichkeit wie Marie Juchacz, die sich als prominente Abgeordnete gegen § 218 und die Stärkung der Jugendämter ausspricht. *Cyankali* ist ein politisches Statement und verlangt in diesem aufgeheizten Klima, in dem Frauen um Antworten der Politik ringen, nach rascher Verfilmung. Grete Mosheim, Marlene

Dietrichs Freundin aus früheren Tagen, wird die Rolle der Hete Fent kommendes Jahr übernehmen. Und Piscator, dem Monty Jacobs in der *Vossischen Zeitung* am 7. September unter der Überschrift »Piscators Anfang und Ende?« vorwirft, dass sein enormer Bühnenaufwand die Aussage des Stückes von Walter Mehring zerquetsche, ist ein wenig eifersüchtig auf den Erfolg des hochpolitischen Dramas. Er schiebt eine Inszenierung zum Thema Abtreibung nach, im November soll *§ 218* des schreibenden Arztes Carl Credé auf die Bühne gebracht werden, der 1927 die Schrift *Volk in Not! Das Unheil des Abtreibungsparagrafen* veröffentlicht hatte, mit Illustrationen von Käthe Kollwitz.

Lotte Jacobi fährt auch heute, am Tag nach der Premiere des *Kaufmann von Berlin*, vom Bahnhof Zoo zum Nollendorfplatz, um die Schauspieler in Piscators aufwendigen Bühnenkonstruktionen zu fotografieren. Manchmal trifft sie dort auch den russischen Kollegen Sasha Stone, der wie sie Aufnahmen an die Zeitschrift *Das Theater* verkauft. Beneidenswert seine Fotomontage, ein überlebensgroßer Erwin Piscator schaut selbstbewusst auf sein Haus.

Heute ist keine Rede von Bühnenarbeit, schon von Weitem hört Lotte Jacobi ernste, erregte Stimmen, aber da werden keine Dramentexte deklamiert. Es geht um die dramatischen Szenen auf der Straße. Lotte Jacobi sieht Piscator und seine Truppe in den Kulissen sitzen, auch Helene Weigel und Tilla Durieux sind da. Alle fürchten die wachsende Gefahr von rechts, die Gewaltbereitschaft des jugendlichen Pöbels in braunen Uniformen und schweren Stiefeln, der auf Berlins Straßen mit antisemitischen, völkischen Parolen für Angst und Schrecken sorgt.

»Die Regierung unter SPD-Reichskanzler Hermann Müller, die seit Ende Juni im Berliner Reichstag sitzt, ist vollkommen farblos«, sagt Piscator. »Schluss mit der großen Koalition!«

»Wenn Kommunisten und Sozialisten sich nicht einigen können«, sagt Helene Weigel, »bekommen die Nazis weiter Aufwind.«

»Die NSDAP wird es nicht schaffen«, beschwichtigt ein Bühnenarbeiter. »Bei den Reichstagswahlen 1928 hat sie nur 2,6 Prozent der Stimmen und zwölf Mandate erhalten.«

»Das kann sich über Nacht ändern«, sagt jemand aus dem Männerchor, »da braucht nur wieder eine Wirtschaftskrise zu kommen, eine Inflation wie nach dem Krieg, und schon verwandelt sich eine radikale Splittergruppe zur Massenpartei.«

»Malen wir den Teufel nicht an die Wand«, sagt Lotte Jacobi. »Nicht auszudenken, was dann mit uns passiert. Mit den Linken. Mit den Juden.«

»Am 12. Mai 1929 bei den Landtagswahlen in Sachsen hat die NSDAP ihren Stimmenanteil mehr als verdreifachen können, von achtunddreißig- auf hundertvierunddreißigtausend«, weiß der Chorist. »Das sieht doch so aus, als würden immer weniger Leute an den Fortschritt der Demokratie glauben, sondern sich nach Rettung aus der sozialen Not und der Arbeitslosigkeit sehnen, notfalls mit Gewalt.«

»Nur der Kommunismus kann uns retten«, beharrt die Weigel.

Lotte Jacobi hört zu, die Kamera ruht in ihrem Schoß. Sie besucht zwar hin und wieder Versammlungen der Kommunisten, aber sie ist nicht in der Partei. Sie erinnert an Europa als großes Friedensprojekt, daran müsse man arbeiten. Der französische Außenminister Aristide

Briand hat erst neulich in seiner Rede auf der Völkerbundversammlung in Genf an die für den Weltfrieden notwendige föderale Einigkeit der Länder erinnert. »Nur ein einiges Europa kann auf Dauer in der Welt bestehen.«

***

1929 begibt sich Regisseur Josef von Sternberg auf die Reise von Hollywood nach Berlin. Der gebürtige Österreicher und Wahlamerikaner ist seit einiger Zeit gut im Geschäft, in Deutschland zwar nicht besonders bekannt, aber jetzt soll er Regie führen beim ersten großen Tonfilm der Ufa mit Emil Jannings, der für die Rolle eines alten Professors gesetzt ist. Die beiden Männer sind bereits ein eingespieltes Team, und Jannings hat am 16. Mai 1929 den ersten Oscar der Filmgeschichte bekommen, unter anderem für *The last Command – Sein letzter Befehl*, bei dem von Sternberg Regie führte. Der plant nun die Verfilmung des Romans von Heinrich Mann, *Professor Unrat*. Fürs Drehbuch zeichnen Carl Zuckmayer, Robert Liebmann und Karl Gustav Vollmoeller, ebenfalls ein Freund Josef von Sternbergs; es heißt *Der blaue Engel*, genauso wie die Spelunke in Manns Roman. Wer an Jannings' Seite die weibliche Hauptrolle der feschen Rosa Fröhlich, genannt Lola, übernehmen soll, steht noch in den Sternen. Von Sternberg denkt zuallererst an die berühmte Louise Brooks, die dieses Jahr in Berlin schon von sich reden gemacht hat. Sie ist das Gesicht, das zurzeit alle kennen.

»Brooks dreht schon wieder mit Pabst, soviel ich weiß«, sagt Vollmoeller, »die ist ausgebucht.«

»Dann rufen wir eben die Delschaft an«, sagt von Sternberg. Die Berliner Schauspielerin Maly Delschaft hat schon Erfahrung mit dem kapriziösen Emil Jannings, 1924 hatte sie erstmals mit ihm in Murnaus *Der letzte Mann* vor der Kamera gestanden. »Die Delschaft ist goldrichtig für die Rolle.«

Aber das Fräulein vom Amt muss passen. Die Delschaft ist partout nicht zu erreichen. Nun gut, denkt von Sternberg, ohnehin nur zweite Wahl.

Produzent Erich Pommer kramt stirnrunzelnd in der Schauspielerdatenbank in seinem Kopf: »Warum nicht Blandine Ebinger? Singen kann die Frau vom Hollaender jedenfalls! Oder was halten Sie von Brigitte Helm? 1927 in der weiblichen Hauptrolle als Maschinenmensch Maria in *Metropolis* war sie doch grandios!«

Aber von Sternberg hebt die Hände zum Himmel. Er denkt vor allem ans finanzielle Desaster, zu dem *Metropolis* für Fritz Lang und die Ufa geraten war, das teuerste Machwerk der Filmgeschichte.

»Dafür konnte die Helm aber nichts«, wirft Vollmoeller ein.

»Vielleicht sollten wir mal Käte Haack vorsprechen lassen?« Pommer erinnert daran, dass die zweiunddreißigjährige Haack sich als junges, naives Mädchen immer noch erstaunlich gut mache vor der Kamera. »Und berlinern kann die auch.«

»Aber kann die Haack denn auch Tonfilm?«

»Trude Hesterberg, die Freundin von Heinrich Mann, die kann!«, sagt von Sternberg. »Und mit ihrer Bühnenerfahrung vom Kabarett kann die auch singen!«

Pommer bringt Lucie Mannheim ins Spiel: »Die Mannheim ist noch unverbraucht und ein echtes Berliner Mädel.« Er zeichnet mit beiden Händen eine üppige, kurvige Silhouette in die Luft. »Pabst hat ja vor ein paar

Jahren auch mit ihr gearbeitet, *Der Schatz* hieß der Streifen. Und mit Murnau hat sie 1923 *Die Austreibung* gedreht.«

Von Sternberg zuckt mit den Achseln: »War das nicht ein vollkommen anderer Stoff? Ein Bauerndrama? Und hat die denn darin auch gesungen?«

Karl Vollmoeller, bislang ohne Idee, lässt plötzlich einen neuen Namen fallen: »Marlene Dietrich tritt in diesem September in der Spoliansky-Kaiser-Revue *Zwei Krawatten* auf, mit Hans Albers und Rosa Valetti. Am besten, ihr geht mal ins Berliner Theater und überzeugt euch persönlich von der außerordentlichen Ausstrahlung, die man ihr nachsagt. Außerdem sieht sie der Delschaft recht ähnlich.«

Am 5. September 1929 sitzt Josef von Sternberg im Parkett des Berliner Theaters bei der Premiere von *Zwei Krawatten*. Das recht verworrene Stück dreht sich um eine Amerikareise und eine Erbschaft, von Sternberg brummt der Kopf, als nach dem Happy End der Vorhang fällt. Er hat sich gar nicht genau auf den Inhalt konzentriert, sondern auf Mimik und Gesten der Hauptrolle, auf den strahlenden Mittelpunkt der Show, Marlene Dietrich als Mabel. Vollmoeller irrt nicht, diese Frau hat tatsächlich eine entfernte Ähnlichkeit mit Maly Delschaft. Klar ist von Sternberg schon jetzt, dass Hans Albers für die Rolle des Mazeppa infrage kommt. Aber die Dietrich? Zugegeben, sie war gut, aber eine Charakterrolle war ihre Mabel nicht.

Hans Albers will jedenfalls bemerkt haben, dass nicht ihm die gebührende Aufmerksamkeit des Regisseurs aus Amerika galt, seine Blicke sind wie ferngesteuert dem Spiel der Dietrich gefolgt. »Am liebsten hätte ich dem Sternberg auf den Kopf gepisst«, murmelt Albers, zurück in der Garderobe, »aber der hat leider zu weit weg gesessen von der Bühne.«

Eine Riege Schauspielerinnen wird nach Babelsberg zum Probesingen eingeladen. Hollaender, der die Musik zum *Blauen Engel* beitragen wird, nickt, als Lucie Mannheim ein paar Lieder anstimmt.

»Sie können wirklich singen, sehr gut, aber in der Rolle der Lola sehe ich Sie nicht«, lehnt von Sternberg ab. »Vielleicht ein andermal, beim nächsten Film.«

Lucie Mannheim zieht mit dieser vagen Aussicht schmollend ab.

Unvermittelt steht Leni Riefenstahl in der Tür zur Probenhalle, grüner Mantel, roter Fuchsbesatz, ein Engagement wäre eine willkommene Ablenkung vom derzeitigen Liebeskummer, Hans Schneeberger, ein Kameramann, hat sie gerade sitzenlassen.

»Wer hat die Riefenstahl eigentlich eingeladen?«, fragt Pommer und bekommt keine Antwort.

Von Sternberg imponiert die elegante Erscheinung der selbstbewussten Schönheit mit dem markanten Profil, doch die Riefenstahl entspricht ebenfalls nicht seiner Vorstellung von der feschen Lola. Es kommt erst gar nicht zum Probeauftritt. »Aber haben Sie vielleicht Kontakt zu einer gewissen Marlene Dietrich?«, fragt er. »Wie ist die so?«

Leni Riefenstahl lässt sich ihre Enttäuschung nicht anmerken. »Marlene Dietrich, sagen Sie? Ich habe sie nur einmal gesehen, sie ist mir aufgefallen. Das war bei Schwannecke, einem kleinen Künstlerlokal in der Rankestraße. Dort saß sie mit einigen jungen Schauspielerinnen zusammen. Mir fiel ihre tiefe und raue Stimme auf, die eine Spur zu ordinär wirkte und aufreizend war. Vielleicht war sie etwas beschwipst. Ich hörte, wie sie mit lauter Stimme sagte: ›Warum muss man immer einen schönen Busen haben, der kann ja auch mal ein bisschen hängen.‹ Dabei hob sie ihren linken Busen etwas an und amüsierte sich über die verdutzten Gesichter der um sie sitzenden jungen Mädchen.«

Von Sternberg lächelt. Eine etwas zu indiskrete Anekdote für einen Wahlamerikaner.

»Ich glaube«, springt Leni Riefenstahl über ihren Schatten und schenkt von Sternberg ein Lächeln, »diese Frau wär' ein guter Typ für sie.«

Vollmoeller kann das nur bestätigen: »Dieses Mädchen hat das Potenzial, ein wirklich großer Filmstar zu werden, davon bin ich restlos überzeugt. Sie stammt übrigens aus Schöneberg, eine echte Berliner Pflanze, das ist doch im Sinne der Rolle.«

»Meinetwegen«, willigt von Sternberg ein, »schließlich haben Sie sich bereits den Ruf eines untrüglichen Talentsuchers erworben.« Vollmoeller hatte auch Josephine Baker gefördert und die Chinesin Anna May Wong nach Europa geholt. »Laden wir die Dietrich zum Vorsprechen ein.«

Ein bisschen Lulu steckt in Rosa Fröhlich, am besten, Marlene staffiert sich mit passenden Klamotten für diese Flittchenrolle aus. Rudolf Sieber taxiert sie kritisch, rät zu eleganter Dezenz: »Mehr professionelle Neutralität. Bloß nicht gleich bei der ersten Vorstellung zu dick auftragen!«

Marlene Dietrich erscheint zum vereinbarten Termin in den Ufa-Ateliers in Neubabelsberg im heliotropfarbenen Kostüm, mit Hut und Handschuhen, um die Schultern Silberfuchs. Von Sternberg bittet sie, auf einem Sofa Platz zu nehmen, fragt, warum er bislang nur Schlechtes über ihre Filme gehört habe.

»Weil ich in keinem wirklich gut war. Außerdem«, fügt sie hinzu, »werde ich nicht gut fotografiert.«

Ist dieses Understatement etwa Taktik? »Zugegeben, ich habe es noch nie mit einer Schauspielerin zu tun gehabt, die so viel Reklame mit ihren negativen Eigenschaften macht«, sagt von Sternberg.

Sein Assistent sagt, vage hörbar: »Der Popo ist nicht schlecht, aber brauchen wir nicht auch ein Gesicht?«

Von Sternberg findet die Dietrich zwar nicht besonders schlank, aber ihre Körperbewegungen sind vollendet. Sie hat, ohne Zweifel, das Zeug zum Star.

»Eigentlich bin ich gar nicht fotogen, und für den Film habe ich kein Talent. Ob ich der Rolle gewachsen bin?« Schnoddrig fügt sie hinzu: »Außerdem, ich in dieser Nuttenrolle? Meine Familie wäre sicher nicht sehr erfreut.« Schläfrig schlägt sie die Augen nieder, man nimmt ihr die jungfräuliche Unschuld und die anständige Ehefrau ebenso ab wie die unverfrorene Halbweltdame.

Fantastisch, denkt von Sternberg, ist das nicht genau der Charakter der Lola, den er sehen will, ein Luder, das nichts dafür kann? ›Ich kann halt lieben nur, und sonst gar nichts‹, Hollaender hat es ihr auf den Leib geschrieben. Von Sternberg kann sich dem spröden Charme dieser Berlinerin nur schwer entziehen; ist es nicht unwiderstehlich, wie sie sich wortreich darum reißt, die Lola-Rolle nicht zu bekommen? »Also gut, machen wir noch einen Termin zum Vorsingen«, sagt er.

Jannings schwärmt immer noch von den üppigen Formen der Lucie Mannheim. Doch von Sternberg hat Feuer gefangen. Er droht nun sogar, gleich wieder hinzuschmeißen, wenn er die Dietrich nicht bekommt.

***

Am 11. September 1929 wird Asta Nielsen achtundvierzig. Ihr letzter Film von 1927, nach einem aufsehenerregenden Buch einer anderen berühmten Dänin, Karin Michaëlis, heißt *Das gefährliche Alter*. Eine in die Jahre gekommene Ehefrau sucht sich einen jungen Studenten als Liebhaber. Als sie merkt, dass die Affäre die Jugend auch nicht zurückbringt, zieht sie sich zurück in ein Haus am Meer – wo der Gatte sie aufsucht und zurückerobert.

Im Spätsommer hat die Ostsee großen Reiz. Gänse grasen auf den saftigen Wiesen von Hiddensee, bevor sie in Richtung Süden ziehen. Der Sanddorn steht hoch, die Schatten werden länger. Asta Nielsen liebt ihre beschauliche Insel, Berliner Tempo ist fern. Sie steht gern am Steilufer und blickt übers Meer zum Horizont, hinter dem ihre dänische Heimat liegt. In den Dünen sieht sie hin und wieder jemanden vor einer Staffelei sitzen und die reizende Landschaft malen, darunter Frauen, die Hiddenseer Malweiber. Und die nackten Turner zwischen den Kiefern, das sind die Reformjünger, die gern herkommen.

Asta Nielsen schätzt ihren Rückzugsort. »Seit ich ein Star war, hatte ich eigentlich kein Privatleben mehr«, sagt sie zu Chmara. »Ich für meinen Teil empfand meine Beliebtheit als Übergriff auf mein Privatleben, und um das zu bewahren, musste ich mich vollständig abschließen.«

Chmara erinnert sich gut, ein einziges Spießrutenlaufen, im Kaufhaus, bei einer Theaterveranstaltung. »Sofort waren dir die Autogrammjäger auf den Fersen.«

»Bekannt zu sein, bringt etwas Widersinniges mit sich«, sagt sie. »Je mehr die Menschen sich zu einem hingezogen fühlen, desto mehr meidet man sie. Man lernt das Glück, unabhängig von anderen ganz in sich selbst zu ruhen.«

»Louise Brooks soll ja auch eine Einzelgängerin sein

wie du«, weiß Chmara, »sie hat in einem Interview zugegeben, dass sie es zu ihren kostbarsten Rechten zählt, die Zeiten ihres Alleinseins zu bestimmen und sich zu erlauben, mit wem sie ihre Zeit verbringt.«

Asta Nielsen und Louise Brooks, ja, beide Diven sind sich durchaus ähnlich, obgleich eine Generation, ein Vierteljahrhundert zwischen ihnen liegt und sie Milieus entstammen, die unterschiedlicher nicht sein könnten: hier die arme Dänin aus der Gosse, dort die Amerikanerin aus gutbürgerlich-intellektuellem Hause. Unbestechlich alle beide. Weibliches Selbstbewusstsein ist keine Frage der Herkunft.

Mit der Ruhe im Liegestuhl wird es heute nichts. Vor der Gartenpforte stimmt ein Mann Verse an: »Steht ein Häuschen in der Mitte, rund und rührend zum Verlieben. ›Karusel‹ steht angeschrieben. Dieses Häuschen zählt zu Vitte.« Es sind Ringelnatz und seine Frau Leonharda, genannt Muschelkalk. Die Besucher haben Großes vor. »Du hast uns doch erzählt, dass sich jeder Gast hier mit einer Pflanze in deinem Garten verewigen soll. Wo finden wir Schaufel und Spaten?«

Die beiden verschwinden im Geräteschuppen, Nielsen und Chmara verlassen das Haus mit Badesachen. Wenig später sieht es aus wie nach einem Erdbeben. Auf dem Rasen türmen sich Steine, klaffen tiefe Löcher, Muschelkalk kniet davor und lässt aus einem Tütchen Samenkörnchen in die Erde rieseln. Neben ihr steht Ringelnatz, ein Blatt Papier in den Händen, und liest feierlich vor: »Kümmel für euren Korn; Zwiebeln für eure Wurst; Datteln für den Nachtisch; Zitronen für Nikolaschka und Paranüsse für eure eventuellen Kinder.«

Nein, einen grünen Daumen hat Ringelnatz nicht, aber kann man ihm lange böse sein? Mit rührenden Gesten gräbt er Setzlinge ein und begießt sie mit Wasser aus einer Blechkanne. Nach getaner Arbeit hat sich Ringelnatz eine Matrosenuniform angezogen, seine Kluft aus der Zeit auf hoher See. Seine nackte Brust ist zu sehen, darauf eine Tätowierung, ein blaues, pfeildurchbohrtes Herz, darauf ein Name: Asta. Ist Muschelkalk gar nicht eifersüchtig? Nein, sie blickt ihren Mann liebevoll an und ruft: »Alle mal herhören! Ringelnatz hat ein neues Gedicht geschrieben!«

Ein volles Glas in der Hand, hebt der Dichter an:

»Asta Nielsen weiht einen Pokal
Du irrst, Asta, wenn du denkst:
Dieser Pokal sollte dein sein.
Du sollst ihn nur einweihn,
dass du ihn mir schenkst.

Dass ich gestern wieder einmal
Vor deiner Kunst glühte,
Trinke nun künftig aus diesem Pokal
Deinen Kuss und deine Güte.

Denn das Herz ist durstiger als die Kehle.
Glas zerbricht einmal. Menschenfleisch stirbt.
Deine große Barfußmädchenseele,
Asta, ewig lebt sie, webt und wirbt.«

Oktober

*Start in die Theatersaison mit Louise Brooks, Lotte Lenya und Marlene Dietrich *** Edith Jacobsohn feiert »Emil und die Detektive« *** Erika Mann spielt Königin auf großer Bühne *** Schwarzer Freitag schockiert Else Oppler-Legband und Peter Behrens*

Deutschland sitzt durch den Krieg auf einem Berg Schulden, die Reparationsforderungen belaufen sich im Jahr 1929 immer noch auf 112 Milliarden Reichsmark und sollen gemäß den neuesten Verhandlungen unter dem amerikanischen Wirtschaftsfachmann Owen Young noch bis ins unvorstellbar ferne Jahr 1988 gezahlt werden – eine halbe Ewigkeit bis dahin. Dass die Inflation gestoppt werden und die Wirtschaft während der vergangenen Jahre aufblühen konnte, ist vor allem das Verdienst von Gustav Stresemann, 1923 Reichskanzler und danach Reichsminister des Auswärtigen. Der – nach dem amerikanischen Finanzfachmann Charles G. Dawes benannte – Dawes-Plan vom 16. August 1924 hatte immerhin für eine Angleichung der Summe an die tatsächlichen ökonomischen Möglichkeiten der jungen Republik gesorgt. Zudem stützen weiterhin umfangreiche Auslandskredite die deutsche Wirtschaft. 1926 hat Stresemann – gemeinsam mit dem französischen Außenminister Aristide Briand –

den Friedensnobelpreis erhalten, für seine Erfolge bei der Entspannungspolitik, der Völkerverständigung und vor allem der Aussöhnung zwischen Deutschland und ›Erbfeind‹ Frankreich. Stresemann gilt auch als Warner vor antidemokratischen Schritten wie einer immer wieder in rechten Kreisen diskutierten Machterweiterung des Reichspräsidenten, der heißt zurzeit Paul von Hindenburg.

Am 3. Oktober 1929 erschüttert die Nachricht von Stresemanns Tod nicht nur ganz Deutschland; das plötzliche Ableben des erst Einundfünfzigjährigen erscheint wie ein böses Omen für die Geschicke der internationalen Beziehungen. Harry Graf Kessler hält sich an jenem 3. Oktober 1929 in Paris auf und notiert in sein Tagebuch: »Beim Friseur gegen Mittag Gespräche überhört: ›Stresemann est mort.‹ Ich saß wie auf Kohlen. Dann in *Paris-Midi* die offizielle Nachricht. Er ist heute früh um fünfeinhalb einem Schlaganfall erlegen. Es ist ein unersetzlicher Verlust, dessen Folgen nicht abzusehen sind. So empfindet man ihn auch hier. Alles spricht davon, die Friseure, die Kellner im Restaurant, die Chauffeure, die Zeitungsfrauen. *Paris-Midi* hat eine große Überschrift: ›Un événement d'une portée mondiale et un deuil pour la cause de la Paix.‹ (Ein Ereignis von internationaler Tragweite und eine Tragödie für die Mission Frieden.) Auf die Botschaft, wo mich eingeschrieben. Der Erste, dessen Unterschrift auf den Blättern steht, ist André Tardieu, Ministre de l'Intérieur. Der Botschafter ist auf Urlaub. So setzt dieses furchtbare Jahr 1929 seine Ernte fort: Hofmannsthal, Diaghilew, Stresemann, ein Stück nach dem andern der Welt, wie sie für mich und meine Generation war, verschwindet. Wahrhaftig eine ›Année terrible‹.«

Nicht nur der Graf sieht mit Stresemanns Ableben das

Ende politischer Stabilität heraufziehen. Am 6. Oktober bewegt sich ein Trauerzug vom Reichstag zum Luisenstädtischen Friedhof in Kreuzberg. Thomas Mann hält das Ereignis für eine »Welttrauerkundgebung von kaum je erhörter Einmütigkeit und überzeugender Gefühlswärme.« Der Staatsakt wird live im Radio übertragen, das hat es zuvor noch nicht gegeben. Kurz nach Stresemanns Tod wird die Umbenennung der Königgrätzer Straße, wo sich Anhalter Bahnhof und Excelsior Hotel befinden, in Stresemannstraße beschlossen.

In Sigmund Freuds dieser Tage erscheinendem Essay *Das Unbehagen in der Kultur* kann man es nachlesen: »Das Leben, wie es uns auferlegt ist, ist zu schwer für uns, es bringt uns zu viele Schmerzen, Enttäuschungen, unlösbare Aufgaben. Um es zu ertragen, können wir Linderungsmittel nicht entbehren.«

Die Berliner suchen jetzt erst recht nach diesem unvermeidlichen Divertimento, nach Ablenkung von der Bürde des Alltags. Seit Sommerende füllen sich Kinos und Theater wieder, nach dem Vergnügen unter freiem Himmel macht man sich's gern in einem Parkettsessel oder einer Loge gemütlich. Die Saison 1929/30 beginnt mit interessanten Premieren: Am 10. Oktober 1929 strömt das Publikum ins Metropol-Theater, um Franz Léhars Operette *Das Land des Lächelns* zu hören. Bei *Dein ist mein ganzes Herz*, angestimmt von Startenor Richard Tauber, singt manch einer leise mit. Weniger Harmonie verspricht ein Blick auf den Spielplan der Volksbühne am Bülowplatz. Darauf steht mal wieder Frank Wedekinds skandalträchtiges Stück *Frühlings Erwachen*, erstmals am 14. Oktober. Die Hauptdarsteller sind eine Attraktion für sich, Peter Lorre und Lotte Lenya als Moritz und Ilse Stiefel. Die beiden haben bereits erfolgreich zusammen in *Pioniere in Ingolstadt* und in *Dantons Tod* gespielt, am 31. August 1929 hatte das Büchner-Stück an der Volksbühne Premiere. Und natürlich ist Lotte Jacobi mit Kamera zugegen, als *Frühlings Erwachen* aufgeführt wird. Sie nimmt Peter Lorre in spektakulärer Pose auf, mit seinem eigenen Kopf unterm Arm, und sie fängt eine herzzerreißende Szene ein, in der er an Lotte Lenyas Brust liegt.

Einen Tag später, am 15. Oktober 1929, läuft Pabsts *Tagebuch einer Verlorenen* im Union Theater am Kurfürstendamm zum ersten Mal. Die Zuschauer sind gespannt, was der Regisseur aus dem populären Schmöker von Margarete Böhme aus dem Jahr 1905 für ein zeitgenössisches Publikum herausgeholt hat.

Am nächsten Tag studiert Pabst die Feuilletons. Die *Berliner Film-Zeitung* jedenfalls lobt ihn: »Pabst [...] gelang es, aus diesem Hintertreppenreißer ältesten Kalibers [...] einen unsere Augen aufs Beste unterhaltenden Film zu machen. [...] Louise Brooks ist die verführte Apothekerstochter, die im Freudenhaus endet. Sie gibt diesem Mädchen wieder ihr strahlendes Kinderlachen, hinter dem das verhängnisvolle Lachen eines Teufels steht.« Pabst weiß einmal mehr, warum er sich für seine Schauspielerin entschieden hat. Der Kritiker von *Berlin am Morgen* findet den Film zwar zu lang, aber Louise Brooks brillant, die Bordellszenen und »das Furioso der Valeska Gert als sadistische Erzieherin in einer Korrektionsanstalt. »In der Besetzung der Typen zeigt Pabst sein altes filmisches Gefühl. In der Auswahl des Stoffes hat er versagt.« Pabst runzelt die Stirn. Der Ausbruch einer jungen Frau aus den herrschenden gesellschaftlichen Verhältnissen ist doch weiterhin hochaktuell, auch wenn sich die letzten zehn Jahre viel getan hat. Sind Wahlrecht und Berufstätigkeit der Frauen inzwischen zwar selbstverständlich, so doch längst nicht die Eigenverantwortlichkeit einer verheirateten Frau. Und die Diskussion um § 218 ist in vollem Gange. Schade, dass Piscator sein Haus am Nollendorfplatz nicht halten konnte, der aufwendige *Kaufmann von Venedig* und die schlechte Presse haben seinen Neustart gleich wieder ausgebremst. Jetzt tingelt er mit einem Schauspielerkollektiv, das Stück von Carl Credé, *§ 218*, kommt immerhin nächsten Monat im Mannheimer Apollo-Theater zur Aufführung.

Obwohl *Tagebuch einer Verlorenen* also von ungebrochener Aktualität ist, urteilt *Die Rote Fahne* mit gewohnter, ideologisch getränkter Strenge: »Die inhaltliche Grundlage des Filmes [...] ist das ›Leben‹ aus der Courths-Mahler-Perspektive. Diesen Dreck aus den Filmkloaken Hugenbergs inszenierte aber G. W. Pabst, der Regisseur des wertvollen Inflationsfilmes *Die freudlose Gasse*. Seit dem Entstehen der *Freudlosen Gasse* sind allerings einige Jahre vergangen, und Pabst scheint heute in die Reihe der geistigen Lustknaben des deutschen Filmkapitals einschwenken zu wollen.« Pabst hat von diesem Blatt nichts anderes erwartet, die Kritik trifft ihn nicht, schließlich wird auch Brecht wegen seiner *Dreigroschenoper* wie ein kapitalistischer Verräter behandelt. Die Kommunisten kleben am herkömmlichen Bild vom armen Poeten, der von seiner Kunst nicht leben kann. Außerdem übersieht der Kritiker in seiner ideologischen Verblendung, dass der Ausgang des Films alles andere als angepasst ist an bürgerliche Moral. Thymian wird ja nicht durch einen Ehemann errettet, sondern triumphiert selbst als Wohltäterin über ihre einstigen Peiniger. Doch für die Kommunisten zählt eben nur, was möglichst plakativ dem

Klassenkampf dient. Künstler in der Sowjetunion können längst ein Lied davon singen.

»Wahrscheinlich ist die *Verlorene* auch mein letzter Stummfilm«, mutmaßt Pabst, »das Genre lechzt nach neuem Ausdruck. A propos Brecht, ich könnte die *Dreigroschenoper* verfilmen, bizarre Kulissen, zugespitzte Dialoge, viel Musik, und Valeska Gert gäbe eine wunderbare Mrs Peachum ab! Natürlich, die verrückte Gert, die muss sie spielen!« Als Pabst die Wiener *Arbeiter-Zeitung* aufschlägt, ist er mit der Welt versöhnt, denn die lobt alle Filme »des einzigen bedeutenden Regisseurs, den der deutsche Film heute noch hat.«

Dabei ist die Konkurrenz beträchtlich. Ein anderer Großer, Fritz Lang, hat mit seinem neuesten Film am selben Tag Premiere, gleich um die Ecke im Ufa-Palast am Zoo. *Die Frau im Mond* nach einem Buch seiner Frau Thea von Harbou handelt von einer Odyssee im Weltraum und einer tragischen Liebe, die auf dem Mond schicksalhaft in Erfüllung geht. Heimlicher Star bei der Premiere ist aber nicht Fritz Lang, auch nicht die etwas kitschige Liebesgeschichte um die titelgebende Frau im Mond, sondern Albert Einstein, der höchselbst als Ehrengast geladen ist. Der Physiker wird begrüßt wie der Kronzeuge der Gewissheit, dass eine Mondlandung durch den unaufhaltsamen Fortschritt schon in naher Zukunft Wirklichkeit werden kann.

Fern von Berlin, in Wien, genießt Leni Riefenstahl ihre eigene Premierenfeier. Sie, die beim *Blauen Engel* leer ausgegangen ist, ist in die Schweiz gereist und hat mit Regisseur Arnold Fanck im Berninamassiv *Die weiße Hölle vom Piz Palü* abgedreht. Immerhin hat Riefenstahl es geschafft,

Pabst für die Innenaufnahmen zu gewinnen, sein Name macht sich gut in ihrer Vita. Nach der Uraufführung des Bergdramas am 11. Oktober 1929 in der österreichischen Hauptstadt erntet die Berlinerin auch in der Heimat die erhofften Lorbeeren. Die *B.Z. am Mittag* findet sie »... schauspielerisch so gut wie noch nie zuvor, zeigt bei aller fraulichen Anmut jungenhafte Courage und Gewandtheit, sie ist die wohl sympathischste und brauchbarste Hochtouristin im deutschen Film.« Das Berliner *8 Uhr Abendblatt* stellt fest: »Leni Riefenstahl [...] hat in ihrer Körperlichkeit ganz große Szenen.«

Marlene Dietrich ist Lob für die Konkurrenz einerlei, sie denkt vor allen Dingen an sich selbst. Am 9. Oktober 1929 unterschreibt sie bei der Ufa einen Vertrag, 25.000 Reichsmark für die Rolle der Rosa Fröhlich. Von Sternberg ist hochzufrieden, endlich sind sich alle einig, eine Entscheidung ist getroffen, die Dreharbeiten können losgehen. Erich Pommers Begeisterung hält sich allerdings in Grenzen, seiner Ansicht nach ist Marlene Dietrich trotz des Erfolgs der *Zwei Krawatten* immer noch kein garantierter Publikumsmagnet, jedenfalls nicht an der Kinokasse. Auch Jannings rümpft weiterhin die Nase bei der Vorstellung, Kussszenen mit der Dietrich zu drehen. »Eine komplette Fehlbesetzung«, schnauft der schwergewichtige Mime. Doch natürlich lockt ihn die enorme Gage von 200.000 Reichsmark – achtmal so viel, wie diese Dietrich bekommt.

Marlene, die vermeintliche Fehlbesetzung, feiert die Vertragsunterzeichnung da bereits mit Freunden bei einem ausgelassenen Champagnerbad in der Bar La Silhouette in der Schöneberger Geisbergstraße.

***

Und noch eine Premiere am 15. Oktober 1929: Edith Jacobsohn hält ein druckfrisches Exemplar von *Emil und die Detektive* in den Händen, auf dem Einband zwei Jungs, die hinter einer Litfaßsäule hervorspähen und einen Mann beobachten, dem sie sich gewiss gleich an die Fersen heften werden. Das Titelbild stammt vom beliebten Zeichner Walter Trier, der auch für Ullstein tätig ist und 1928 am Bühnenbild für die Revue *Es liegt in der Luft* mitgewirkt hat. Es war eine gute Entscheidung, in die Detektivgeschichte seine Illustrationen einzustreuen, lustige Skizzen von Emils Mutter, der Freundin Pony Hütchen oder seinem Kumpel Gustav. Kaum ist das Buch erschienen, erhält Erich Kästner begeisterte Fanpost von Kindern. Ein Siebenjähriger erzählt, er sei nach der Lektüre auf Emils Spuren quer durch Berlin spaziert: »Sehr geehrter Herr Kästner, [...] Meine Schwester und ich haben den Emil gelesen. Es war ein knorkiges Buch. Ich habe mir die meisten Sachen angesehen. Und was ich mir noch nicht angesehen habe, das sehe ich mir noch an. In der Schumannstraße 16 war ich auch. Pony Hütchen habe ich aber leider nicht gesehen. Sonst hätte ich mit ihr gespielt.« Umgehend berichtet Kästner seiner Mutter von den Reaktionen auf seinen Roman: »Vorgestern kam ein Brief von einem kleinen Jungen. Den lege ich dir heute in einer Maschinenschrift bei. Das Original schicke ich gerade Frau Jacobsohn. Sie will den Brief vielleicht so wie er ist, handschriftlich also, vervielfältigen lassen und damit Reklame machen. Ist er nicht reizend, der kleine Kerl?«

Erich Kästner tritt sogar in Kontakt zu Hans Albrecht Löhr, dem Briefschreiber, und Edith Jacobsohn setzt ihre Werbeidee in die Tat um. In einem Reklameprospekt mit dem Faksimile in Schülerschrift ermuntert sie die jungen

Leser und Leserinnen: »Wollt Ihr nicht auch solche begeisterten Briefe schreiben wie diese?«

Kästner freut das verkaufsfördernde Engagement seiner Verlegerin. Jacobsohn geht hart mit Buchhändlern ins Gericht, die ihre Bücher nicht führen, sitzt den Autoren ihrer *Weltbühne* im Nacken, gefälligst ihre Bücher zu besprechen. Im *Berliner Tageblatt* kann man alsbald lesen: »Dieser Kinder-Roman des Dichters Erich Kästner ist nicht etwa ein Nebenwerk; er bezeugt vielmehr, dass Kästner mit wohltuendem Humor, mit Grazie und Behagen erzählen kann. Der temperamentvoll geschriebene kleine Roman hat in jedem Satz Witz und Liebenswürdigkeit; nicht ein Wort ist gekünstelt; nicht eins gesucht. Es ist da eine muntere und abenteuerliche Erzählung geglückt, und neben einer Anzahl lustiger Figuren steht, zärtlich gesehen und gestaltet, die prachtvolle Mutter; sind zu lesen die Dialoge zwischen ihr und dem Söhnchen Emil. Ein Roman für Kinder? Junggesellen und kinderlose Eltern wissen nun nicht, wie sie dieses Buch, das sie ihren nicht vorhandenen Kindern nicht wegnehmen können, lesen sollten? Keine falsche Scham! Selber kaufen! Es fesselt den Erwachsenen wie den Jugendlichen. Walter Trier steuerte viele hübsche Bilder bei.« Das ist der einhellige Tenor der Rezensionen.

Mit *Emil und die Detektive* hat Williams & Co. überraschend einen Bestseller gelandet. Kaum erschaffen, hat der beliebte Emil bereits den Sprung über den Ärmelkanal geschafft, denn Edith Jacobsohn mit ihren guten Verbindungen nach England kann das Buch sogleich an den dortigen Cape-Verlag verkaufen. Nicht lange, da fällt auch schon das Zauberwort ›Verfilmung‹, kein Wunder, die mitten aus dem Großstadtleben gegriffene Story mit Verfolgungsjagd liest sich bereits wie ein Filmszenario.

Zufällig schreibt Kästner gerade für *Die neue Bücherschau* eine Antwort auf eine Umfrage zum Thema deutscher Film: »Solange Filme wie Briketts oder Konfektionsanzüge hergestellt werden, solange erreichen gute Manuskripte, begabte Regisseure und verantwortungsbewusste Darsteller nichts weiter, als dass sie in die Maschinerie geraten oder aufs laufende Band.« Hoffentlich kommt sein *Emil* in gute Hände!

Zu Kästners Roman greifen nicht nur Erwachsene auf der Suche nach einem Geschenk für den Nachwuchs; nein, sie legen es selbst nicht mehr weg, lesen sich fest auf den Seiten, auf denen sie sich wiederfinden können. Da erleben sie ihr eigenes Berlin, Emil läuft durch die Straßen der Stadt von 1929, ein Gegenwartsroman für Kinder, das ist neu. Die Handlung nimmt rasant Fahrt auf, so wie die Straßenbahn zwischen Leipziger Platz und Bahnhof Zoo, und der Duft der berühmten Bouillon aus dem Josty steigt ihnen aus den Zeilen in die Nase. Angesteckt wird der Leser von Emils und Gustavs detektivischem Eifer, möchte geradewegs ins Buch hineinspringen und ihnen bei der Jagd nach dem Dieb zur Seite stehen. Kinder sind die Helden der Gegenwart. Ihnen wird ein eigener Wille zugestanden, sie können selbstständig denken, ungestraft auf eigene Faust handeln. Das Überraschendste am *Emil* aber ist, dass der moderne Großstadtroman für Jugendliche in einer munteren, zeitgemäßen Sprache geschrieben ist, ohne den pädagogischen Zeigefinger herkömmlicher Bücher mit penetrant erzieherischem Wert, absichtsvoll belehrend, von oben herab. Es ist ein Roman auf Augenhöhe, der Kinder, Jugendliche und Erwachsene gleichermaßen anspricht.

Emil und die Detektive wird zum literarischen Durchbruch Erich Kästners, der am 23. Februar 1929 seinen dreißigsten Geburtstag gefeiert hat. »Ich wusste, dass ich auf Sie setzen kann«, sagt Edith Jacobsohn stolz zu ihrem glücklichen Autor. Natürlich hofft sie, dass Kästner nach dem tollen Erfolg sogleich weiterschreibt, eine Fortsetzung nachlegt. So fix kann aber auch der fleißige Kästner keinen zweiten Jugendroman aus dem Ärmel schütteln. 1929 erscheint zunächst seine Gedichtsammlung *Lärm im Spiegel*, Verse aus verschiedenen Feuilletons; sein Name ist plötzlich so bekannt, dass die Leser auch so eine Textsammlung haben wollen. Der Erfolg spült Kästner willkommenes Geld in die Kasse, das er nicht nur im Kaffeehaus umsetzt. Der möblierte Herr zieht 1929 aus seiner kleinen Bude in der Prager Straße in eine eigene großzügige Wohnung, einen Neubau in einer kurzen Seitenstraße des Kurfürstendamms, der ruhigen Charlottenburger Roscherstraße. Nun kann er in der eigenen Badewanne planschen wie früher als Gast im Excelsior. »Das Bett hab ich wirklich allein eingeweiht«, beruhigt er die wegen der erotischen Eskapaden ihres einzigen Sohnes häufig beunruhigte Mutter in Dresden. »Also keine Sorge von wegen Lasterbett.«

In Sichtweite der neuen Wohnung, auf der anderen Seite des Kurfürstendamms, steht als neue Attraktion des Berliner Westens der WOGA-Komplex von Architekt Erich Mendelsohn. Der Bau beherbergt Appartements nach modernstem Standard sowie eine Ladenstraße, im großen Innenhof finden die Anhänger des Trendsports Tennisplätze. Mit elegantem Schwung wölbt sich die Fassade zur Straße hin, das Universum-Kino kündigt auf einer großen Tafel Alfred Hitchcocks Krimi *Blackmail – Erpressung* mit Publikumsliebling Anny Ondra an. Im WOGA-Komplex hat auch das Kabarett der Komiker seine neue Adresse, für das Kästner gelegentlich Texte schreibt. Der vielseitige neue Nachbar sitzt nun direkt darüber, im Café Leon im ersten Stock, und macht Notizen für ein Hörspiel, *Leben in dieser Zeit. Lyrische Suite in drei Sätzen.*

***

Die Geschwister Mann sind zwei Rastlose. Im Gegensatz zum in häuslicher Regelmäßigkeit zwischen Vormittagsbier und Nachmittagsschlaf konzentriert arbeitenden Vater, der an seinem Schreibtisch in der schicken Bogenhausener Villa dicke Romane verfasst, 1924 ist *Der Zauberberg* erschienen und seit 1926 sitzt er an dem mehrbändigen *Josephsroman*, wohnen sie gern in Pensionen und Hotelzimmern, irrlichtern zwischen München und Berlin, und schon 1925 ist Klaus zu seiner ersten großen Auslandsreise aufgebrochen und schwärmt seither von Paris und den Surrealisten.

Das Jahr 1929 läuft von Anfang an recht gut für Klaus und Erika. Sie verfasst regelmäßig Glossen für die *Münchner Neuesten Nachrichten*. Außerdem hat sie ein Reise-Stück, *Hotels*, geschrieben, darin erzählt sie vollmundig von schrägen Portiers und schlecht gemachten Betten und natürlich von den Schwierigkeiten, die Hotelrechnungen zu begleichen. Klaus, der das Stück gelesen hat, amüsiert sich: »Kompliment. Man könnte glatt meinen, Alfred Polgar hätte dir die Hand geführt.«

»Danke. Aber statt Stücke zu schreiben«, sagte Erika, »würde ich lieber wieder selbst auf der Bühne stehen.«

»Der Gründgens macht jetzt übrigens in Film«, weiß Klaus.

Erika verzieht das Gesicht. »Ach der, der kann doch nur sich selber spielen, Hinterlistige und Hochstapler.«

»Aber warum willst du nicht weiterschreiben?«, legt Klaus nach. »Alle sagen, du hast Talent, auch René Schickele und Annette Kolb.«

»Es gibt schon genug Schriftsteller in der Familie. Der Zauberer, Onkel Heinrich, du. Und Golo hat auch Ambitionen. Du weißt doch, der unentrinnbare Familienfluch«, winkt Erika ab und wirft sich in Pose. »Aber ich, ich bin nun mal Actrice von Beruf.«

Auf der Bühne ist Erika freier, dort trifft sie der familiäre Bannspruch nicht, das Drama ist ein Genre, in dem vor allem der Vater nicht zuhause ist. Ganz ohne den einflussreichen alten Herrn geht es aber auch diesmal nicht. Thomas Mann macht sich für seine Älteste stark, und so kommt es zu einem kurzen Engagement im schlesischen Bielitz. In seinem einzigen Theaterstück, *Fiorenza*, spielt Erika die Rolle der Fiore. Das Renaissancedrama von 1906 handelt vom fanatischen Prediger Savonarola, dessen grausame Diktatur der Askese auf die Kränkung zurückgeht, dass Fiore ihn einst als Geliebten verschmäht hat; ein Volk muss büßen für die Liebesenttäuschung. Erika friert, der Winter im Osten des Landes, wo bereits Schnee liegt, ist bitterkalt, sie spielt die Rolle mit klappernden Zähnen herunter. Die Presse meint es nicht besonders gut mit ihr und bezeichnet sie spöttisch als »Kronprinzessin der deutschen Literatur«. Sie kann es verkraften, schon die Uraufführung von *Fiorenza* im Jahre 1907 hatte Thomas Mann keinen Ruhm als Dramatiker eingebracht.

Erika kehrt dem kalten Schlesien nur allzu gern wieder den Rücken. »Sei nicht Schauspielerin in der ganz kleinen Provinz! Musst du denn unbedingt ein Schauspieler sein?« Das hatte Erika bereits als Kolumnistin im *Tempo* geschrieben. Sie will höher hinaus, strebt ins

Scheinwerferlicht großstädtischer Bühnen, am liebsten in einer tragenden Hauptrolle. Im Oktober 1929 kann sie tatsächlich einen Vertrag beim Bayerischen Staatstheater unterschreiben, wo sie für eine Gage von 600 Reichsmark monatlich die Königin Elisabeth in Schillers *Don Carlos* spielt. Endlich eine Rolle nach ihrem Geschmack, gekröntes Haupt in einem Bühnenklassiker! In den *Münchner Neuesten Nachrichten* rät ein Kritikerkollege ihr zwar, nicht in jeder Szene einen Schmollmund zu ziehen, dennoch gilt Erika als Überraschung des Abends, endlich.

Klaus Mann ist auch nicht faul. Er hat, inspiriert von der Weltreise, eine Komödie geschrieben, die im Januar 1930 in Bochum uraufgeführt werden soll, *Gegenüber von China* heißt das Stück, in dem er amerikanische und europäische Jugend gegenüberstellt. Er skizziert eine junge individualistische Europäerin, die begeistert vom starken, produktiven Kollektivgeist ist, der an einer Universität des amerikanischen Westens herrscht. Die gewichtige Botschaft der leichtfüßigen Komödie ist ein indirekter Aufruf an die Europäer, genauso mit vereinten Kräften an einem Strang zu ziehen wie die Amerikaner, wenn es was werden soll mit der friedlichen Völkerverständigung auf dem heimischen Kontinent. Der Weltreisende Klaus legt in diesem Spätjahr sogar noch einen Roman vor, sein Held ist ein Eroberer, in dessen Reich die Sonne nicht untergehen soll: *Alexander. Roman der Utopie*. Der große Mazedonierkönig ist mit dem hehren Ziel angetreten, ein paradiesisches Großreich zu erschaffen, aber am bitteren Ende herrschen Not und Elend. Die kritische *Weltbühne* rümpft zwar die Nase, findet das Buch »infantil« und »operettenhaft«, rügt mangelnde historische Faktentreue, doch unterm Strich spenden viele Literaturkritiker dem jungen Autor großzügiges Lob, es heißt, er finde allmählich zu seinem eigenen Stil. Klaus kann durchaus zufrieden sein, denn auch die gestrenge Erika zollt ihrem Bruder Anerkennung. Doch das Jahr 1929 ist noch nicht zuende.

***

»Rumm rumm haut die Dampframme auf dem Alexanderplatz. Viele Menschen haben Zeit und gucken sich an, wie die Ramme haut. [...] Ruller ruller fahren die Elektrischen, gelbe mit Anhängern, über den holzbelegten Alexanderplatz, Abspringen ist gefährlich. Der Bahnhof ist breit freigelegt, Einbahnstraße nach der Königstraße an Wertheim vorbei. Wer nach dem Osten will, muss hinten rum am Präsidium vorbei durch die Klosterstraße. Die Züge rummeln vom Bahnhof nach der Jannowitzbrücke, die Lokomotive bläst oben Dampf ab, grade über dem Prälaten steht sie, Schlossbräu, Eingang eine Ecke weiter. [...] Über dem Damm, sie legen alles hin, die ganzen Häuser an der Stadtbahn legen sie hin, woher sie das Geld haben, die Stadt Berlin ist reich, und wir bezahlen die Steuern.«

Der Roman *Berlin Alexanderplatz* von Alfred Döblin erscheint – nach Vorabdruck in der *Frankfurter Zeitung* – im Oktober 1929 bei S. Fischer. Das Buch geht weg wie geschnitten Brot. Die Leute lesen auch hier eine Geschichte über ihren unmittelbaren Alltag, das traurige Schicksal von Franz Biberkopf lässt sich überall in Berlins Straßen wiederfinden, jene Story vom armen Arbeiter, der, einmal gestrauchelt, nicht mehr auf die Beine kommt. Wie Erich Kästner, wie Vicki Baum weiß auch Döblin genau, wovon er schreibt. Als Kassenarzt hatte er durch seinen Beruf direkten Kontakt zu Kriminellen auf der

Beobachtungsstation im Krankenhaus Lichtenberg, wo er früher praktizierte. Inzwischen lebt Döblin mit seiner Familie nah am Alexanderplatz, in der Frankfurter Allee, wo er auch seine Praxis hat, diese »Zentrale der Existenzsorgen«, wie Heinrich Mann sie bezeichnet. *Berlin Alexanderplatz* ist auch eine Topografie der Stadt, Seite um Seite können die Leser Franz Biberkopf vom Zuchthaus in Tegel zum Rosenthaler Platz und hinein ins Scheunenviertel folgen, kapitelweise nimmt er sie mit zum Polizeipräsidium und zur Charité.

Döblin hat schon einiges veröffentlicht, aber *Berlin Alexanderplatz* macht den schreibenden Arzt schlagartig einem breiten Publikum bekannt. Der Roman wird zu einem durchaus günstigen Zeitpunkt lanciert; ganz Berlin verfolgt gespannt die Debatten über die Planungen für den zentralen Alexanderplatz. Gerade ist die Entscheidung des Architekturwettbewerbs publik geworden, wie sollte ein Roman mit diesem Titel da der öffentlichen Aufmerksamkeit entgehen? Auch auf den Seiten der wichtigen, von Stadtbaurat Martin Wagner und Adolf Behne herausgegebenen Bauzeitschrift mit dem programmatischen Titel *Das neue Berlin* ist Döblin diesen Monat präsent, als charaktervolles Porträt des Malers Rudolf Schlichter.

Fast zeitgleich erscheint übrigens, sicher entgeht es der aufmerksamen Erika Mann nicht, ein anderes literarisches Berlin-Buch, Franz Hessels *Spazieren in Berlin.* Das ›Bilderbuch in Worten‹ berichtet von einer dynamischen Stadt unterwegs in die Zukunft. Flaneur Hessel präsentiert dem Leser seine Eindrücke der rasch wachsenden Metropole. »Ein Werk, das dauernd fortgesetzt wird und wohl das Wichtigste ist, was zurzeit mit Berlin geschieht. Dieses neue, werdende Berlin vermag ich noch nicht zu schildern, ich kann es nur preisen«, schreibt er.

Dem Bauboom des werdenden Berlin, das Hessel in den höchsten Tönen preist, wird jäh Einhalt geboten. Während sich überall Kräne drehen, sich Passanten auf dem Alexanderplatz fragen, wann sie endlich keine Umwege mehr zwischen Bauzäunen und verlegten Straßenbahnhaltestellen machen müssen, brechen die Kurse an der New Yorker Börse ein. Am Donnerstag, dem 24. Oktober 1929, kommt es zum Crash an der Wall Street. Etliche Leute haben Kredite aufgenommen, um in Wertpapiere zu investieren, von denen sie sich eine wundersame Geldvermehrung versprochen haben, doch die Spekulationsblase ist geplatzt. Ende Oktober 1929 ist der Ausverkauf der Aktien in vollem Gange, die sich damit in wertloses, bedrucktes Papier verwandeln. Da ist es wohl nur eine Frage der Zeit, bis auf der Großbaustelle Alexanderplatz die Dampframme schweigen wird, die Kräne stillestehen und die Bauarbeiter nicht mehr zur Arbeit erscheinen.

Peter Behrens und Else Oppler-Legband trifft die schlechte Nachricht von der Börse mit der Wucht eines Vorschlaghammers. Sie können sich an allen zehn Fingern ausrechnen, dass der Kurseinbruch die Bauarbeiten am Alexanderplatz um Jahre, wenn nicht Jahrzehnte zurückwerfen wird. Die wichtigen Verkehrsbauten sind finanziert und werden wohl in absehbarer Zeit fertig. »Aber für die Geschäftsgebäude sehe ich schwarz«, sagt Behrens. »Welcher Investor wird sich jetzt überhaupt noch finden? Unwahrscheinlich, dass die Amerikaner, die noch im Sommer Interesse bekundet haben, jetzt noch bei der Stange bleiben. Ein Investor denkt schließlich nur gewinnorientiert. Dafür ist der Alexanderplatz nun nicht mehr das richtige Pflaster.«

»Und das, obwohl die Baugrube für den Kinokomplex gegenüber der Bahntrasse bereits ausgeschachtet ist«, fügt Else Oppler-Legband hinzu.

Sie sind auf einem Treffen des Werkbunds, dessen Mitglieder sich in Berlin an einem runden Tisch im Romanischen Café zusammenfinden. Auch Hans Poelzig ist bei der informellen Sitzung zugegen. Er hat nicht nur das Haus des Rundfunks im Westend zu betreuen, sondern noch eine andere Großbaustelle, das neue Verwaltungsgebäude der I.G. Farben, und blickt deswegen leicht beunruhigt nach Frankfurt am Main. Marlene Poelzig ist gerade dabei, die Möbel dafür zu entwerfen.

»Das Café, wo wir uns eigentlich treffen wollten, soll schon geschlossen haben«, weiß Else Oppler-Legband, »womöglich schon wegen Konkurs. Die Krise wird etliche treffen, nur eine Frage der Zeit, bis eine gigantische Pleitewelle auch die Bauwirtschaft erfasst.«

Marlene Poelzig denkt traurig an die Konsequenzen für den Kunstbetrieb, dem sie verbunden ist: »Das Schicksal von Herwarth Waldens Sturm-Galerie ist damit wohl auch besiegelt, das Ende einer Institution.«

»Der Schwarzmarkt rund um den Alexanderplatz wird bald erst recht aufblühen, dabei haben Sie mit ihren Neubauten dafür gesorgt, dass die Gegend dort etwas ruhiger und aufgeräumter wird«, so Else Oppler-Legband zu den Poelzigs.

»Mein Babylon-Kino hat immerhin gerade eröffnet«, sagt Hans Poelzig, »mit der Bergner als *Fräulein Else*. In solchen Zeiten hat Kino Konjunktur, wenn die Leute sich in Traumwelten von Alltagssorgen ablenken wollen.«

Die Architekten hoffen, dass die im Bau befindlichen Großsiedlungen von den Ereignissen unberührt fertiggestellt werden können, Bruno Tauts Hufeisensiedlung in Britz, Martin Wagners Weiße Stadt im Norden Berlins. Und natürlich die große Wohnanlage in der Heimat von Peter Behrens wie Marlene Poelzig in Hamburg-Winterhude. Behrens bedauert, dass er schon viel zu lange nicht mehr in der Hansestadt gewesen ist, schon mit siebzehn weg von der Waterkant und seither ständig anderswo, München, Darmstadt, Wien, Berlin. Marlene Poelzig sagt, sie fände es beeindruckend, in welcher Weise der Kollege Fritz Schumacher als Oberbaudirektor das Gesicht Hamburgs in den letzten Jahren geprägt hat. »Er hat es zu seiner Stadt gemacht!«

»Wie lange es wohl noch dauern wird, bis eine Frau auf einen solchen Posten gelangt«, wirft Else Oppler-Legband ein.

Marlene Poelzig bewundert die Leistungen dieser Frau, die fast zwanzig Jahre älter ist und schließlich ihre Mutter sein könnte. Die Männer, und geben sie sich auch noch so fortschrittlich, schweigen zu Oppler-Legbands Bemerkung beredt.

»Aber was Sie nicht alles schon gemacht haben«, sagt Marlene Poelzig mit aufrichtiger Bewunderung. »Einrichtungen, Klavierentwürfe, Theaterkostüme, und natürlich kenne ich Ihr Buch über *Das Kind als Mittelpunkt der Wohnungseinrichtung*. Der Titel war mein Credo bei der Einrichtung des Eigenheims!«

»Nun mal nicht so bescheiden«, sagt die Ältere, »mit Theater haben Sie schließlich auch zu tun gehabt, der *Golem*, nicht wahr? Und Sie haben Ihre ganz eigene Handschrift. Ich weiß sehr wohl, dass Sie nicht nur Mitarbeiterin Ihres

Mannes sind, auch wenn der wegen der Auftraggeber, die nur an den Mann und seinen Geniestreich glauben, immer die letzte Unterschrift unter alles setzt. Ihre Holzhäuser für Hellerau, Frau Poelzig! Und die vielen Einfamilienhäuser in den letzten zehn Jahren! Die Werkbund-Siedlung in Stuttgart!« Else Oppler-Legband ist erstaunlich gut im Bilde. Sie sieht ebenso würdevoll und damenhaft aus wie auf dem Porträt, das die Fotografin Minya Dührkoop von ihr gemacht hat, sie trägt einen großen Hut und blickt ernst und mütterlich und vor allem äußerst aufmerksam. Ein wenig schmale Lippen hat sie, aber das passt zu ihrer langen, geraden Nase und den akkurat gezupften dunklen Augenbrauen. »1914 auf der Werkbund-Ausstellung in Köln, die wegen des Kriegsausbruchs vorzeitig schließen musste«, so Else Oppler-Legband, »als ich die Leitung vom ›Haus der Frau‹ innehatte, da gab es doch eine Beteiligung der Hamburger Kunstgewerbeschule, wo Sie zu der Zeit studiert haben dürften. Waren Sie damals nicht auch dabei?«

Während sich die Frauen über den Werkbund unterhalten und erwägen, demnächst zusammen ins Babylon-Kino zu gehen, sprechen die Männer über die politische Lage. Die beiden teilen die meisten Auffassungen vom Bauen, so unterschiedlich sie als Typen auch sind, Behrens ein Grandseigneur von hanseatischer Distanziertheit, Poelzig ein waschechter Berliner, der redet, wie ihm der Schnabel gewachsen ist. Ein ganzer Kerl, so nennen ihn die Kollegen. Vor allem in ihren Zukunftssorgen stimmen Behrens und Poelzig überein.

»Den Rechten kommt der Börsencrash wie gerufen«, sagt Behrens. »Sie werden mit ihrem Volksbegehren gegen den Young-Plan nun erst recht Erfolg haben. Der Plan sieht zwar eine Erleichterung der Zahlungsmodalitäten für Deutschland vor, aber kein Mensch will von nie zu tilgenden Kriegsschulden und Reparationszahlungen bis in ferne Zukunft hören, jetzt erst recht nicht. Die Zeichen der Zeit stehen leider gut für Demagogen, die sich als Heilsbringer fürs Land gebärden und die Kriegsschuld wiederum mit Gewalt tilgen wollen.«

»Und Hugenberg unterstützt Hitler auch noch, indem er der Geschichte von der Kriegsschuldlüge in seinen Blättern Zunder gibt. Seine Kampagne gibt den Rechten weiter Auftrieb«, sagt Poelzig. »Schon beängstigend, wie dieser unangenehme Pressezar die Meinung der Massen beeinflusst.«

»Hoffen wir, dass die Menschen nicht so dumm sind, auf die Nationalsozialisten hereinzufallen«, so Behrens.

»Hauptsache, die wirtschaftliche Lage mündet nicht wieder in einen Krieg«, sagt Behrens, »der letzte hat uns viel zu lange vom vernünftigen Bauen abgehalten.«

»Im Friedensvertrag von Versailles ist die Entmilitarisierung Deutschlands schließlich festgeschrieben«, erinnert Poelzig, »das gilt auch über den bedauerlichen Tod Stresemanns hinaus. Und 1926 ist man dem Völkerbund beigetreten, das kann doch nicht ohne Bedeutung sein.«

»Es gibt durchaus Menschen, die skeptisch sind, ob die Politik aus dem furchtbaren Weltkrieg gelernt hat«, so Behrens. »Wehret den Anfängen!«

»Nun heißt es erst mal hoffen, dass unsere laufenden Projekte nicht zum Stillstand kommen, verehrter Kollege«, sagt Poelzig, »wäre doch zu schade um Ihre schönen Ideen für den Alexanderplatz.«

Else Oppler-Legband zeigt sich optimistisch: »So weit wird es hoffentlich nicht kommen!«

Nein, so weit kommt es zum Glück auch nicht. Lange müssen die prominenten Architekten um ihre Baustellen nicht bangen. Hans Poelzigs Haus des Rundfunks ist viel zu wichtig, als dass man es aufgeben würde, und die Mauern des Eigenheims in der Tannenbergallee stehen sowieso schon fest auf ihrem Fundament. Auch für Peter Behrens und Else Oppler-Legband gehen die Geschäfte günstig aus, obwohl der ursprüngliche Investor abgesprungen ist. Eine andere amerikanische Gesellschaft, die durch den Einbruch an der Börse offenbar keine Federn lassen musste, erteilt Behrens den Auftrag für den Alexanderplatz, seine Entwürfe können leicht abgeändert gebaut werden – und ganz ohne Reklameflächen. Das Material aus den Oppler-Legband'schen Sandsteinwerken an der Unstrut kann endlich nach Berlin bestellt werden. Und doch fragt man sich, während sich wieder Kräne drehen, welchen politischen Erschütterungen man denn noch wird trotzen müssen. Dass die NSDAP sich vor allem bei den Unzufriedenen großer Beliebtheit erfreut, ist unübersehbar.

November

*Marlene Dietrich dreht »Der Blaue Engel« und ringt nach Luft *** Erika Mann gratuliert ihrem Vater zum Literaturnobelpreis *** Gabriele Tergit mit »Käsebier« auf Vicki Baums Spuren *** Valeska Gert posiert in Jeanne Mammens Atelier am Kurfürstendamm*

Louise Brooks im Halbprofil mit ihrem charakteristisch schwarzen Haar, Ebenbild der Thymian aus *Tagebuch einer Verlorenen*, ziert die Novemberausgabe des *Magazin*, doch in Neubabelsberg dreht sich diesen Monat alles um Marlene Dietrich. Am 4. November 1929 beginnen die Arbeiten zu *Der blaue Engel* in den Ufa-Ateliers in Neubabelsberg. Das für optimale Akustik kreuzförmig angelegte, schalldichte Studio mit ausgeklügelter Technik, das sogenannte Tonkreuz, ist erst kürzlich neu eingerichtet worden. Um weite Wege zu vermeiden, ist Marlene Dietrich vorübergehend von ihrer Wohnung in der Wilmersdorfer Kaiserallee ins komfortable Ufa-Gästehaus in der Neubabelsberger Kaiserstraße gezogen.

Der Rummel um den Dreh ist gewaltig. Von Sternberg fürchtet gar um die vertraglich festgelegte Einhaltung der Termine, die Studios sind nur bis 22. Januar 1930 reserviert, das heißt, *Der blaue Engel* muss innerhalb von drei Monaten fix und fertig im Kasten sein, sonst wird es teuer. Am Set erscheinen nach und nach prominente Zaungäste: Max Reinhardt, George Grosz und George Bancroft, und natürlich Heinrich Mann, der unbedingt sehen will, was unter fremder Regie aus seinem Roman wird. Als Leni Riefenstahl ihre Nase zur Studiotür hereinsteckt, ahnt Marlene Dietrich nichts Gutes. Überall, wo diese missgünstige Person auftaucht, sät sie Unfrieden. Bei den Proben zur Szene mit dem Song der feschen Lola singt Marlene besonders angriffslustig und laut, als wollte sie die Riefenstahl damit vertreiben. Von Sternberg ist begeistert: »Das drehen wir gleich noch mal. Genau so!«

Man munkelt, dass auch Charlie Chaplin noch in Babelsberg vorbeikommen wird, schließlich ist er ein Freund des Regisseurs. Chaplin taucht nicht auf, dafür aber Buster Keaton. Gerade auf Europabesuch, kommt er eines Tages leibhaftig nach Babelsberg und staunt nicht schlecht über die hochmodernen Studios: »So was gibt's nicht mal in Hollywood!« Als lebende Legende ist Keaton eine Attraktion. Kurt Weill schmückt sich ungeniert mit dem Namen des Idols und unterzeichnet Post an Lotte Lenya mit »tausendmal geliebt von deinem Buster«. Der Echte sei »zart wie eine Hyazinthe«, das jedenfalls findet Marieluise Fleißer, die ebenso wie Elisabeth Hauptmann im *Berliner Börsen-Courier* über den Stummfilmstar mit dem todernsten Pantomimengesicht schreibt. Dass Keaton auch sprechen kann, hat er 1929 in seinem ersten Tonfilm bewiesen, *The Hollywood Revue of 1929*. Für die deutsche Fassung unter dem Titel *Wir schalten um nach Hollywood* bringt er sogar einen deutschen Satz über die Lippen: »Du bist verrückt.«

Auch wegen des Soundtracks aus dem stets Noten sprudelnden Füllhorn Friedrich Hollaenders verspricht

Der blaue Engel ein Publikumserfolg zu werden. Am Set spielen wieder mal die beliebten Weintraubs Syncopators auf, die Jazzband, die mit Brecht und Piscator arbeitet und die schon Auftritte von Josephine Baker begleitet hat. Marlene Dietrich singt weitere hitverdächtige Lieder, das beschwingte Stück *Nimm Dich in Acht vor blonden Frauen* und, angetan mit Rüschenhöschen, Strapsen und weißem Zylinder auf einem Fass sitzend, die schmachtende Nummer *Ich bin von Kopf bis Fuß auf Liebe eingestellt.* Männer umschwirren Marlene als fesche Lola wie Motten das Licht, allein Jannings ist immer noch brummig, da hilft auch die hohe Gage nichts. Er ist es gewohnt, prominenter Mittelpunkt zu sein, nun stiehlt ihm diese junge, unbedarft wirkende Berlinerin die Schau. Kein Wunder, dass die Chemie zwischen ihr und Jannings nicht stimmt, er will nicht aufhören, sie wie eine kleine Komparsin zu behandeln. Sie straft ihn dafür mit gleichgültiger Verachtung, auch vor laufender Kamera. Mit dem blonden Hans Albers verträgt sich Marlene umso besser.

»Die erwürg' ich noch«, entfährt es Jannings. Diese Dietrich ist von einer gefährlich sorglosen Lässigkeit, zugleich scheint sie das Geschehen am Set stets unter Kontrolle zu haben. Jannings fühlt sich verunsichert, doch das darf er um keinen Preis zeigen, keinesfalls.

»Klappe!« Von Sternberg dreht die nächste Szene, der Professor erwischt seine Lola in enger Umarmung mit Albers alias Mazeppa und geht wutschnaubend auf sie los. Jannings packt die Dietrich, entreißt sie dem Liebhaber, umschließt mit seinen Pranken ihren schlanken Hals und drückt zu. Die Kamera surrt, Marlene röchelt, Jannings drückt immer noch zu, mit der Raserei des eifersüchtigen Mannes. Marlene windet sich, sie zappelt. Merkt der

Kameramann denn nicht, dass die Rolle mit dem Schauspieler durchgeht?

»Schnitt!« Von Sternberg scheint den Ernst der Lage begriffen zu haben. Komparsen und Assistenten gehen nun auf Jannings los und zerren ihn von seinem Opfer weg.

Jannings lässt los. Marlene richtet sich auf, hustet, schluckt, japst. Endlich kann sie wieder sprechen: »Was soll das? Sind Sie wahnsinnig geworden? Wollen sie mich etwa umbringen? Das muss ich mir wirklich nicht gefallen lassen.«

Jannings blafft: »Nun stellen Sie sich mal nicht so an.«

Von Sternberg nickt auch noch: »Ich dachte, Sie können was ab! Babelsberg ist kein Mädchenpensionat!«

Marlene verschwindet außer sich in der Maske und blickt in den Spiegel. Entdeckt Würgemale am Hals, die überschminkt werden müssen. Als die fertigen Aufnahmen im Vorführraum gezeigt werden, hält manch einer den Atem an. Marlene ist immer noch nicht recht bei Stimme.

»Großartig, authentisch!«, hört man jemanden ins Surren des Projektors und ins Dunkel hinein sagen.

Marlene Dietrich stöhnt enerviert auf.

Jemand räuspert sich: »Geradezu beängstigend echt!«

Von Sternberg ist zufrieden. Marlene hat die Szene schließlich überlebt. Und sind echte Emotionen nicht unverzichtbar für die Vollkommenheit einer Szene? »Na bitte«, sagt er, »wenn sich das nicht gelohnt hat.«

Auch Heinrich Mann ist immer noch leicht verstimmt, weil die Freundin Trude Hesterberg bei der Rollenbesetzung leer ausgegangen ist – aber noch mehr darüber, dass sich seine schlimmsten Befürchtungen bewahrheitet haben und sich das Drehbuch deutlich von seiner Romanvorlage entfernt hat. Als Mann seinen Roman *Professor Unrat* 1905 veröffentlicht hatte, war der zu lesen als ernste Kritik an der verstaubten Moral des Wilhelminismus und an der autoritären Institution Schule, die dringend einer Erneuerung bedurfte. Jetzt, fast ein Vierteljahrhundert später und in einer neuen republikanischen Ära Deutschlands, haben sich die Verhältnisse gewaltig geändert; ist nicht Heinrichs eigener Neffe Klaus auf die reformerische Odenwaldschule gegangen, haben sich die strengen Sitten aus Kaisers Zeiten nicht längst gelockert? Wird *Der blaue Engel* immer noch jenen politischen Gehalt vermitteln können, von dem Manns *Professor Unrat* lebt, oder verkommt er vor der Kamera zur seichten Klamotte aus dem lasterhaften Berlin, begleitet von Hollaenders eingängigen Revuenummern? Und ist es nicht zu drastisch, den Professor am Ende des Films sterben zu lassen, so wie von Sternberg es will, statt ihn, wie im Roman, mit der schmerzhaften Liebeserfahrung zurückzulassen, also das Ende offen zu gestalten? Aber das Kinopublikum will nun mal einen knalligen Schlussakkord, so ist das eben.

»Herr Jannings«, sagt Heinrich Mann resigniert seufzend zu seinem Leidgenossen, »den Erfolg dieses Films werden in erster Linie die nackten Oberschenkel der Frau Dietrich machen.«

Jannings verlässt wutschnaubend den Vorführraum. Das ist nun wirklich zu viel für den eitlen Schauspieler. Er ist erst wieder ein wenig mit der Welt versöhnt, als er hört, dass Buster Keaton ihn als den größten deutschen Filmschauspieler bezeichnet hat.

Seit klar ist, dass Marlene Dietrich die begehrte Rolle der Rosa Fröhlich an Jannings' Seite ergattert hat, und das auch noch ohne großen Aufwand, ist das Verhältnis zwischen Heinrich Mann und Trude Hesterberg deutlich eingetrübt. Es kränkt sie immer noch, dass er den Romanstoff nicht sofort wieder zurückgezogen hat, als sie leer ausgegangen ist. Sie muss sich wohl oder übel mit dem Erfolg von *Die drei Musketiere* begnügen, einer opulenten Operettenrevue nach dem Dumas-Stoff, die am 31. August 1929 im Großen Schauspielhaus Premiere gefeiert hat. Von einer Heirat mit Heinrich ist längst nicht mehr die Rede, im Gegenteil, die Hesterberg zeigt ihrem Freund die kalte Schulter. Der hält die Liaison ohnehin schon für beendet. Im Kakadu am Kudamm, wo Animierdamen als modische Flapper mit Bubikopf um die Gunst der solventen Herren wetteifern, hat er eine neue, nahezu dreißig Jahre jüngere Frau kennengelernt. Sie arbeitet als Bardame im Kakadu und heißt, nein, nicht Rosa Fröhlich, sondern Nelly Kröger.

***

Am Nachmittag des 12. November 1929 klingelt in der Münchner Poschingerstraße der Telegrammbote. Elisabeth, die elfjährige und jüngste Tochter der Manns, überbringt dem Vater, der wie gewohnt konzentriert schreibend in seinem Arbeitszimmer sitzt, mit Neugier die Benachrichtigung. Was da wohl drinsteht? Ihn in seinem Allerheiligsten zu stören, das erfüllt ist von Zigarrenrauch und dem ledrigen Duft gebundener Bücher, ist ein Tabubruch, aber die Post kommt aus Stockholm. Thomas Mann nimmt Mädi, so nennt man die kleine Elisabeth in der Familie, das Telegramm aus der Hand.

Obwohl der 1924 erschienene *Zauberberg* Thomas Mann als Schriftsteller erst auf breiter Ebene international bekannt gemacht hat, spricht das Nobelpreiskomitee die

Auszeichnung für die *Buddenbrooks* aus, jenen Roman, der die braven Lübecker Bürger gleich mit seinem Erscheinen im Jahre 1901 in Wallung versetzt hatte, weil sie sich darin vom Sohn ihrer Stadt vorgeführt sahen, ein Nestbeschmutzer! Thomas Mann scheint nun nicht besonders überrascht von der Botschaft aus Schweden zu sein. Ist der Nobelpreis nicht die Ehrung, die er schon länger für sich erwartet? Hat Gerhart Hauptmann ihn nicht schon mehrfach vergeblich vorgeschlagen? Aber nun, endlich ist er da, der große Moment! Schon 1927 hatte Thomas Mann in einem Brief an Erika mit der Ehrung kokettiert: »Mit auffallender Hartnäckigkeit erhält sich dies Jahr [...] das Gerücht, dass ich den Nobelpreis bekommen soll. Ich glaube es nicht und Mielein auch nicht, und wenn ich mir ein Abenteuer wünsche, zu schallend eigentlich für meinen Geschmack, so nur, weil man denen, die man liebt, nie Grund genug wünschen kann, stolz darauf zu sein.«

Klaus schreibt seinerseits an Erika: »Welch festlicher Glanz nun auf unseren Hütten. Alle Leute gratulieren, von der Bankiersgattin bis zum Friseur.« Thomas Manns älteste Kinder, ja, sie freuen sich natürlich für den Vater, doch Klaus sackt bei der frohen Botschaft innerlich ein wenig zusammen. Der Literaturnobelpreis, höchste Auszeichnung, die einem Literaten zuteil werden kann, das ist in diesem Leben nicht mehr zu übertreffen. Klaus weiß keine Antwort auf die Frage, »was ich jemals gegen den geschlossenen Block dieser Geistesleistung würde zu stellen haben.« Er wendet den Blick lieber nach Frankreich und gratuliert seinem Seelenverwandten André Gide zum sechzigsten Geburtstag am 22. November mit einem Essay, ehrt ihn darin als großen Dichter europäischen Formats. Nachdem er die Hommage niedergeschrieben hat, schlägt er sein Tagebuch auf und notiert: »Nehme ohnehin gelegentlich etwas Morphium.« Schon in seinem ersten Roman *Der fromme Tanz*, erschienen 1925, hat Klaus Mann sich offen zu seiner Homosexualität bekannt. Das jedenfalls hat er dem übermächtigen Vater voraus, das kann ihm keiner nehmen.

Umgerechnet rund 200.000 Reichsmark wird der Nobelpreisträger aus Schweden bekommen, eine stattliche Summe. »Denkt doch mal, was man mit dem Geldsegen alles anfangen kann!«, schwärmt Erika. »Papa könnte sich ein neues Auto zulegen und ein neues Grammofon für die Schallplattenkonzerte am Abend anschaffen.« Sie erinnert im Kreise der Familie an den vergangenen Sommer in Nidden und daran, dass nun auch ein fähiger Architekt engagiert werden könnte, der für die gesamte Familie eine zünftige Fischerkate in Strandnähe errichtet. Der großzügige Papa lässt sich jedenfalls nicht lumpen und begleicht zuallererst die weiterhin anstehenden Schulden seiner reiselustigen Kinder – die Erlöse für *Rundherum*, so gut sich das Buch auch verkauft, reichen bei Weitem nicht aus. Man kann sich an den Fingern einer Hand ausrechnen, dass nun nicht nur das Preisgeld auf das Konto des Großschriftstellers regnen wird, sondern auch die üppigen Zahlungen des S. Fischer Verlages aus den gesteigerten Buchverkäufen. Die Wirtschaftskrise, von der gerade alle Welt spricht, geht die pekuniär nun so gesegneten Manns plötzlich nichts mehr an.

Heinrich Mann stellt illusionslos und nüchtern fest: »Die Literatur bleibt, wie je, eine Macht; und da die Macht sich allgemein fasslich in Geld ausdrückt, so fällt ihr Geld zu.« Seine Radiorede anlässlich des Nobelpreises für den

Bruder fällt trotzdem neidlos anerkennend aus. Heinrich sieht dieser Tage dem Ende der Dreharbeiten von *Der blaue Engel* mit Spannung entgegen; wenn der Film nächstes Jahr im Kino so viele Zuschauer bekommt wie schon am Set in Neubabelsberg, ist auch ihm größerer Ruhm sicher, wenn leider auch über den Umweg des ungeliebten Films.

Sigmund Freud ist in diesem November indigniert. Er schreibt nur einen einzigen Satz in sein Tagebuch: »Im Nobelpreis übergangen.« Thomas Mann geht die Feder durch die jüngste Ehrung indes noch leichter von der Hand als sonst. Er verfasst 1929 eine gewichtige Abhandlung über den berühmten Wiener Professor: *Die Stellung Freuds in der modernen Geistesgeschichte.*

***

Im November 1929 kommt es in der malerischen hessischen Kurstadt Wiesbaden zu einem bedrohlichen Zwischenfall. Ein Mann wird beschimpft und mit Steinen beworfen; wie sich herausstellt, haben die brutalen Angreifer ihn für einen Anderen gehalten, ihn mit dem bei Nationalkonservativen verhassten Kurt Tucholsky verwechselt. Der hat in diesem Jahr in Zusammenarbeit mit John Heartfield ein Bilderbuch herausgebracht, *Deutschland, Deutschland über alles.* Darin stehen sich Fotos und Texte gegenüber, deren widersprüchlicher Inhalt zum Nachdenken anregt, vor allem über die parteiische Justiz, das revanchistische Militär und den gefährlichen Nationalismus im Lande. »Und hier stehe das Bekenntnis, in das dieses Buch münden soll: Ja, wir lieben dieses Land. Und nun will ich euch mal etwas sagen: Es ist ja nicht wahr, dass jene, die sich ›national‹ nennen und nichts sind als bürgerlich-militaristisch, dieses Land und seine Sprache für sich gepachtet haben. Weder der Regierungsvertreter im Gehrock, noch der Oberstudienrat, noch die Herren und Damen des Stahlhelms allein sind Deutschland. Wir sind auch noch da. Sie reißen den Mund auf und rufen: ›Im Namen Deutschlands …!‹ Sie rufen: ›Wir lieben dieses Land, nur wir lieben es.‹ Es ist nicht wahr.« Solche Zeilen sind es, die den Hass der Rechten auf den pazifistischen Publizisten noch mehr schüren. Das Buch polarisiert, wie so vieles in diesen Zeiten, die erste Auflage von sage und schreibe 50.000 Exemplaren ist sofort vergriffen, es wird nachgedruckt.

Der Wiesbadener Vorfall ist ein Menetekel, er scheint Tucholskys düsterste Vorahnungen, die er neulich auf einer Gesellschaft bei Friedrich Hollaender geäußert hat, zu bestätigen: »Über uns und nicht nur in Deutschland wird ein Blutbad kommen, das hat die Welt noch nicht gesehen!« Auch Erich Mühsam warnt mit deutlichen Worten an die Adresse der unversöhnlich sich gegenüberstehenden Parteien SPD und KPD und an die mit den Nationalsozialisten kooperierende Industrie vor einer schrecklichen Zeit, die anbräche, »… wenn der Tanz des Dritten Reiches losgeht […] wenn die standrechtlichen Erschießungen, die Pogrome, Plünderungen, Massenverhaftungen das Recht in Deutschland darstellen.«

Besonders gut weiß die Publizistin Gabriele Tergit, aus welchem Holze die Nazis geschnitzt sind. Sie veröffentlicht seit 1924 Gerichtsreportagen fürs *Berliner Tageblatt*, für den *Börsen-Courier* und die *Weltbühne*. Dafür wählt sie ein Pseudonym, nennt sich Christian Thomasius nach dem der Aufklärung verpflichteten Juristen und Philosophen aus dem 17. Jahrhundert. Sie berichtet nicht nur über Verfahren gegen Kleinkriminelle und Eifersuchtsmörder, sondern auch über Prozesse, die sich mit gewalttätigen Übergriffen der Nationalsozialisten beschäftigen. Ihre Eindrücke decken sich mit denen Tucholskys, Justitia kommt oft ins Straucheln, wenn sie über die Rechtsnationalen richten soll. Denen lässt man viel mehr durchgehen als den Linken. Am meisten beschäftigt es Tergit jedoch, wenn schon wieder eine junge Frau vor Gericht zitiert wird, die gegen § 218 verstoßen hat. Diese ›modernen Gretchentragödien‹ sind für sie dringender Anlass, die sozialen Missstände anzuklagen, durch die eine Schwangere in Not erst zur Engelmacherin und in die Illegalität getrieben wird. Ihre Position ist klar, Strafe ist in solchen Fällen absolut fehl am Platz.

Gabriele Tergit schreibt gleichzeitig an einem Prosamanuskript. Seite um Seite entsteht ein Panorama der Berliner Gegenwart, die Autorin lässt kein aktuelles Thema aus, das die Lokalpresse bewegt: der beklagenswerte Zustand der Schultoiletten, der Schlankheitswahn der neuen Frauen, die Freizeitgestaltung der Großstädter am Sonntag. Auf dem Weg von ihrem Zuhause im bürgerlichen Hansaviertel zur Arbeit im Mosse-Verlag, in die Redaktion vom *Berliner Tageblatt*, sieht sie die Stars der Theater und der Varietés auf den Programmen an den Litfaßsäulen, sie begegnet selbstgewissen Immobilienspekulanten und modisch hübschen Girlies, kleinen Angestellten und Beamten in Schlips und Kragen, die zur Arbeit hasten. Und sie kann die Braunhemden nicht übersehen, die breitbeinig auf den Bürgersteigen herumstehen, als warteten sie auf ihren Marschbefehl oder den Nächsten, den sie zusammenschlagen können. Sie alle sind das Personal ihres Romans. Der volkstümliche Kabarettsänger Käsebier, wie die fesche Lola zum ›Liebling der Saison‹ ausgerufen, er wird von der Presse hochgejubelt und wieder fallengelassen wie eine heiße Kartoffel, der Immobilienhai namens Mitte macht skrupellos Reibach mit Baugrund und Wohnraum im neuen Westen, Fräulein Dr. Kohler arbeitet wie Tergit in einer Zeitungsredaktion, der fiktiven *Berliner Rundschau*.

Vor allem beim Anblick der jungen Frauen befällt Gabriele Tergit, selbst fünfunddreißig Jahre alt, vage Melancholie. Es ist richtig, dass seit Einführung des Wahlrechts 1919 und der neuen Berufstätigkeit ein ganz neuer Frauentyp entstanden ist, aber bei genauerem Hinsehen bleibt der Fortschritt an der Oberfläche. Was noch vor zehn Jahren in optimistischer Aufbruchsstimmung begonnen wurde, verliert sich heute in modischen Äußerlichkeiten, ein Beispiel dafür ist das Tun der Gymnastiklehrerin in Tergits Manuskript: »Sie schwamm sehr rasch, kannte bald alle Welt, besuchte Vorträge, arbeitete höchst angestrengt, war ungeheuer intelligent und geistreich, nur völlig amusisch. Sie fand alles falsch in dieser Welt. Die Ehe, die Familie, das Staatswesen, die Wirtschaftsreform. [...] Sie war eine Revolutionärin des Salons. Sie war für Kommunismus, aber sie hätte sich in einer Schilfleinenjacke höchst unglücklich gefühlt.« Gabriele Tergit lässt auch eine Ärztin, Fräulein Dr. Wendland, aus ihrer Praxis plaudern, sie spricht der Autorin direkt aus dem Herzen: »Wir wollten einen neuen Frauentyp schaffen. Wissen Sie noch, wie wir gebrannt haben vor Glück, dass wir an alles heran konnten, diese ganze große Männerwelt voll Mathematik und Chemie und herrlichen historischen Offenbarungen in uns aufzunehmen. Und jetzt ist das Resultat, dass die kleinen Mädchen von sechzehn in meiner Sprechstunde sitzen und ich schon froh bin, wenn sie nicht krank sind, und der Kopf ist nur noch für die Frisur da. Ich finde, die Akademikerinnen sind arg ins Hintertreffen gekommen.«

Käsebier erobert den Kurfürstendamm soll der Roman heißen, und er spielt im Hier und Jetzt, Winter 1929. Dieser *Käsebier* verspricht auch, literarisches Gegenstück zu Siegfried Kracauers Sozialstudie über *Die Angestellten* zu werden, die 1929 als Vorabdruck in der *Frankfurter Zeitung* erscheint. Kracauer übt darin scharfe Kritik an den gesellschaftlichen Zuständen, daran, dass die Angestellten der Nachkriegsära die neue proletarische Schicht sind, auch wenn man ihnen das Gefühl suggeriert, zum Bürgertum zu gehören. Er attackiert die Vergnügungsindustrie, brandmarkt Theater und Kino, Varieté und Tanzlokale als verkappte Obdachlosenasyle, wohin die Angestellten dem grauen Alltag allzu leicht entfliehen und vergessen können, wie schlecht sie in Wirklichkeit bezahlt und abgesichert sind.

Leider ist all das keine Fiktion. Die Auswirkungen des Krachs an der Wall Street werden im November auch in Berlin schmerzhaft spürbar. Die Zeitungen kündigen immer mehr Zwangsversteigerungen an. »Die schönen Tage sind vorüber«, schreibt die *Vossische* über die Europa fluchtartig verlassenden Amerikaner, die mit ihren Dollars nicht mehr allmächtig sind in der alten Welt. In der *Börsen Zeitung* kann man immer wieder lesen, dass eine Bank schließen muss, noch ein Bankier Selbstmord begangen hat. 664 Berliner Unternehmen melden Konkurs an. Nicht einmal Immobilienbesitz ist noch etwas wert, denn wenn die Mieter den Zins nicht mehr begleichen können, woher soll die Rendite dann kommen? Täglich werden 35.000 Pfändungen angeordnet, 90.000 Zahlungsbefehle erteilt. Jeden Tag müssen an die 10.000 Menschen einen Offenbarungseid leisten, 5.000 allein in Berlin, und die Arbeitslosenzahl ist in Deutschland wieder sprunghaft angestiegen. Die dringendsten Warner vor dem Nationalsozialismus fürchten, dass sie mit ihren finsteren Zukunftsprognosen sehr bald recht behalten und die Menschen von Hitlers Hetzreden hypnotisiert sein werden wie von den Flötentönen des Rattenfängers. Jetzt im November ist die NSDAP erstmals mit dreizehn Sitzen in die Berliner Stadtverordnetenversammlung eingezogen, das ist hoffentlich nicht der Anfang vom Ende der Demokratie, diesem jungen Pflänzchen, das man nicht mit Füßen treten darf. Noch blinken die Leuchtbuchstaben an den Vergnügungspalästen und multiplizieren sich in Lichtreflexen auf dem nassen Asphalt, noch sind die Reihen im Theaterparkett gut besetzt, steht man in Frack und Paillettenstola vor den Filmbühnen Schlange und unterhält sich über den neuesten Film, als nehme man die aufgeladene, aggressive Stimmung in der Bevölkerung nicht wahr, als sei auch das alles Kintopp.

Doch die Uhr tickt. Wenn die Krise anhält, ist es nur noch eine Frage der Zeit, bis den Leuten das Geld für den Luxus der Unterhaltung ausgeht. Und wer weiß, ob in Bälde überhaupt noch Künstlergagen und Theatermieten bezahlt werden können?

***

Kurfürstendamm 29, ein herrschaftliches Gründerzeithaus zwischen Uhland- und Fasanenstraße: Valeska Gert geht durch den Durchgang bis in den Hinterhof, nimmt die Treppe hinauf in den vierten Stock und klingelt an der Tür einer kleinen Atelierwohnung. Dahinter lebt eine begnadete Malerin, von der sie sich heute porträtieren lassen will. Jeanne Mammen, Jahrgang 1890, ist gebürtige Berlinerin, aufgewachsen aber in gut situierten Verhältnissen in Paris, wo sie die Kunstakademie besuchen konnte. Bei Kriegsausbruch 1914 gezwungen, Frankreich als nunmehr feindliche Deutsche wieder zu verlassen, musste die Familie, mittellos zurück in Berlin, um ihre Existenz kämpfen. Jeanne Mammen versuchte, mit Malerei Geld zu verdienen, und seit ein paar Jahren geht die Rechnung auf. Sie zeichnet Illustrationen für renommierte Modezeitschriften wie *Die Dame* und arbeitet für beliebte Satireblätter, *Ulk*, *Uhu*, *Simplicissimus*. In der *Weltbühne* macht der sonst so kritische Kurt Tucholsky der Malerin wortreich den Hof: »Die zarten duftigen Aquarelle, die Sie in Magazinen und Witzblättern veröffentlichen, überragen das undisziplinierte Geschmier der meisten Ihrer Zunftkollegen derart, dass man Ihnen eine kleine Liebeserklärung schuldig ist. Ihre Figuren fassen sich sauber an, sie sind anmutig und herb dabei, und sie springen mit Haut und Haaren aus dem Papier. In dem Delikatessenladen, den uns Ihre Brotherren wöchentlich oder monatlich aufsperren, sind sie so ziemlich die einzige Delikatesse.«

Jeanne Mammen findet für die Darstellungen ihrer Berliner Zeitgenossinnen einen ganz eigenen Stil. Mit feinem Pinselstrich fängt sie vor allem jene irrlichternden Geschöpfe ein, die zur Dämmerstunde ausschwärmen, um sich in einer Spelunke als Bardame oder als Tänzerin auf einer Varietébühne zu verdingen. Mammens Bilder sind hybride Schöpfungen zwischen Modeskizze und großem Gemälde, ihre weiblichen Wesen sind allesamt Persönlichkeiten, individueller und einfühlsamer porträtiert, als die harten, karikaturhaften Typen auf Bildern von George Grosz und Otto Dix, denen sie am Kurfürstendamm hin und wieder über den Weg läuft.

Seit fast zehn Jahren lebt Jeanne Mammen hier oben in der Atelierwohnung wie eine Leuchtturmwärterin mitten in der großen Stadt, die beiden Räume sind voll mit alten Möbeln, Leinwänden und Bilderrahmen, Büchern und Zeitungen, die Wände zieren orientalische Teppiche. In Marmeladengläsern stehen Pinsel, es riecht nach Terpentin und Ölfarbe. Jeanne Mammen malt gern Bilder von Frauen im Zwiegespräch, eins heißt *Sie haben sehr schöne Hände*, darauf beugt sich eine Kosmetikerin über die sorgfältig manikürten Hände ihrer Kundin. Am 15. November erscheint im *Ulk* das Bild einer Putzmacherin, die einer Dame mit Geldbörse in den Händen soeben einen Modellhut verkauft hat. *Der neue Hut* hat Mammen es genannt, aber im *Ulk* wird es einfach mit einer anderen Bildunterschrift veröffentlicht: *Die Strategin.* Darunter die Zeilen: »Und vergiss nicht, die Klingelbirne hängt links an der Sofalehne. Wenn es so weit ist, drückste heimlich und ich stürze rein. Dann haben wir ihn!« Da hat die Redaktion aus der harmlosen Hutladen-Situation doch tatsächlich eine Szene aus einem Stundenhotel gemacht. Ob die Künstlerin mit solchen Umdeutungen ihres Werks einverstanden ist?

Valeska Gert hat sich im Atelier auf einen Korbstuhl gesetzt, Jeanne Mammen konzentriert sich aufs Gesicht ihrer Besucherin, die Frauen unterhalten sich über die Ausstellung ›Die Frau von heute‹, die gerade, am 10. November 1929, im Verein der Künstlerinnen zu Berlin mit einer Rede Katharina von Kardorffs eröffnet wurde.

»Ausschließlich Frauenporträts aus der Hand von Frauen«, sagt Valeska Gert, »von Lotte Laserstein, Käte Münzer-Neumann, Anna von Hansemann und Julie Wolfthorn, die hat gerade ein eindrucksvolles Porträt von Carola Neher gemalt, ganz ernst und melancholisch. Marie Laurencin aus Paris stellt als Gast aus. Sind Sie gar nicht dabei?«

Jeanne Mammen schüttelt den Kopf, Gruppenaktivitäten liegen ihr nicht, sie ist eine unbedingte Einzelgängerin. Auch bei Zusammenkünften der Novembergruppe, deren Bestehen sich demnächst zum elften Mal jährt, und zu der Bruno Taut, Hannah Höch, Otto Dix und George Grosz, Joachim Ringelnatz, Kurt Weill und wer nicht alles gehören, sucht man sie vergeblich. »Erst fürs kommende Jahr wird in der Galerie von Fritz Gurlitt eine Einzelausstellung mit meinen Bildern vorbereitet.«

»Man kann nur hoffen, dass die weisen alten Männer endlich mal ihren Mund halten. Lästig, unerträglich, wie die von oben herab über Kunst von Frauen schwadronieren«, sagt Valeska Gert.

Stimmt, Max Osborn, Kritiker des *Berliner Tageblatts*, hat sich herablassend über die Vernissage im Künstlerinnenverein verbreitet: »Man tritt ein und verbeugt sich. Nicht in männlicher Konvention vor so viel Damenvolk, sondern in ehrlicher Hochachtung vor diesem Doppelspiegel weiblicher Tüchtigkeit. Denn mit der Übersicht über die Porträtbegabung unserer malenden und modellierenden Zeitgenossinnen verbindet sich eine zweite Übersicht: über das, was Frauen im Leben draußen heute leisten, und wie sich das in ihrer Erscheinung ausprägt.« Schluss mit der Lieblichkeit des

Weibes, das neuerdings gar in Richterrobe vor die Männerwelt tritt: »Die Damen, die hier von den Wänden blicken, machen alle furchtbar ernste Gesichter. Man spürt: Es fehlen die leisen elektrischen Schwingungen, die sich von solchen Objekten zum Maler männlichen Geschlechts hinüberschaukeln. Aber es ist auch etwas unbewusste Übertreibung dabei. [...] Alle Berufe sind vertreten. Wir begrüßen neben der Reichstagsabgeordneten eine Jazztänzerin, neben der Ärztin die sportvergnügte Weltdame, neben der ›Privatsekretärin‹ gar eine Richterin – doch es ist mehr. [...] Schließlich eine Wand mit Zeichnungen und Aquarellen, die sich um ein eigenartiges Blatt der Kollwitz gruppieren: scharfgezogene Kohlezeichnung der Gertrud Bäumer. Das Ganze ist ein Versuch. Doch er ist sehr interessant ausgefallen.«

»Wir sind in den meisten Berufen eben immer noch Außerirdische«, sagt Jeanne Mammen, »wenn wir nicht Strümpfe stopfen, am Herd stehen oder Kinder großziehen. Darüber hat die Schriftstellerin Gina Kaus in der *Jugend* einen Essay geschrieben, dem Blatt, für das ich auch tätig war. Sie schreibt, unser Wohlbefinden und Fortkommen und sogar unsere Selbstachtung wäre immer abhängig vom Urteil solcher, die nichts von uns verstehen. Selbst die Kollwitz nimmt immer noch bescheiden an Männern Maß, steckt zu tief drin in anerzogenen Rollenbildern, leider.«

Valeska Gert fällt das im letzten Jahr erschienene Buch *Die Frau als Künstlerin* des Stuttgarter Kunstgelehrten Hans Hildebrandt ein: »Die schöpferischen Energien der Frauen lägen einzig in der Mutterschaft, da können wir ja einpacken. Wie hält seine Frau das aus? Lily Hildebrandt ist doch selbst Malerin. Wie kann sie mit so einem Neandertaler leben? Kein Wunder, dass sie sich damals Walter Gropius zugewandt hat.«

»Ach, der ist auch nicht viel besser«, sagt Jeanne Mammen.

»Stimmt, Gropius wurden die Frauen am Bauhaus schnell unheimlich«, so Valeska Gert. »Und dann hat er die gefürchtete Konkurrenz vom Zeichentisch vertrieben und an die Webstühle gesetzt, da, wo die Weiber hingehören.«

»Männer wie Hildebrandt und Gropius sind Legion«, seufzt Jeanne Mammen.

Auf dem Tisch im Atelier liegt ein neues Journal, *die neue linie*. Valeska Gert blättert durch die Seiten, die kürzlich erstmals erschienene avantgardistische Kulturzeitschrift hat einen Artikel des Schriftstellers Otto Flake abgedruckt, *Die Frau, wie wir sie uns wünschen*: »Die Frau ist kein romantisches Wesen mehr. Früher wusste ein Mann nicht recht Bescheid, aus was für einem Stoff die Frau gemacht war. [...] Jedoch – die Silberaura schwand. [...] Die Sublimierung ist dahin, ein naturalistischer Tatbestand ist geblieben. Die Verständigung mit der Frau, die man haben will, macht keine Schwierigkeiten mehr, denn die Frau braucht sie nicht länger. Du brauchst mich, ich brauche dich – wozu die Umwege. [...] Was ist die Folge? Vorsichtiger gefragt, was ist leicht die Folge? Die Banalisierung des Eros.«

»Immer dasselbe Blabla«, sagt Jeanne Mammen. »Man wünscht sich eine Replik, die sich gewaschen hat, Erika Mann, die könnte was dazu schreiben!«

»Silberaura!« Valeska Gert verdreht die Augen. »Hört der sich eigentlich selber reden?«

Die grafische Gestaltung der *neuen linie* obliegt übrigens László Moholy-Nagy. »Wie kommt so ein überkommener Schmarrn in das progressive Heft?«, fragt Jeanne Mammen und wendet sich wieder der Leinwand zu, strichelt mit Kohle, eine Vorskizze.

Valeska Gert pfeift auf geheimnisvolle Weiblichkeit: »Schluss mit romantischen Balettmädchen im Tütü und sublimem Spitzentanz!« Sie lacht noch immer, wenn sie von ihrer *Canaille* erzählt, diesem getanzten Orgasmus, der den Zuschauern die Schamröte ins Gesicht trieb. »In Paris, im Theater auf den Champs-Elysées, da haben sich die Leute geschlagen meinetwegen. Aber alles nutzt sich irgendwann ab. Mary Wigman ist ja längst nicht mehr Skandal, die kriegt diesen Monat sogar einen richtigen Staatsempfang im Bristol, zehnjähriges Bühnenjubiläum in Deutschland. Eine nationale Ikone!« Genau das wünscht sich Valeska Gert keinesfalls.

Jeanne Mammen kommt auf Valeska Gerts Filmauftritte zu sprechen, die Rolle der rabiaten Anstaltsleiterin im *Tagebuch einer Verlorenen*, grandios! »Sie lieben Film, das sieht man sofort.«

Valeska Gert verzieht den Mund zum breiten Grinsen. »Bereits als Pabst mich für die Frau Greifer in der *Freudlosen Gasse* engagierte, wurde zur Lust, was mich vorher so beängstigt hatte, das ›Festgehaltenwerden vor der Kamera‹. Wie befriedigend ist es, eine Tasse zu reichen, nur weil es fixiert wird. Die Szenen wechselten schnell, man wusste nie, was rankommt, durch meine Tanzabende war ich schnellen Wechsel gewöhnt. Und die Kamera war ein Millionenpublikum. Toll!« Sie kommt in Fahrt, wenn sie übers Kino spricht. »Brecht wollte einen Film zusammen mit mir schreiben: *Ein hässliches Mädchen*. Wir setzten uns an den Tisch in seinem Atelier. Ich wartete, dass ihm etwas einfällt, er wartete, dass mir etwas einfällt. Uns beiden fiel nichts ein, so ließen wir es sein. Ich fragte ihn: ›Was ist das, eppisches (so sprach er es aus) Theater?‹ – ›Das, was Sie machen‹, antwortete er. Aber bis jetzt ist nichts aus unserer Zusammenarbeit geworden.«

Jeanne Mammen skizziert noch immer konzentriert. Valeska Gert lässt sich über Brecht und seine Entourage aus, ist dennoch geschmeichelt, ihr Tanz ist ebenbürtig mit seiner Theatermaxime! »Man kann Brecht finden wie man will, ihn für einen elenden Macho halten, seinen Marxismus penetrant finden, eins hat er drauf, er kann gute Unterhaltung, auch wenn er sich dabei immer wieder mit fremden Federn schmückt.«

Nach einer kurzweiligen Stunde, in der Jeanne Mammen mehr über die Berliner Boheme erfahren hat als aus den Gesellschaftsspalten der Ullstein-Presse, legt sie den Kohlestift beiseite. »Sehen wir uns in einer Woche wieder?«

Valeska Gert verlässt das Atelier der Künstlerin und steht eine Weile unentschlossen auf dem Kurfürstendamm. Ein voll besetzter Doppeldeckerbus rollt vorbei, an einer Fassade springt elektrische Werbung für die Firma Adler und ihre schnellen Autos an. Valeska Gert wendet sich nach links, marschiert in Richtung Gedächtniskirche und Romanisches Café. Schon später Nachmittag, man könnte auf ein Glas dorthin und sehen, ob man einen Bekannten trifft, aber noch ist auch Zeit, um bei Lotte Jacobi vorbeizuschauen. Wenn die etwas Leerlauf hat, könnte auch sie ein neues Porträt von ihr machen, immer wieder fragen Presseleute nach neuen Aufnahmen der Tänzerin, die in aller Munde ist. Lotte Jacobi und Valeska Gert kennen sich bereits. Die Fotografin hat die Tänzerin schon mehrmals aufgenommen, nicht nur tanzend, sondern auch in Turnschuhen und Boxershorts, gegen einen unsichtbaren Gegner kämpfend. Diesmal soll es ein glamouröses Porträt werden, vielleicht mit weißer Hemdbluse und Perlenkette.

Derweil wird die Skizze, die Jeanne Mammen von Valeska Gert angefertigt hat, zum lebendigen Gemälde. Rotes Kleid mit tiefem Dekolleté, den Kopf mit den zipfeligen schwarzen Haarfransen nach oben gereckt, zu Schlitzen verengte Augen und rote Lippen, auf denen ein schlüpfriger Refrain zu liegen scheint – so sehen sie aus, die neuen Frauen, die Männern süße Träume vom anschmiegsamen Weibchen rauben, diese Frauen ohne Silberaura.

Jeanne Mammen ist in ihrem Element, wenn sie malt. Sie denkt nicht daran, sich selbst porträtieren zu lassen, sich dem fremden Blick auszusetzen, auch nicht dem der berühmten Fotografin. »Am liebsten wäre ich nur ein Paar Augen«, sagt sie, »unsichtbar für die Anderen.«

Dezember

*Erika Mann schaut nach Stockholm und schmiedet neue Reisepläne mit dem Bruder *** Marlene Poelzig packt aus und liest zerknitterte Zeitungen *** Vicki Baum als moderne Vorzeigefrau in aller Munde *** Lotte Jacobis ›Neue Frauen‹ schauen ins nächste Jahr*

Auf dem Weg nach Schweden macht Thomas Mann am 7. Dezember 1929 Station in Berlin, wo er zur Freude seiner Fans in der Hochschule für Musik aus seinem noch unvollendeten *Josephsroman* liest. Der biblische Stoff passt in die Adventszeit. Drei Tage später, am 10. Dezember, findet die Verleihung der Nobelpreise im Konzerthaus von Stockholm statt. Die Preisträger, Enzymforscher, Experimentalphysiker und Biochemiker, werden einer nach dem anderen gewürdigt. »Nachdem die Klänge des Schubert'schen Militärmarsches verklungen waren, kam als Letzter der Nobelpreisträger für Literatur Thomas Mann an die Reihe, und dieser Abschluss bildete unzweifelhaft den Höhepunkt der Feier«, so der Reporter der *Vossischen Zeitung*. König Gustav V. schüttelt Thomas Mann die Hand, und der verharrt in tiefer Verbeugung.

Katia Mann schreibt am 13. Dezember aus dem Stockholmer Grand Hotel an Tochter Erika. Die muss im Brief der Mutter stirnrunzelnd lesen, dass der Vater mit seiner patriotisch gefärbten Rede beim Festbankett den Vogel abgeschossen hat. Eine Gräfin Rosen »mit Rubin-Hakenkreuz auf der grauen Georgette-Toilette« sei hellauf begeistert von seinen Worten gewesen. »Viele Interviewerinnen musste ich über mich ergehen lassen, die alle von meinen Kindern hören wollten, und allen erzählte ich, dass meine Tochter soeben einen so großen Bühnenerfolg errungen habe und über die Maßen schön und begabt sei, und alle wollten sie gar nicht glauben, dass ein so junges Wesen eine so schwierige Rolle spielen könne.« Das wiederum liest Erika ausgesprochen gern.

Am 18. Dezember sind Katia und Thomas Mann zurück in Deutschland. Sie weilen abermals in Berlin, steigen im Hotel Adlon Unter den Linden ab, nehmen auf Schritt und Tritt Honneurs entgegen, der Nobelpreisträger erfüllt Autogrammwünsche. Er wird überall herumgereicht und muss andauernd Hände schütteln, obwohl er doch schon in Stockholm vom vielen Reden und Sprechen »heiser und hustend« gewesen ist. Da auch noch zuhause nach der Ankunft in München ein Festbankett für Thomas Mann stattfindet, muss er seine Stimme nun wirklich dringend schonen.

Erika und Klaus schmieden derweil neue Reisepläne. Wie Fräulein Stinnes möchten auch sie nun im eigenen Auto um die Welt, gleich im neuen Jahr. »Über Frankreich und Spanien nach Nordafrika«, schlägt Erika vor.

»Und von Casablanca aus über den großen Teich und nach New York«, schwärmt Klaus, »ich möchte zu gern wieder im Astor-Hotel am Broadway absteigen, schon wegen der elektrischen Beleuchtung, die angeht, wenn man die Schreibtischklappe öffnet. Ich möchte wieder andächtig staunend wie in einer gotischen Kathedrale zwischen den unglaublichen Gebäuden spazieren gehen und die steilen

Perspektiven hinunterschauen, bevor ich dann wieder über Prohibition und Rassenwahn zu räsonnieren beginne.« Aber Amerika ist teuer, für deutsche Touristen erst recht, jetzt nach dem Börsenkrach. Man muss sehen, wie sich die wirtschaftliche Lage in nächster Zeit entwickelt.

»Amerika wird auch diesmal ohne das Geld unserer lieben Greise nicht klappen«, gibt die realistische Erika zu bedenken. Vorschüsse und Theatergagen sind einfach viel zu schnell aufgebraucht. Reisen bildet, ist aber auch ziemlich kostspielig – ebenso wie die Drogen, mit denen das Geschwisterpaar im wilden, lasterhaften Berlin längst Bekanntschaft gemacht hat.

»*Rundherum* lief gut«, sagt Klaus. »Aber ein neues Reisebuch muss ein echter Bestseller werden, in der Größenordnung von *Berlin Alexanderplatz*. Angeblich ist Döblins Roman schon jetzt rund zwanzigtausend Mal über den Ladentisch gegangen.«

»Du weißt doch, ich wollte das Schreiben sein lassen und nur noch Theater spielen«, sagt Erika. Aber der Erfolg von *Rundherum* hat auch sie angestachelt. »Zugegeben, ich kann kaum verhehlen, dass ich mit einer gewissen diebischen Freude an der Arbeit gewesen bin«, sagt sie jetzt. »Nun ist mein Schicksal besiegelt. Ein Kinderbuch würde ich gern mal schreiben, wie der Kästner.«

Klaus hört das nur zu gern, er brennt für ein neues Gemeinschaftsprojekt. »Am besten wir landen einen international beachteten Knüller wie *Im Westen nichts Neues*«, fährt er begeistert fort. »Aber sich einfach an einen solchen Titel dranhängen hilft auch nichts.« 1929 ist, offenbar um im Fahrwasser von Remarques Erfolg mitzuschwimmen, ein Buch mit dem Titel *Im Osten nichts Neues* von Carl August Gottlob Otto erschienen.

»Wer ist dieser Mann wohl?«, fragt Erika. »Ein alter Frontsoldat?«

Klaus hebt ratlos die Schultern. Aber er hat die Ankündigung eines interessanten Theaterstücks gesehen, das am 4. Dezember im Kleinen Theater Unter den Linden Premiere hat. »*Frau Emma kämpft im Hinterland* von Ilse Langner, einer noch unbekannten dreißigjährigen Dramatikerin. *Im Westen nichts Neues* von Remarque war schon außergewöhnlich, aber ein Weltkriegsdrama aus der Feder einer Frau, sensationell! Es geht nicht um Männer an der Front, sondern um Frauen, die den Preis für den Krieg bezahlen. Und die Hauptfigur Emma Müller ist nach dem Krieg, als die Männer zurück sind, nicht mehr bereit, sich zu fügen und ihren Gesetzen blind zu folgen.«

Erika will von Kriegsdramen nichts wissen, blickt lieber nach vorne, nicht zurück. »Neues aus dem Westen. Amerika ist groß in Mode, schon wegen der *Dreigroschenoper*. Kisch schreibt auch über seine USA-Reise, *Paradies Amerika* soll sein Buch heißen.«

»Samuel Fischer gibt uns sicher wieder einen saftigen Vorschuss«, spekuliert Klaus, »jetzt, wo der Zauberer Nobelpreisträger ist, erst recht. Wenn wir geschickt verhandeln, kommen wir mit dem Geld bis über den großen Teich, dann sehen wir weiter, wie letztes Mal, Arm in Arm als Zwillinge. Du weißt doch noch, wie man uns genannt hat: The literary Mann twins!«

***

»Krumme Lanke, Endstation, bitte alle aussteigen!« Noch vor Heiligabend, am 22. Dezember 1929, fahren die ersten Züge in den neuen U-Bahnhof ein. An einem schönen Wochenende strömen die Menschen aus der Stadt herbei und bestaunen die elegante, runde Empfangshalle mit den aquariumsblauen Fliesen; bei leichtem Frost und Sonnenschein macht ein Spaziergang am Seeufer Spaß, vereinzelte Flocken versprechen weiße Weihnachten. Zum Glück haben die Verkehrsbetriebe rechtzeitig das Verbot von Skiern und Schneeschuhen in der U-Bahn aufgehoben. Wenn es nur nicht so bitterkalt wird wie vergangenen Februar!

Der Bauboom des ausklingenden Jahrzehnts hat Berlin seine Handschrift aufgeprägt. Als Szepter des Glaubens an die Ätherwellen reckt sich der Funkturm am Messegelände in den Himmel. Am Kleistpark erhebt sich das Kathreiner-Hochhaus als nun höchstes Gebäude der Stadt. Gewerkschaftspaläste repräsentieren das neue Selbstbewusstsein der Arbeiterschaft, in Großgaragen können Privatleute ihre Automobile parken, neue Kinos wetteifern mit ihrer Pracht und Größe wie die Lichtburg im Wedding und der Delphi-Palast am Zoo. Der Ballsaal im eleganten neuen Femina-Palast in der Nürnberger Straße schmückt sich für sein erstes Silvester. Privatleute, die es sich leisten können, huldigen der neuen Sachlichkeit am Bau und sagen dem Stuck den Kampf an, so wie der Apotheker an der Ecke Neue Schönhauser und Rosenthaler Straße. Dieses Jahr hat er der geglätteten Fassade mit roter und gelber Farbe ein neues Gesicht verliehen, ganz modern. Auf den ersten Blick wirkt das Eckhaus wie ein Poelzig.

Das Haus Poelzig an der Tannenbergallee ist allen Unkenrufen zum Trotz noch vor Jahresfrist bezugsfertig, Weihnachten im eigenen Heim steht nichts im Wege. Das Auto parkt in der Kraftwagenhalle, ohne Garage mit

Chauffeurswohnung kommt heute kein Einfamilienhaus mehr aus, jedenfalls nicht in dieser Gegend. Die Umzugswagen waren schon da, in den Räumen Kistentürme. Marlene Poelzig öffnet einen Karton, ›Vorsicht zerbrechlich!‹, wickelt behutsam eine Vase aus. Nach und nach kommen die gemeinsam mit Hans im Geiste des Werkbunds geschaffenen Gegenstände zum Vorschein. Bald ist der Boden bedeckt mit zerknitterten Zeitungsseiten und schwarz-weißen Papierkugeln, die sich wie in Zeitlupe leise knisternd entfalten wollen, als wohne ihnen geheimes Leben inne. Marlene setzt sich auf den einzigen Stuhl im noch leeren Wohnzimmer und streicht eine Seite der *Vossischen* glatt. Letzte Saison zählte Binz auf Rügen mehr als hunderttausend Badegäste, davon die Hälfte aus Berlin, die Vorgärten am Kudamm müssen endgültig weg, bei Wertheim ist praktische Sportwäsche im Angebot und im Grunewald wieder Holzauktion, der Weltreklamekongress in den Messehallen war ein voller Erfolg. Dass neben Homosexualität von Männern nun auch lesbische Liebe unter Strafe gestellt werden soll, kann man fast wie einen juristischen Beitrag zur Gleichberechtigung der Frau werten. In einer *Morgenpost* vom April ist tatsächlich von den neuen Poelzig-Bauten in Mitte die Rede: »Die größeren Wohnungen sind hauptsächlich von Ärzten, Rechtsanwälten und Kaufleuten, die in der Nähe ihre Büros haben, gemietet worden, während in die kleineren Wohnungen Angestellte und Beamte eingezogen sind. Es ist dadurch eine ganz neue Bewohnerschaft in die Gegend am Bülowplatz gekommen, die in kurzer Zeit dem ganzen Viertel ihren Charakter aufprägen dürfte.« Ist es nicht befriedigend für einen Architekten, wenn er eine Stadt zum Besseren umkrempeln kann? Dass er etwas fürs Wohl ihrer

Einwohner tun kann, wenn der soziale Gedanke ihm den Zeichenstift führt? Gerade jetzt darf der von Stadtbaurat Martin Wagner angeschobene Wohnungsbau durch die Wirtschaftskrise nicht zum Erliegen kommen, denn leider ist für die Proletarier in den Mietskasernen ein Wort von Heinrich Zille immer noch Alltag: ›Eine Wohnung kann einen Menschen erschlagen wie eine Axt.‹ Dieser Tage begeht die Arbeiterwohlfahrt ihr Zehnjähriges, und ihre Gründerin Marie Juchacz wird nicht müde, an die Bedürftigen zu erinnern. Sie stellt einen direkten Zusammenhang her zwischen Wohnungselend und illegaler Abtreibung als einzigem Ausweg, den Frauen in Not sehen. In einem neuen Artikel *Sexualberatung ist eine Aufgabe der Arbeiterwohlfahrt* schreibt sie, dass es für weite Schichten der Bevölkerung gegenwärtig kaum ein anderes Mittel der Selbsthilfe gebe als Geburtenbeschränkung. Man spricht von bis zu einer Million Abtreibungen im Jahr, sicher sind es viel mehr. Für den 30. Dezember 1929 ist die Premiere von Zilles Stummfilmdrama *Mutter Krausens Fahrt ins Glück* im Alhambra-Kino am Kurfürstendamm angekündigt, in dem es genau darum geht. Dieser Film, zu dem Käthe Kollwitz das Plakat entworfen hat, ist Meister Zilles Vermächtnis. Marlene Poelzig schaut sich um in ihren vier Wänden; sie weiß sehr gut, wie privilegiert sie ist.

Besorgniserregend, dass die Rechten vom Elend der Menschen zu profitieren versuchen und mit Heilsversprechen auf Stimmenfang gehen. Die Nationalsozialisten sind ein reiner Männerhaufen, wenn sie können, schaffen die womöglich das Frauenwahlrecht wieder ab. Schlimm genug, dass die instabile Lage jetzt schon dazu führt, dass Frauenvereine sich wegen Geldmangels auflösen müssen.

Dabei braucht es die Frauenbewegung mehr denn je, der Kampf ist nicht gewonnen. Vicki Baum warnt in der *Vossischen* vor »Kleidgespenstern, die da im Auferstehen sind«, der rückwärtsgewandte Trend zu »Raffungen, Schleppchen, Schleifchen, Schwänzchen« ist hoffentlich kein Vorbote einer Rückkehr zu alten Zöpfen. »Man rennt Autobussen nach, fährt Untergrundbahn, trifft sich für eine halbe Stunde im Kaffeehaus, wenn es hochkommt, man jagt vom Büro in Vorträge, mal auch ins Theater – wie soll man das machen mit dem langen Schlurz untenrum, den die Mode für den Abend diktiert? Kinder, glaubt mir doch – das passt nicht zu uns!«

Marlene Poelzig bückt sich nach der nächsten Botschaft. Die Papierkugeln bergen erste Gedichte unbekannter Lyrikerinnen, die eine heißt Mascha Kaléko, die andere Nelly Sachs. Eine weitere Kugel entpuppt sich als die Witzseite der *Vossischen*, und da gibt's mal was zum Lachen, über Marlenes eigene Zunft, die Architekten. Die Leute mokieren sich gern darüber, dass schwere Gründerzeitmöbel, von denen sie sich nicht trennen können, dynamischen Freischwingern, eleganten Chaiselongues und praktischen Maschinenmöbeln weichen sollen. »›Mein Freund hat uns in sein neues Häuschen, Bauhausstil-Architektur eingeladen.‹ – ›Nein!‹ schwärmt da Fräulein Helga, ›Herr Doktor, wie entzückend unmöbliert Sie wohnen!‹«

Da hält ein Lastwagen vor dem Haus, die Spediteure mit der nächsten Fuhre aus der Hessenallee. »Frau Poelzig, die Möbel sind da! Aber das hier ist doch sicher noch nicht alles. Wo ist Ihr Vertiko?«

***

Im Dezember 1929 erscheint in der *BIZ*, Ullsteins Massenblatt, eine Reportage über eine berufstätige Frau, die Sport treibt und auch noch die Familie glücklich macht: Vicki Baum, Shootingstar am Literaturhimmel. Unvermeidlich die Aufnahmen im Sportstudio, Vicki Baum hat stundenlang in kurzen Hosen und mit Boxhandschuhen beim Training mit dem Punching-Ball posiert. Die olympiareife Inszenierung soll das fortschrittliche Image des Ullstein Verlags unterstreichen, der seinen Mitarbeitern sogar einen Turnsaal mit Boxmatten und allerhand Geräten zur Verfügung stellt. Natürlich darf das obligatorische Autorenfoto am Schreibtisch nicht fehlen, aber Vicki Baum empfängt den Fotografen auch zuhause im Grunewald in der Koenigsallee. Das große Gartengrundstück hinter dem Haus fällt zum Dianasee hin ab, am baumbestandenen Ufer liegen Holzboote, eine malerische Kulisse, findet der Fotograf. Die Söhne Wolfgang und Peter zeigen sich an der Seite ihrer tüchtigen Mutti.

Auf den Bildern nimmt Vicki Baum ihre beiden Söhne in den Arm. Nach ein paar Schnappschüssen sind sie auf ein umgedrehtes Boot am Ufer geklettert, haben im Schneidersitz darauf Platz genommen. Eine schöne Idee des Fotografen, das Boot auch noch zu Wasser zu lassen, Wolfgang und Peter gingen an Bord, Vicki Baum musste ihre Stärke demonstrativ ins Bild setzen, indem sie das Boot an einem Tau ans Ufer zog. Der Fotograf war begeistert, und jetzt nochmal lächeln bitte! Ja, die in allen Lebenslagen unentwegt lächelnden Frauen, Vicki Baum versteht es, das Image der Superfrau zu zelebrieren, unwohl fühlt sie sich nicht damit, sie hat ihre Rolle gefunden. Vicki Baum erinnert sich an ihre eigene Kindheit, aber nicht eben gern. Ihr Vater hatte sich natürlich einen Jungen gewünscht und sprach sie hin und wieder sogar als ›mein Sohn‹ an; Vicki, kurz für ihren Taufnamen Hedwig, hätte eigentlich ein Viktor werden sollen, und als Mädchen träumte sie von jäher Flucht auf einem Piratenschiff, als Junge. Schwierig, sich mit der Mädchenrolle zu identifizieren, wenn das Weibliche als unerwünscht erkannt wird. Ein Mann kann sie nunmal nicht werden, und als Frau musste sie sich erst erfinden und finden. Die Selbstinszenierung als Mutter, Erfolgsautorin und Zeitungsredakteurin in einer Person scheint ihr insofern in die Wiege gelegt worden zu sein.

Aber Vicki Baum weiß nur zu gut, wie anstrengend die Emanzipation ist, sie weiß um den Generationenkonflikt, den auch sie auszufechten hatte. »Wie haben wir euch erschreckt, als wir aus euren Wänden ausbrachen, wir jungen Mädchen von 1905, wir mit unserm Ibsen und Nietzsche, mit unserm Tristan-Fieber und unserer Rebellion gegen das Bürgerliche, wir mit der Forderung nach eigenen Wegen und Luft und Arbeit und dem Hunger nach wirklichem Leben ohne Verschleierungen und Fiktionen.« Aber nun sind die herangewachsenen neuen Frauen, zu denen sie selbst gehört, vor neue Herausforderungen gestellt, denn sie dürfen nicht schwächeln, wenn sie mit ihren eigenen Kindern Sport machen. »Ja, man muss euch liebhaben und euch vertrauen. Man kann sich an euch freuen, und man darf neugierig sein, wie ihr in zehn oder fünfzehn Jahren eure Sache machen werdet – ihr kleinen Mädchen von heute, ihr Mütter von morgen …«

Ihr Jungs, denkt Baum beim Betrachten der schönen Fotos mit ihren Söhnen am See, ihr jungen Männer habt es leichter – aber ist das wirklich so? Die Welt ist in Bewegung, und wenn sich die Frauen verändern, werden sich auch die Männer umstellen müssen. Gerechter, friedlicher und weniger militaristisch muss diese Welt werden. Keiner ihrer beiden Söhne, weder Wolfgang noch Peter, soll als Soldat an der Front verheizt werden so wie gleich zu Kriegsbeginn 1914 der Junge von Käthe Kollwitz, der wie Vicki Baums Zweitgeborener Peter hieß.

Der Erfolg von *Menschen im Hotel* tut auch dem Vorgängerroman gut. Von Vicki Baums *stud. chem. Helene Willfüer* sind im Dezember 1929 rund 60.000 Exemplare verkauft, im Film zum Buch spielt Olga Tschechowa die Hauptrolle. So viel Erfolg und Publicity ruft leider nicht nur Fans, sondern auch Neider auf den Plan. »Es gibt durchaus kritische Stimmen, die meine Romane, bloß, weil sie sich gut lesen lassen, als Trivialliteratur abtun«, weiß Vicki Baum. »Aber sollen sie doch. Diese Leute haben offenbar keine Ahnung, wie viel fleißige Arbeit und akribische Recherche in einem Unterhaltungsroman steckt, wenn er wirklich gut sein soll. Ich bin eben eine Unterhaltungsschriftstellerin erster Güte!«

Vicki Baum kann durchaus stolz auf die Rezensionen sein. »Das Schicksal der tapferen und unbeugsamen Studentin«, so das *Karlsruher Tagblatt*, »als eines Prototyps im heutigen Frauenaufstieg ist höchst kennenswert und allen Müttern, die Töchter ins Studium schicken, zur Eigenprüfung vorzustellen.« Die *Vossische* schreibt: »Einige Stimmen des Widerspruchs, die sich zu Anfang erhoben, konnten den Weg dieses offenen, mutigen Buches nicht hemmen.« Eine Studentin im Leserbrief: »Sie fühlen, um was wir ringen, um was wir kämpfen.« Als Vicki Baum noch einmal Felix Saltens Loblied auf *Helene Willfüer* vom Februar durch die Hände gleitet, entfährt ihr jedoch ein Stoßseufzer: »Ein Roman, virtuos erzählt, der mit männlicher Entschlossenheit da und dort die letzten Schleier von den Dingen hebt. Doch hinter diesem Zug männlicher Energie lächelt das sanfte, kluge Antlitz der Vicki Baum, der Dichterin, die noch hübsch ist und jung, und doch schon Mutter heranwachsender Kinder: also kameradschaftliche Gefährtin der neuen Generation und zugleich Wegweiserin auch der Eltern.«

Warum um Himmels willen sollen Entschlossenheit und Energie bloß ausgesprochen männliche Eigenschaften sein? Gerade hat die mutige Clärenore Stinnes am Steuer ihres Wagens das Gegenteil bewiesen! Nicht zu reden von Rosa Luxemburgs Todesmut und von der bewundernswerten Marie Juchacz, die es als einfache Arbeiterin selbstbewusst zur ersten Rednerin in einem deutschen Parlament gebracht hat, vor zehn Jahren, als das Frauenwahlrecht ganz neu war. Leider ist es das alte Lied: Erweist sich eine Frau als durchsetzungsfähig und stark, sprechen ihr die Männer die Weiblichkeit ab. Wann wird sich das endlich ändern? Schriftstellerkollegin Gina Kaus spricht Vicki Baum aus der Seele: »Es ist noch nicht so lange her, da galt eine schreibende Frau für ein komisches Monstrum, ein Zwittergeschöpf, sie war eine stehende Lustspielfigur, charakterisiert durch Tintenfinger, Brille und erotische Unzulänglichkeit.« Für Kritiker wie Felix Salten gilt dieses verzopfte Vorurteil leider immer noch.

Die Konkurrenz schläft nie: Eine andere junge Frau macht sich gerade auf, zur nächsten ungekrönten Königin der gehobenen Unterhaltungsliteratur zu werden. In diesen Tagen kehrt eine mittelmäßig erfolgreiche Schauspielerin dem Theater den Rücken und nimmt ihren ersten Roman in Angriff, ihr Name ist Irmgard Keun. Sie besuchte eine Lesung in Köln, wo Alfred Döblin seinen neuen Roman *Berlin Alexanderplatz* vorgestellt hat, und konnte bei der Gelegenheit ins Gespräch mit dem Autor kommen. »Wenn Sie nur halb so gut schreiben, wie sie sprechen, erzählen und beobachten, werden Sie die beste Schriftstellerin, die Deutschland je gehabt hat.« Döblins schmeichelhaftes Urteil ist Musik in Irmgard Keuns Ohren, welch wohlklingendere Aufforderung könnte es denn geben, sich unverzüglich ans Werk zu machen? Sie beginnt mit Hochdruck zu schreiben: *Gilgi, eine von uns*, das ist der Titel eines Romans, in dem Irmgard Keun dem zeitgemäßen, kunstseidenen Großstadtfräulein Gestalt verleiht, das sein Leben partout nicht als aufreibendes, enttäuschendes Strindberg-Drama will. »Sie hält es fest in der Hand, ihr kleines Leben, das Mädchen Gilgi.«

***

Lotte Jacobi sichtet ihre Bilder, bevor sie das Atelier Ende Dezember für ein paar Tage schließt. In einem Portfolio, auf das Elisabeth Röttgers in großen Ziffern die Zahl 1929 geschrieben hat, versammeln sich Abzüge der Porträts, die im Laufe des Jahres entstanden sind, ein illustrer Reigen zwischen marmorierten Pappdeckeln. Käthe Kollwitz, Renée Sintenis und Carl Zuckmayer, Prominenz wie im Romanischen Café. Lotte Lenya und Kurt Weill, Klaus und Erika Mann, Hans Albers, Peter Lorre, Egon Erwin Kisch, Erwin Piscator und seine Truppe, Valeska Gert und Tänzerinnen, die ihr mit akrobatischen Sprüngen nacheifern, Vicki Baum mit Perlenkette.

»Zeitgenossen haufenweise«, kommentiert Elisabeth Röttgers, »so heißt doch auch ein neues Gedicht von Erich Kästner.«

»Aber wenn die Nazis ans Ruder kämen«, sagt Lotte Jacobi, nachdenklich die Bilderbögen betrachtend, »ginge es diesen Zeitgenossen hier an den Kragen, allen. Ein unglaublicher Exodus wäre die Folge. Ein geistiger und künstlerischer Aderlass für das ganze Land.«

»So weit wird's hoffentlich nicht kommen«, sagt Elisabeth Röttgers. »Die Menschen wissen, dass mit roher Gewalt keine Politik zu machen ist. Aus dem Krieg muss man doch was gelernt haben. Außerdem ist Deutschland seit 1926 im Völkerbund und durch ein Netz internationaler Verträge gesichert, das kann nicht ohne Bedeutung sein.«

»Kisch, unser rasender Reporter, ist da pessimistischer«, wendet Lotte Jacobi ein. »Er glaubt, dass die Begeisterung mancher Intellektueller für die Nationalsozialisten gerade deswegen aufblüht, weil die so schön unbürgerlich sind. Sie verwechseln Nonkonformismus mit Staatszersetzung, unterschätzen die Gewaltbereitschaft der Nazis.«

»Man kann doch dauernd von Straßenterror und Ausschreitungen lesen«, wundert sich Elisabeth Röttgers. »Warum greift die Polizei bei den Aufmärschen der Braunen nicht so energisch ein wie im Mai, als die Kommunisten auf der Straße waren?«

»Die Angst vor den Bolschewiki ist noch größer als die vor dem rechten Terror«, sagt Lotte Jacobi, »die Nazis profitieren von der Furcht vor der Sowjetunion. Und die Wirtschaftskrise hilft ihnen beim Stimmenfang.« Bei den Wahlen zum Thüringer Landtag am 8. Dezember hat die NSDAP ihre Stimmen seit 1927 fast verdreifachen können, auf 11,29 Prozent, und sitzt mit sechs Abgeordneten im Landtag zu Weimar. Immerhin haben auch die Kommunisten sechs Sitze, und mit gut 32 Prozent sind die Sozialdemokraten immer noch stärkste Partei. Die Rechten sind mit ihrem Volksbegehren gegen den Young-Plan auch nicht durchgekommen. »Leider beruhigt genau das die Menschen wieder«, sagt Lotte Jacobi, »dabei müsste man angesichts der Stimmungmache von diesem Hitler höchst alarmiert sein.«

»Wenn die Leute doch auf alles so genau draufschauen würden wie das wachsame Auge der Filmzensur«, klagt Elisabeth Röttgers. »*Tagebuch einer Verlorenen* wollte ich sehen, zu spät, der Film wurde verboten, wegen der ›entsittlichenden Gesamtwirkung‹, wie es amtsdeutsch heißt. Angeblich hat Pabst das Dirnenleben zu angenehm dargestellt, sie behaupten, dass wäre ein Anreiz zu Leichtsinn und Unmoral, lächerlich!«

»Als wollten die Mädchen, die in der Gosse stranden, da freiwillig hin«, schüttelt Lotte Jacobi den Kopf.

»Träumen doch alle von Ruhm und Liebe, wenn sie aus der Provinz am Bahnhof Zoo ankommen und rundherum die Großstadtlichter sehen.«

»Aber wer findet denn noch einen anständig bezahlten Job? Die vielen Mädels, die anstehen, wenn für Babelsberg Komparsinnen gesucht werden, glauben alle, dass ein Pabst oder von Sternberg sie entdeckt. Mit etwas Glück tanzen sie im Massenballett auf irgendeiner Varietébühne, bei den Tiller Girls oder in einer weniger bekannten Musicaltruppe, und landen am Ende der Saison wieder auf der Straße.«

»Oder im Freudenhaus«, sagt Elisabeth Röttgers, »oft bleibt Prostitution der einzige Ausweg.«

Unter Lotte Jacobis Aufnahmen des Jahres 1929 ist auch eine, die die vielen Namenlosen unter den haufenweise fotografierten Zeitgenossen ins Bild setzt: Schlanke Finger streicheln die schwarze Tastatur einer Schreibmaschine, gepflegte Hände ragen aus den Manschetten eines weißen

Männerhemdes – oder ist es die Bluse einer Frau? Die Schreibmaschinenfräuleins, die jeden Morgen ins Büro ausschwärmen und abends die große Liebe in ihrer Einzimmerwohnung herbeisehnen, Lotte Jacobi sieht sie jeden Tag vom Atelierfenster aus. »Die hurtigen, straffen Großstadtmädchen mit den unersättlich offenen Mündern« streben zur Tauentzienstraße und zum Kurfürstendamm, so hat Franz Hessel sie dieses Jahr beschrieben: »Sie gehen so hübsch in ihren Kleidern ohne Gewicht.« Es sind jene unbekannten Heldinnen, die Menschen im August, die sich auch jetzt im Dezember aufs Wochenende freuen und vor allem auf die Feiertage.

Hektisches Getriebe auf dem Platz vorm Bahnhof Zoo auch jetzt, am Ankunftsort von Kästners *Emil*. Berliner Tempo, ungebremst. Das steht Pate für ein neuartiges Produkt, unübersehbar die Werbung für Tempo-Taschentücher, sie sollen so manche Träne trocknen. Von der hohen Arbeitslosigkeit ist hier am Zoo auf den ersten Blick aber noch nichts zu spüren. Nichts von den Konkursen, die seit Oktober angemeldet wurden; auch die deutsche *Vogue* hat ihr Erscheinen nach eineinhalb Jahren in Berlin wieder eingestellt, hoffentlich kein Vorbote für epidemisches Zeitungssterben, damit bräche für Lotte Jacobi eine wichtige Einnahmequelle weg. Die Zeitungsjungs vorm Bahnhof rufen wie immer die neuesten Schlagzeilen aus: »Kabinett Müller schwankt, Finanzminister Hilferding aus Protest zurückgetreten!« – »Berlin unter Zwangsverwaltung!« – »Aufmarsch der SA auf dem Fehrbelliner Platz!« Klingt das nicht alles alarmierend? Doch die Menschen unter der Normaluhr am Bahnhofsportal verhalten sich auch heute nicht anders als sonst, sie treten von einem Fuß auf den anderen, warten auf ihre Verabredung. Blicken abwechselnd zur Uhr und suchend in die Menge der eilenden Großstädter, bis der Alltag sie einsaugt. Ein Plakat vorm Ufa-Palast am Zoo annonciert die Premiere eines Tonfilms mit Willy Fritsch und der neuen Leinwandhoffnung Dita Parlo, die ihren Künstlernamen der anbrechenden, sprechenden Filmära gewidmet hat. *Melodie des Herzens* dreht sich um eine Unschuld vom Lande, die in der Großstadt auf den Strich und vor die Hunde geht, immer dieselbe Dirnentragödie.

Erich Kästner dichtet in diesem Dezember einen passenden Beitrag, der im *Uhu* erscheinen soll: *Lieschen Neumann will Karriere machen. Das Scheindasein vor der Kamera.* Dazu liefert die Fotografin Yva zwölf Bilder. »Es gibt da eine Sorte junge Damen, die haben nichts, als etwas anzuziehn. Sie tragen reichlich parfümierte Namen und sind aus – oder wollen nach – Berlin. [...] Sie melden sich (weil es das Bild so will) bei einer Fotografin namens Yva und halten dort in zwanzig Lagen still und fühlen sich dabei bereits als Diva.«

Schon in den Tagen vor Silvester knallen erste Raketen, das kommende Jahr kündigt sich an, und ein neues Jahrzehnt, die Dreißigerjahre. Blutmai, Schwarzer Freitag im Oktober, in der Krise ist eine besonnene Politik gefragt, keine radikalen Lösungen von links oder rechts. Auf die Kraft der Demokratie muss man bauen und den Zusammenhalt der europäischen Länder.

Die Tageszeitungen sind voller Zukunftstprognosen und guter Empfehlungen für 1930.

Katharina von Kardorff wünscht den Frauen, dass sie auch im kommenden Jahr den Weg fortsetzen, auf dem sie sichtbar sind und eine Stimme haben. Das beste, bewährteste Mittel dazu in diesem unübersichtlichen Zeitalter, geprägt von technischem Fortschritt und Marktkonzentration, in dem Nationalisierung und Wirtschaftskrise drohten, sei nach wie vor und allem voran: Bildung. »Wer mit dem Vorsatz: denken, wissen, sich bilden und arbeiten zu wollen ins neue Jahr hineingeht, wird unabhängig von den wirtschaftlichen Notlagen der Zeit einen größeren Lebensgenuss haben.«

Diese Empfehlung auf Seite eins der *Vossischen Zeitung* lesen etliche Frauen, auch Marlene Dietrich in den drehfreien Feiertagen, Erika Mann mit einem schlagfertigen Kommentar auf den Lippen, Edith Jacobsohn mit scharfem Blick durch ihr Monokel, Marlene Poelzig in den noch nach frischer Farbe riechenden eigenen vier Wänden, ja, auch Vicki Baums Hotelgäste in der Lobby des Excelsior, bevor sich gegen Mitternacht alle Augen aufs Zifferblatt einer tickenden Uhr richten, auf dem die Zeiger unaufhaltsam kreisend weiterwandern.

Quellen

Vicki Baum

Ankum, Katharina von: Apropos Vicki Baum. Neue Kritik, Frankfurt/M. 1998.

Baum, Vicki: Menschen im Hotel. Roman. Kiepenheuer & Witsch, Köln 2002.

dies.: stud. chem. Helene Willfüer. Roman. Heyne, München 1976.

dies.: Es war alles ganz anders. Erinnerungen. Kiepenheuer & Witsch, Köln 2018.

dies.: ›Die Mütter von morgen – Die Backfische von heute‹, in: *Uhu*, 5. Jg., Heft 5, 1929. S. 47ff.

Kaus, Gina: Die Unwiderstehlichen. Kleine Prosa. Igel Verlag, Oldenburg 2000.

dies.: Die Verliebten. Roman. Hg. u. mit einem Nachwort versehen von Hartmut Vollmer. Igel Verlag, Oldenburg 1999.

King, Lynda J.: Best-Sellers by Design. Vicki Baum and the House of Ullstein. Wayne State University Press, Detroit 1988.

Marchlewitz, Ingrid: Irmgard Keun. Leben und Werk. Königshausen und Neumann, Würzburg 1999.

Nottelmann, Nicole: Die Karrieren der Vicki Baum. Eine Biographie. Kiepenheuer & Witsch, Köln 2007.

Steinaecker, Stefanie von: ›A little lower than the Angels‹. Vicki Baum und Gina Kaus. Schreiben zwischen Anpassung und Anspruch. In: Bamberger Studien zu Literatur, Kultur und

Medien, Bd. 1. Hg. von Andrea Bartl, Hans-Peter Ecker u.a. University of Bamberg Press, 2011.

Louise Brooks

Brooks, Louise: Lulu in Berlin und Hollywood. Fischer, Frankfurt/M. 1986.

Cowie, Peter: Louise Brooks. Lulu forever. Schirmer/Mosel, München 2006.

Marx, Matthias: Der Preis der Schönheit. Louise Brooks und die Konstruktion der Weiblichkeit im Film. GRIN Verlag, München 2006.

Marlene Dietrich

Baur, Eva Gesine: Einsame Klasse. Das Leben der Marlene Dietrich. C.H. Beck, München 2017.

Frewin, Leslie: Marlene Dietrich – ihre Filme – ihr Leben. Heyne (Filmbibliothek), München 1984.

Hollaender, Friedrich mit Volker Kühn: Von Kopf bis Fuß. Revue meines Lebens. Aufbau, Berlin 2001.

Mann, Heinrich: Professor Unrat. Roman. Rowohlt, Reinbek 1975.

Ploog, Karin: Als die Noten laufen lernten. Geschichte und Geschichten der U-Musik bis 1945. Band 1 u. 2. Kindle, 2015 u. 2016.

Riefenstahl, Leni: Memoiren 1902–1945. Ullstein, Berlin 1987.

marlenedietrich-filme.de

Valeska Gert

Gert, Valeska: Ich bin eine Hexe. Kaleidoskop meines Lebens. Schneekluth, München 1968.

Lotte Jacobi

Beckers, Marion u. Elisabeth Moortgat: Atelier Lotte Jacobi Berlin. New York. Das verborgene Museum. Nicolai, Berlin 1997.

dies.: Yva. Photographien 1925–1938. Das Verborgene Museum 2001. Ernst Wasmuth, Berlin 2001.

Kisch, Egon Erwin: Der rasende Reporter. Aufbau digital, Berlin 2016.

Moderegger, Johannes Christoph: Modefotografie in Deutschland 1929–1955. Libri Books on Demand, Norderstedt 2000.

Piscator, Hildegard: ›Das Heim Piscators. Eine sachliche Wohnung.‹ Mit Aufnahmen von Sasha Stone u. Lotte Jacobi. In: *Die Dame*, 55. Jg., Nr. 14, Ullstein, Berlin, April 1928, S. 10–12.

Edith Jacobsohn

Flechtmann, Frank: Mein schöner Verlag, Williams & Co: Erinnerung an Edith Jacobsohn. Über einen vergessenen Verlag berühmter Bücher. Mit einer Bibliografie 1925–1955. Zur Ausstellung ›Mein Schöner Verlag, Williams & Co. Edith Jacobsohn und der Williams & Co. Verlag. Geschichte und Erfolg eines Berliner Verlages aus den Zwanziger Jahren‹ in der Theodor-Fontane-Bibliothek, Berlin Wilmersdorf, 4.12.1997 bis 30.1.1998.

Hanuschek, Sven: Keiner blickt dir hinter das Gesicht. Das Leben Erich Kästners. Hanser, München 1999.

Kästner, Erich: ›Lieschen Neumann will Karriere machen. Eine Geschichte in 12 Bildern.‹ In: *Uhu*, Bd. 6 1929/30. Ullstein, Berlin 1930.

ders.: Mein liebes gutes Muttchen du! Dein oller Junge. Briefe und Postkarten aus 30 Jahren. Ausgew. von Lieselotte Enderle. Knaus, Hamburg 1981.

ders.: Emil und die Detektive. Atrium, Hamburg 2018.

Klawitter, Melanie: Erich Kästner und die Frauen – eine Analyse des Frauenbildes Kästners am Beispiel seiner Emil-Romane. Studienarbeit. Libri Books on Demand, Norderstedt 2004.

Mechnig, Elfriede: ›Vierzig Jahre bei und mit Erich Kästner.‹ In: *Frankfurter Rundschau*. Nr. 226/1968, 28. September 1968.

Oswalt, Stefanie: Siegfried Jacobsohn. Ein Leben für die *Weltbühne*. Eine Berliner Biografie. Bleicher Verlag, Gerlingen 2000.

Schmideler, Sebastian (Hg.): Erich Kästner – so noch nicht gesehen: Impulse und Perspektiven für die Literaturwissenschaft des 21. Jahrhunderts, Bd. 1. Tectum Verlag, Marburg 2012.

www.dorotheeschoen.de

Lotte Lenya

Farneth, David: Lotte Lenya. Eine Autobiographie in Bildern. Könemann, Köln 1999.

Rosteck, Jens: Zwei auf einer Insel. Lotte Lenya und Kurt Weill. Propyläen, Berlin 1999.

Jeanne Mammen

Köhler, Thomas u. Annelie Lütgens (Hg.): Jeanne Mammen. Die Beobachterin. Retrospektive 1910–1975. Ausstellungskatalog. Hirmer, München 2017.

Lütgens, Annelie: ›Nur ein Paar Augen sein …‹. Jeanne Mammen – eine Künstlerin in ihrer Zeit. Reimer, Berlin 1991.

Erika Mann

Hessel, Franz: ›An die Berlinerin‹. In: Schöne Berlinerinnen. Frauenporträts. ebersbach & simon, Berlin 2015.

Krüll, Marianne: Im Netz der Zauberer. Eine andere Geschichte der Familie Mann. Fischer, Frankfurt/M. 1993.

Lahme, Tilmann: Die Manns. Geschichte einer Familie. Fischer, Frankfurt/M. 2015.

Lühe, Irmela von der: Erika Mann. Eine Biographie. Campus, Frankfurt/M. 1993.
Mann, Erika: Ausgerechnet Ich. Ein Lesebuch. Rowohlt, Reinbek 2005.
dies.: Briefe und Antworten. 1922–1950. dtv, München 1984.
Mann, Klaus und Erika. Rundherum. Abenteuer einer Weltreise. Rowohlt, Reinbek 1993.
Mann, Klaus: Alexander. Roman der Utopie. Rowohlt, Reinbek 2006.

Asta Nielsen

Beuys, Barbara: Asta Nielsen. Filmgenie und Neue Frau. Suhrkamp, Berlin 2020.
Nielsen, Asta: Die schweigende Muse. VEB Hinstorff Verlag, Rostock 1961.
Ringelnatz, Joachim: Das Gesamtwerk in sieben Bänden. Diogenes, Zürich 1994.

Carola Neher

Nir-Vered, Bettina, Reinhard Müller u. a. (Hg.): Carola Neher – gefeiert auf der Bühne, gestorben im Gulag. Lukas Verlag, Berlin 2016.

Else Oppler-Legband

Behrens, Peter (Hg.): Bau und Wohnung. Die Bauten der Weißenhofsiedlung in Stuttgart. Akad. Verlag Wedekind, Stuttgart 1927.
Döblin, Alfred: Berlin Alexanderplatz. dtv, München 1980.
Osborn, Max: Berlin 1870–1929. Der Aufstieg zur Weltstadt. Gebr. Mann, Berlin 1984.
Pese, Claus: Else Oppler (1875–1965). Stationen eines facettenreichen Künstlerlebens. Claus Pese, Nürnberg 2019.

Scarpa, Ludovica: Martin Wagner und Berlin. Architektur und Städtebau in der Weimarer Republik. Springer, Wiesbaden 1986.
Völker, E.: ›Rund um den Alexanderplatz.‹ In: *Die Baugilde*, 1929, 11. Jg., S. 611.
›Hochhäuser am Alexanderplatz.‹ In: *Vorwärts*, 16.5.1929.
›Das zukünftige Antlitz Berlins.‹ In: *Vossische Zeitung*, 31.5.1929. (auch: *Bauwelt*, 1929, Heft 13, S. 312).

Marlene Poelzig

Bauschinger, Sigrid: Die Cassirers – Unternehmer, Kunsthändler, Philosophen. Biographie einer Familie, C.H. Beck, München 2015.
Dorhöfer, Kerstin: Pionierinnen in der Architektur. Eine Baugeschichte der Moderne. Wasmuth, Tübingen 2004.
Ehringhaus, Sybille: ›Übrigens in ausgesprochenem Gegensatz zur Auffassung eines Corbusier … Marlene Moeschke-Poelzig, Bildhauerin und Architektin 1894–1985.‹ In: Frauen Kunst Wissenschaft Architektur – Rundbrief Heft 13, Marburg, Februar 1992, S. 56–66.
Hambrock, Heike: ›Marlene Moeschke – Mitarbeiterin?‹ In: Kritische Berichte, Nr. 3, Jg. 29, 2001, S. 37–53.
dies.: Bauen im Geist des Barock, Hans und Marlene Poelzig, Architekturphantasien, Theaterprojekte und moderner Festbau (1916–1926). aschenbeck media, Delmenhorst u. Berlin 2005.
Kähler, Gert: ›Wohnung und Moderne. Die Massenwohnung in den zwanziger Jahren.‹ In: Wolkenkuckucksheim, 2. Jg., Heft 1, Mai 1997, S. 8.
Müller, Christian Philipp: Im Geschmack der Zeit. Das Werk von Hans und Marlene Poelzig aus heutiger Sicht. Verein zur Förderung von Kunst und Kultur am Rosa-Luxemburg-Platz, Berlin 2003.

Poelzig, Marlene: ›Das Haus des Architekten‹. In: Wasmuths Monatshefte für Baukunst und Städtebau 14 (1930), S. 461–66.
Posener, Julius: Hans Poelzig. Sein Leben, sein Werk. Vieweg, Braunschweig u. Wiesbaden 1994.
Taut, Bruno: Die Neue Wohnung. Die Frau als Schöpferin. Mit einem Nachwort zur Neuausgabe von Manfred Speidel. Gebr. Mann, Berlin 2001.

Clärenore Stinnes

›Stinnes' Rückkehr.‹ In: *Der Querschnitt* 9/1929.
Stinnes, Clärenore: Im Auto durch zwei Welten. Die erste Autofahrt einer Frau um die Welt 1927 bis 1929. Hg. u. mit einem Vorwort von Gabriele Habinger. Promedia, Wien 2007.
Kuball, Michael u. Clärenore Söderström (Hg.): Söderströms Photo-Tagebuch 1927–1929. Die erste Autofahrt einer Frau um die Welt. Fischer, Frankfurt/M. 1981.
Fräulein Stinnes fährt um die Welt, Film von Erica von Moeller, 2010.

Gabriele Tergit

Tergit, Gabriele: Käsebier erobert den Kurfürstendamm. Schöffling, Frankfurt/M. 2016.
dies.: Wer schießt aus Liebe. Gerichtsreportagen. Hg. von Jens Brüning. Das Neue Berlin, Berlin 1999.

Allgemein

Baddack, Cornelia: Katharina von Kardorff-Oheimb (1879–1962) in der Weimarer Republik. V&R Unipress, Göttingen 2016.
Beck, Stefanie: Die Weltwirtschaftskrise der 1930er Jahre in Deutschland. Ursachen, Verlauf und Maßnahmen der Wirtschaftspolitik. Diplomica, Hamburg 2011.
Chytraeus-Auerbach, Irene u. Elke Uhl (Hg.): Der Aufbruch

in die Moderne. Herwarth Walden und die europäische Avantgarde. LIT Verlag, Berlin 2013.

Ferber, Christian (Hg.): Die Dame. Ein deutsches Journal für den verwöhnten Geschmack. 1912 bis 1943. Nachdruck aus den Original-Bänden ›Die Dame‹ von 1912–1943, Ullstein, Frankfurt/M. u.a. 1980.

Freud, Sigmund: Das Unbehagen in der Kultur. Und andere kulturtheoretische Schriften. Fischer, Frankfurt/M. 2009.

Gandert, Gero (Hg.): Der Film der Weimarer Republik. 1929. Ein Handbuch der zeitgenössischen Kritik. Walter de Gruyter, Berlin u. New York 1993.

Herrmann, Elsa: So ist die Neue Frau. Avalun-Verlag, Hellerau 1929.

Hessel, Franz: Ein Flaneur in Berlin, Das Arsenal, Berlin 1984.

Höxter, John: So lebten wir! 25 Jahre Berliner Boheme. Biko, Berlin 1929.

Huebner, Friedrich M. (Hg.): Die Frau von morgen wie wir sie wünschen. E.A. Seemann, Leipzig 1929.

Kardorff, Katharina von: ›Was ich den deutschen Frauen zu Neujahr wünsche‹. In: *Vossische Zeitung*, 30.12.1929.

Kessler, Harry Graf: Tagebücher 1918–1937. Hg. von Wolfgang Pfeiffer-Belli. Insel, Frankfurt/M. 1996.

Kiaulehn, Walther: Berlin. Schicksal einer Weltstadt, Biederstein, München u. Berlin 1958.

Kluge, Ulrich: Die Weimarer Republik. Schöningh, Paderborn u.a. 2006. In: Wissenschaftliche Dienste des Deutschen Bundestages. Fachbereich Geschichte, Zeitgeschichte und Politik. Ausarbeitung WD1-3000-088708. 2008. (www.bundestag.de)

Langner, Ilse: Frau Emma kämpft im Hinterland. Chronik in drei Akten. Schumacher-Gebler, o.A. 1979.

Metzger, Rainer (Hg.): Berlin in den 1920er-Jahren. Taschen, Köln 2017.

Michaëlis, Karin: Flammende Tage. Gestalten und Fragen zur Gemeinschaft der Geschlechter. Carl Reißner, Dresden 1929.
Mühsam, Erich, in: Informationen zur politischen Bildung, Heft 243, ›Der Kampf gegen den Nationalsozialismus vor 1933.‹
Otto, Carl August Gottlob: Im Osten nichts Neues. Das Buch des Krieges, wie er war. Sanitas-Verlagshaus, Zirndorf-Nürnberg 1929.
Rühle, Günther: Theater in Deutschland 1887–1945. Seine Ereignisse – seine Menschen. Fischer, München 2014.
Schebera, Jürgen: Damals im Romanischen Café. Künstler und ihre Lokale im Berlin der zwanziger Jahre. Das Neue Berlin, Berlin 2005.
Siodmak, Curt: Unter Wolfsmenschen I. Europa. Weidle Verlag, Bonn 1996.
Völker, Klaus: Brecht Chronik. Daten zu Leben und Werk. Hanser, München 1971.
Tucholsky, Kurt u. John Heartfield: Deutschland, Deutschland über alles. Neuer Deutscher Verlag, Berlin 1929.
Verein der Berliner Künstlerinnen: Die Frau von heute. Ausstellungskatalog. Berlin 1929.
Vogt, Guntram: Die Stadt im Kino. Deutsche Spielfilme 1900–2000. Schüren, Marburg 2001.
www.berlin.de > Geschichte > Die Weltstadt in der Weimarer Republik
www.arthistoricum.net
www.zefys.de

Zum Weiterlesen

Unda Hörner
Am Horizont der Meere
Gala Dalí

Roman, 304 Seiten
HC mit Schutzumschlag
ISBN 978-3-86915-189-2

1912 begegnet die junge Helena Diakonova aus Moskau, genannt Gala, bei einer Kur in Davos dem angehenden Dichter Paul Éluard aus Paris. Sie folgt dem Geliebten mitten in den Kriegswirren an die Seine, sie heiraten und bekommen eine Tochter. Doch schon bald zieht es Gala in die Boheme-Kreise, sie wird zur Muse der Surrealisten. Als 1929 der junge Salvador Dalí in ihr Leben tritt, beschließt sie, alles hinter sich zu lassen, um bei ihm zu bleiben ... Unda Hörner zeichnet ein spannendes Porträt der legendären Muse der Surrealisten, die alle Fesseln sprengt, um sich ein eigenständiges Leben zu erkämpfen, und vermittelt zugleich ein farbiges Bild der Pariser Avantgarde in den 1920er und 1930er Jahren.

Zum Weiterlesen

Unda Hörner
1919 – Das Jahr der Frauen

256 Seiten
HC mit Schutzumschlag
ISBN 978-3-86915-169-4

1919 dürfen Frauen in Deutschland erstmals wählen und machen sich auf allen Gebieten daran, ihr Leben selbst zu gestalten: Käthe Kollwitz wird als erste Frau in die Akademie der Künste berufen, Marie Juchacz hält als Erste eine Rede im Parlament. Während Rosa Luxemburg in Berlin ihren Einsatz für die politische Neuordnung mit dem Leben bezahlt, öffnet in Paris Marie Curies Radiuminstitut seine Pforten und Sylvia Beach gründet Shakespeare & Company. Unda Hörner verwebt weibliche Lebenswege und historische Ereignisse zu einer atmosphärisch dichten Erzählung – eine faszinierende Zeitreise ins Jahr 1919.

1. Auflage 2020

Covermotiv: Tamara de Lempicka, Der blaue Schal, 1930,
Detail © Authorized by Tamara Art Heritage/VG Bild-Kunst,
Bonn 2020
Umschlaggestaltung: Lisa Neuhalfen, moretypes, Berlin
Satz: Birgit Cirksena · Satzfein, Berlin
Druck und Bindung: GGP Media GmbH, Pößneck
ISBN 978-3-86915-213-4
www.ebersbach-simon.de